校企合作汽车专业系列丛书

互联网+创新型“十四五”精品教材

U0869236

新能源汽车

售后服务管理

（微课版）

主　编◎李　靖　余春秋　董道礼

副主编◎薛　明　卢宝常　陈丽君

刘　雪　刘　健　陈晓哲

哈爾濱工程大學出版社

Harbin Engineering University Press

内 容 简 介

本书注重严谨性和前瞻性，侧重实践技能的培养，课程资源丰富，通俗易懂，图文并茂，可操作性强。本书共6个项目，包括新能源汽车售后服务与售后服务企业认知，新能源汽车的客户接待与管理，新能源汽车配件与备件管理，新能源汽车维修与保险管理，新能源汽车客户关系管理，新能源汽车质量担保、安全与环境管理。

本书既可作为职业院校汽车专业的通用教材，也可作为汽车修理厂、汽车售后服务部门的工人和技术人员的参考用书。

图书在版编目（CIP）数据

新能源汽车售后服务管理 ： 微课版 / 李靖， 余春秋，
董道礼主编. -- 哈尔滨 ： 哈尔滨工程大学出版社，
2025. 8. -- ISBN 978-7-5661-4827-8

Ⅰ. F407.471.5

中国国家版本馆 CIP 数据核字第 20256F1T03 号

新能源汽车售后服务管理（微课版）

XINNENGYUAN QICHE SHOUHOU FUWU GUANLI（WEIKE BAN）

选题策划 张林峰

责任编辑 邹德萍

出版发行 哈尔滨工程大学出版社

社　　址 哈尔滨市南岗区南通大街 145 号

邮政编码 150001

电　　话 0451-82519989

经　　销 新华书店

印　　刷 唐山唐文印刷有限公司

开　　本 889 mm×1 194 mm　1/16

印　　张 13.5

字　　数 389 千字

版　　次 2025 年 8 月第 1 版

印　　次 2025 年 8 月第 1 次印刷

书　　号 ISBN 978-7-5661-4827-8

定　　价 49.80 元

http://www.hrbeupress.com

E-mail:heupress@hrbeu.edu.cn

前　　言

党的二十大报告指出，“坚持尊重劳动、尊重知识、尊重人才、尊重创造，实施更加积极、更加开放、更加有效的人才政策”“着力形成人才国际竞争的比较优势。加快建设国家战略人才力量”“深化人才发展体制机制改革……把各方面优秀人才集聚到党和人民事业中来”。

随着世界能源危机和环保问题的日益突出，各国政府及产业界积极应对，纷纷提出各自的发展战略。新能源汽车成为21世纪汽车工业的发展热点。

在国家政策的引导下，新能源汽车正从技术研发、示范推广向产业化阶段快速推进。随着汽车技术的发展，新能源汽车技术开发人员、产业服务人员相对短缺，急需培养一批掌握新能源汽车知识的人才。本书知识全面、层次分明、通俗易懂、易学好教，并附有大量的图片及具体的实例，实用性强。本书主要有以下特色。

（1）结构清晰。本书每个项目都分为项目导读、学习目标、任务（包括任务描述、任务分析、任务实施等内容）、项目小结、项目工单和课后练习等部分，便于学习者按照逻辑顺序学习和掌握知识。

（2）依托行业技术发展实际。本书根据汽车领域的技术发展实际，充实新知识、新技术、新设备、新材料等方面的内容，体现了先进性。书中采用最新的国家技术标准，使内容更加科学和规范。

（3）知识与技能并重。本书在介绍新能源汽车相关管理知识的同时，注重培养学习者的实践技能，使学习者能够学以致用。

（4）理论联系实际，注重实用性。本书紧密结合汽车售后服务中的管理实例，阐述汽车售后服务管理的基本知识和基本理论，旨在培养学习者分析和解决实际问题的能力。

本书由李靖（陕西机电职业技术学院）、余春秋（重庆信息技术职业学院）、董道礼（泰安市工商中等专业学校）担任主编，由薛明 （曹县技工学校）、卢宝常（济南工程职业技术学院）、 陈丽君（重庆工信职业学院）、刘雪（山东交通技师学院）、刘健（济南市技师学院）、陈晓哲（广西玉林技师学院）担任副主编。本书的相关资料和售后服务可扫描封底微信二维码或登录www.bjzzwh.com下载获得。在本书的编写过程中，参考、引用了部分相关书籍和资料，在此向原作者表示衷心的感谢。

由于新能源汽车领域的技术日新月异，同时作者的时间及知识水平有限，书中难免存在疏漏之处，恳请广大读者批评指正，以便后期修订。

编　者

目 录 CONTENTS

项目一 新能源汽车售后服务与售后服务企业认知

项目导读

随着全球能源危机和环境污染问题日益严峻，新能源汽车作为汽车产业转型升级的重要方向，得到了快速发展。了解我国新能源汽车的发展历程、售后服务概述、发展现状以及未来发展趋势，对于理解整个行业生态至关重要。深入学习新能源汽车售后服务认知，有助于把握行业脉络、提升服务质量、满足消费者需求、推动新能源汽车产业的健康发展。

同时，新能源汽车售后服务企业认知也是不可或缺的一部分。汽车销售服务 4S [汽车销售 (Sales)、零配件（Spare Part）供应、售后服务（Service）、信息反馈（Survey）] 店（简称 4S 店）、造车新势力的售后服务企业、线上线下商务（Online to Offline，O2O）模式工场店等不同类型的售后服务企业，各有其特点和运营模式。了解这些企业的运作机制、服务流程、岗位设置等，对于优化服务网络、提高服务效率、培养专业人才具有重要意义。

学习目标

知识目标

1. 掌握我国新能源汽车的发展历程。
2. 了解新能源汽车售后服务的基本概念。
3. 熟知新能源汽车售后服务的现状。

技能目标

1. 能够分析新能源汽车售后服务的发展趋势，预测未来的市场需求和服务方向。
2. 熟练掌握新能源汽车售后服务企业的运营模式和服务特点，能够为客户提供专业的咨询和服务。
3. 具备处理客户投诉和问题的能力，能够与客户进行有效沟通，维护良好的客户关系。

素质目标

1. 具有良好的职业道德和敬业精神，能够为客户提供优质、高效的服务。
2. 具有团队合作和协调能力，能够与同事、上级和客户建立良好的合作关系。
3. 具有较强的学习能力和创新意识，能够不断更新知识，进而提升服务水平和质量。

思政目标

1. 树立正确的世界观、人生观和价值观，能够积极投身于新能源汽车售后服务事业，为社会做出贡献。
2. 培养爱国情怀和民族精神，关注国家新能源汽车产业的发展，为国家的繁荣富强贡献自己的力量。
3. 强化社会责任感和环保意识，积极参与新能源汽车的推广和普及，为环境保护和可持续发展做出贡献。

任务一　新能源汽车售后服务认知

任务描述

某新能源汽车企业计划优化其售后服务体系，以提升其市场竞争力和客户满意度。该企业需要实施哪些关键步骤和策略呢？

任务分析

为提升企业市场竞争力和客户满意度，建议该新能源汽车企业进行以下操作：通过问卷调查、客户访谈、数据分析等方法，收集关于现有售后服务网络的详细信息，识别客户的主要需求和痛点。根据调研结果，分析现有售后服务体系的不足之处。基于问题识别的结果，制定具体的改进措施。结合行业最佳实践和企业实际情况，制定一套全面的售后服务标准，确保服务质量。研究新能源汽车售后服务的发展趋势，提出适应未来市场需求的策略。

任务实施

一、我国新能源汽车的发展历程

新能源汽车的发展

党的二十大报告指出：“推动经济社会发展绿色化、低碳化是实现高质量发展的关键环节。”

自2000年左右起，我国新能源汽车产业经历了20多年的发展，可分为5个阶段（初步发展阶段、示范运营阶段、普惠推广阶段、品质导向阶段和市场驱动阶段）。目前，我国新能源汽车的产销量已实现跨越式增长，2024年，销量达到1 200万辆，市场渗透率约为38%。自2015年以来，我国新能源汽车产销量连续9年位居世界第一，其中私人消费占比近80%，显示出行业发展的良好态势。

（一）初步发展阶段

2001—2008年是我国新能源汽车产业的初步发展阶段。我国在2000年将电动汽车列为国家高技术研究发展计划（简称“863”计划）的12个重大专项之一。2001年，我国在“863”计划重大专项上共投入 20 亿元的研发经费，形成了“三纵”（纯电动、油电混合动力、燃料电池 3 条技术路线）、“三横”（动力蓄电池、驱动电机、动力总成控制系统 3 种共性技术）的电动汽车开发布局。

从我国新能源汽车发展现状来看，发展新能源汽车是我国汽车工业崛起的机遇。初步发展阶段主要完成事项见表 1-1。

表 1-1　初步发展阶段主要完成事项

时间	完成事项
2004 年	发布《汽车产业发展政策》，明确汽车产业要结合国家能源结构调整战略和排放标准的要求，积极开展电动汽车、车用动力电池等新型动力的研究和产业化，重点发展混合动力汽车技术和轿车柴油发动机技术
2005 年	出台优化汽车产业结构、促进发展清洁汽车和电动汽车政策，明确了 2010 年电动汽车保有量占汽车保有量的 5%~10%，2030 年电动汽车保有量占汽车保有量 50 %以上的发展目标
2007 年	发布《新能源汽车生产准入管理规则》和《产业结构调整指导目录（2007 年本）》（征求意见稿）

（二）示范运营阶段

2009—2013 年是我国新能源汽车产业的示范运营阶段。在这一阶段，国家对新能源汽车的政策支持力度显著加大，新能源汽车开始大规模试运行，并对购买新能源汽车的车主实行了消费补贴。示范运营阶段主要完成事项见表 1-2。

表 1-2　示范运营阶段主要完成事项

时间	完成事项
2009—2011 年	发布节能与新能源汽车示范推广试点、制定新能源汽车财政补助等暂行办法，对使用者免征车船税，对购买者给予一次性补贴； 出台《汽车产业调整和振兴规划》，发布《国民经济和社会发展第十二个五年规划》《新能源汽车生产企业及产品准入管理规则》等。《汽车产业调整和振兴规划》中提出：到 2011 年，形成 50 万辆新能源汽车产能，新能源汽车销量占乘用车销售总量的 5%左右
2012—2013 年	印发《节能与新能源汽车产业发展规划（2012—2020 年）》，争取到 2015 年，纯电动汽车和插电式混合动力汽车累计产销量达到 50 万辆，到 2020 年累计产销量超过 500 万辆； 2012 年发布《关于扩大混合动力城市公交客车示范推广范围有关工作的通知》；2013 年发布《关于继续开展新能源汽车推广应用工作的通知》； 确定新能源汽车推广应用城市名单。第一批推广应用城市 28 个，第二批推广应用城市 12 个

（三）普惠推广阶段

2014—2016 年是我国新能源汽车产业的普惠推广阶段。在这一阶段，国家大力支持新能源汽车行业发展，在普惠式补贴的刺激下，大量企业进军新能源汽车行业，产销规模成倍地增长。普惠推广阶段主要完成事项见表 1-3。

表 1-3　普惠推广阶段主要完成事项

时间	完成事项
2014—2015 年	规定自 2014 年 9 月至 2017 年底，免征新能源汽车车辆购置税； 制定《政府机关及公共机构购买新能源汽车实施方案》； 发布《中国制造 2025》和《关于加强城市电动汽车充电设施规划建设工作的通知》

表1-3(续)

时间	完成事项
2016 年	发布《关于“十三五”新能源汽车充电基础设施奖励政策及加强新能源汽车推广应用的通知》，对充电基础设施建设、运营给予奖励补贴； 印发《“十三五”国家战略性新兴产业发展规划》，提出：到 2020 年，我国新能源汽车实现当年产销 200 万辆以上，累计产销超过 500 万辆； 发布《关于调整新能源汽车推广应用财政补贴政策的通知》

（四）品质导向阶段

2017—2020 年是我国新能源汽车产业的品质导向阶段。在这一阶段，国家对新能源汽车行业的管理政策从前期规模推动的普惠补贴政策转变为提升产品品质、加强行业规范的政策组合，并出台了双积分政策等长效制度，以发挥市场在新能源汽车产业发展中的重要作用。品质导向阶段主要完成事项见表 1-4。

表 1-4　品质导向阶段主要完成事项

时间	完成事项
2017 年	发布《新能源汽车生产企业及产品准入管理规定》； 《汽车产业中长期发展规划》提出：到 2025 年新能源汽车产销量占汽车产销量的 20% 以上。动力蓄电池系统比能量达到 350 W · h/kg； 发布《乘用车企业平均燃料消耗量与新能源汽车积分并行管理办法》； 发布公告，规定 2018—2020 年，免征新能源汽车购置税
2018—2019 年	发布《关于调整完善新能源汽车推广应用财政补贴政策的通知》，对运营类车辆运营里程从 3 万公里调整为 2 万公里； 发布《关于节能新能源车船享受车船税优惠政策的通知》《关于支持新能源公交车推广应用的通知》； 发布《汽车产业投资管理规定》，插电式混合动力扩产条件更宽松，新建新能源汽车企业投资受条件限制
2020 年	发布《关于新能源汽车免征车辆购置税有关政策的公告》及有关调整完善补贴政策的通知，提出 2021—2022 年免征新能源汽车购置税； 修订《乘用车企业平均燃料消耗量与新能源汽车积分并行管理办法》； 发布《新能源汽车产业发展规划（2021—2035 年）》，提出：到 2035 年，我国新能源汽车核心技术要力争达到国际先进水平，质量品牌具备较强国际竞争力； 发布《关于进一步完善新能源汽车推广应用财政补贴政策的通知》，提出：2021 年，新能源汽车补贴标准在 2020 年的基础上退坡 20%；为推动公共交通等领域车辆电动化，相关领域符合要求的车辆，补贴标准在 2020 年的基础上退坡 10%。为加快推动公共交通行业转型升级，地方可继续对新能源公交车给予购置补贴

（五）市场驱动阶段

2021—2025 年是我国新能源汽车产业的市场驱动阶段。在这一阶段，为了促进新能源汽车消费，国家将新能源汽车补贴政策延长至 2023 年底，并提前明确 2021 年、2022 年新能源汽车购置补贴退坡幅度，稳定市场预期。市场驱动阶段主要完成事项见表 1-5。

表 1-5　市场驱动阶段主要完成事项

时间	完成事项
2021 年	发布《关于组织开展新能源汽车换电模式应用试点工作的通知》，启动新能源汽车换电模式综合应用类城市 8 个，重卡特色类城市 3 个； 发布《关于 2022 年新能源汽车推广应用财政补贴政策的通知》，提出：2022 年，新能源汽车补贴标准在 2021 年的基础上退坡 30%；相关领域符合要求的车辆，补贴标准在 2021 年的基础上退坡 20%。2022 年 12 月 31 日之后上牌的车辆不再给予补贴

表1-5(续)

时间	完成事项
2022—2023 年	发布《关于进一步提升电动汽车充电基础设施服务保障能力的实施意见》； 发布《关于开展 2023 年新能源汽车下乡活动的通知》； 发布《关于延续和优化新能源汽车车辆购置税减免政策的公告》

随着市场上新能源车型数量的增加，消费者的选择范围扩大，众多产品具有较强的吸引力，这促进了新能源汽车产销规模的快速增长。与此同时，新能源汽车补贴政策的影响逐渐减弱，新能源汽车行业发展开始更多地依赖市场驱动。

二、新能源汽车售后服务概述

随着新能源汽车市场的迅猛发展，售后服务在新能源汽车企业中的重要性日益凸显。由于新能源汽车对许多潜在车主而言仍属于新兴产品，里程焦虑、安全焦虑以及售后服务焦虑成为他们犹豫是否购买的主要原因。因此，缺乏成熟且优秀的售后服务体系的新能源汽车企业，其销量的持续稳定增长将难以实现。实际上，在车主的用车过程中，售后服务质量是他们最为关注的问题，也是影响汽车企业口碑的关键因素。因此，新能源汽车企业及其售后服务的可持续发展在很大程度上取决于其售后服务的质量。

新能源汽车售后服务是指汽车企业为其销售的新能源汽车提供的所有后续服务，以确保汽车能够正常使用。这些服务是现代汽车售后服务企业服务的重要组成部分，许多传统汽车售后服务企业都在将其服务向新能源汽车服务转化。优质的新能源汽车售后服务不仅关系到企业的产品质量和信誉，更关系到客户的满意度和忠诚度。

（一）新能源汽车售后服务的作用

新能源汽车售后服务是售后服务企业发展的基础。对于年销量超过百万辆的汽车企业，实现销量的快速增长已变得极为困难。因此，这些企业必须依靠智能化的营销手段，横向扩展并强化具有巨大开发潜力的售后服务体系。这不仅能为销量增长打下坚实基础，还能寻找更多与客户的接触点和新的盈利增长机会。对于年销量在几十万辆的汽车企业，仅依赖营销手段实现销量增长存在许多不确定性。只有结合营销和强大的售后服务，才有可能实现销量的增长。对于销量较少的新势力汽车企业，售后服务更是直接关系到企业的生存和发展。

用户买车就是将其作为代步工具，所以各个汽车企业必须确保汽车能正常使用。汽车企业为用户提供售后服务的作用主要如下。

1. 确保汽车性能的正常发挥

为了确保汽车性能的正常发挥，汽车企业在用户使用过程中必须提供售后服务。由于操作失误、交通事故、零部件生命周期等原因，汽车难免会出现问题。因此，汽车企业应确保车辆能够正常使用。

2. 维护老用户和发展新用户

汽车企业必须为用户提供优质的全方位售后服务，以满足用户需求并维护老用户关系。其于老用户的信任，汽车企业可以拓展新用户群体，促进业务发展。

3. 收集车辆信息

在提供售后服务的过程中，汽车企业可以通过授权的售后服务网络收集关于车辆的各类信息，包括质量担保期内的零件或整车问题、维修频次等。利用这些信息，汽车企业可以改进生产工艺设计和物流管理，实施召回措施并处理索赔问题，从而提高用户满意度和产品质量。

（二）新能源汽车售后服务的特征

为了提升用户的便利性，传统汽车企业建立了成熟的4S店售后服务网络，这些网络分布广泛，能够为新能源汽车用户提供全面的服务。相比之下，新兴汽车企业虽然销量迅速增长，但其售后服务体系尚未完全成熟。然而，在现有的服务体系中，新兴汽车企业的售后服务类型多样且分工细致。经过十几年的发展，新能源汽车售后服务行业已经展现出与传统燃油汽车售后服务行业不同的特征，主要体现在以下几个方面。

1. 整车厂商销服分离

以蔚来、小鹏、理想等为代表的造车新势力，通常在人流密集的线下场所如大型商场、高铁站和飞机场开设新车销售门店。这些企业通过数字化手段建立了线上直营官网，并采用直营或授权第三方的销服分离模式提供售后服务，这与传统燃油汽车4S店的前店后厂（销服一体）模式有显著差异。

多数造车新势力企业，包括传统汽车企业，都采用线下直营体验店结合线上应用程序（Application，App）或官网下单的直营模式，例如，蔚来、小鹏、理想等品牌将线下体验门店设在一线城市的核心商圈，如北京的王府井、西单、国贸等。

造车新势力的售后服务中心布局与传统4S店不同，体验中心、交付中心与服务中心是分离的。这种分离可能导致服务滞后和不积极。在前期体验和交付完成后，车辆被移交给服务中心。由于一些新势力企业尚未完全建立成熟的售后服务体系，因此用户在遇到问题时只能等待企业指定维修方式和地点，这可能会降低工作效率和客户体验。

2. 授权维修企业以检测为主、返厂维修为辅

由于技术水平、配件储备和维修设备的限制，新能源汽车企业授权的维修企业，特别是三电（电池、电机、电控）系统维修授权企业，目前主要处于以检测为主、返厂维修为辅的初级维修阶段。

三、新能源汽车售后服务的现状

新能源汽车售后服务的现状主要包括以下几个方面。

（一）配件和软件数据垄断

主机厂对配件和软件数据的垄断是新能源汽车售后服务的一大痛点。在一些汽车企业破产或出现经营困难后，用户往往难以获得所需配件和软件的更新，从而影响车辆的正常使用。此外，软件数据的垄断也限制了用户对车辆功能的升级和个性化需求。

（二）售后服务标准不健全

新能源汽车售后服务标准尚未完善，不同品牌的车企间的服务质量差异大。一些品牌的汽车企业在售后服务方面存在不规范、不透明的现象，导致用户在维修、保养等方面遭遇不公平对待。同时，缺乏统一的服务标准也限制了售后服务行业的健康发展。

（三）服务中心少

传统汽车售后服务体系较为完善，传统汽车企业的新能源汽车维修经销商数量众多。相比之下，新兴汽车企业的售后服务中心数量较少，主要集中在一线城市，每个售后服务中心需要覆盖的区域较大。

三电厂商的授权检测维修服务主要集中在一、二线城市。随着三线及以下城市新能源汽车保有量的持续增长，原有的燃油汽车售后服务企业普遍有意愿转型为新能源汽车售后服务企业。然而，由于新能源汽车维修技术、维修技师及维修订单数量的限制，这些企业转型为新能源汽车售后服务企业还需要汽车企业的授权以及提升维修技师的技术水平。

（四）维修技师不足

新能源汽车维修技师需要持有电工证、企业认证的高压电技师证等认证证书，而且需要掌握新能源汽车构造、智能网联等知识，并同时熟悉仪器使用、低压电/高压电等操作。目前，新能源汽车维修技师多由电池或整车企业自主培训，且电池或整车企业不愿下放维修权限和共享维修知识，致使目前新能源汽车维修技师人才缺口较大。

从用户反馈来看，有过维修经历的用户比没有维修经历的用户更迫切地需要售后服务网点提高维修技师的专业水平。高智能化的汽车、知识型的客户群、激烈的市场竞争迫切需要具有新能源汽车专业知识及维修技能的技术人才，因此，党的二十大报告强调，“深入实施人才强国战略培养造就大批德才兼备的高素质人才，是国家和民族长远发展大计”，没有这样的人才基础，新能源汽车售后服务企业就无法长远发展。

（五）维修设备要求高

新能源汽车维修设备要求较高，且必须配备规范的维修场地。其中，维修设备具有绝缘化、专用化和电气化三大特征，维修场地需要满足干燥、绝缘、除尘、通风等条件。

以上这些痛点需要相关部门和行业共同努力解决，以提升新能源汽车售后服务的质量和水平。

（六）保险续保难

新能源汽车的保险续保也是一大痛点。由于新能源汽车的高出险率和高赔付率，保险公司对新能源汽车的承保意愿较低，保费价格也相对较高。一些破产的或经营困难的新能源汽车品牌的用户在续保方面更是面临困境，保费价格高涨甚至难以获得保险保障。

四、新能源汽车售后服务的发展

2020 年以来，我国新能源汽车的产销量及市场渗透率大幅提升，消费者的自主选择行为成为市场最主要的驱动力。

随着新能源汽车产销量的增加、客户群体数量的增加，客户服务需求越来越强烈，新能源汽车售后服务市场的发展会越来越完善，各项规章制度及法律法规会越来越健全，这就促使新能源汽车售后服务向以下几个方向发展。

（一）品牌化

随着汽车售后服务管理体系的完善和国家对汽车后市场监管力度的加大，用户对汽车产品的认知水平也在提升，这些因素导致 4S 店的售后服务价格下降。同时大型保险公司对保险理赔的严格控制以及“互联网+政务服务”企业的跨界竞争，促使新能源汽车售后服务企业逐步向品牌化发展。一些小型维修企业选择加盟途虎养车、华胜连锁等品牌，成为新兴汽车企业品牌的授权维修中心；而钣金喷漆维修企业则申请成为这些品牌的授权钣金喷漆中心。

汽车售后服务不仅包括维修，其更大的价值在于服务本身。从服务业的角度来看，如果企业缺乏独特的品牌设计、店面布局装饰混乱、缺乏强势品牌支持、技术指导不强以及资源配置不持久，将逐渐丧失竞争力。因此，新能源汽车售后服务品牌化经营已成为必然发展趋势。

汽车售后服务逐渐趋向于品牌化经营，这里的品牌化经营不一定都是 4S 店，也可以是新兴汽车企业的服务中心，如蔚来服务中心等形式的品牌直营店，还可以是途虎养车、天猫养车、京东养车等形式的连锁店。

（二）高科技化

随着汽车电子技术的快速发展和新能源汽车的普及，汽车高新技术的应用日益广泛。电子化、信息化和智能化技术在汽车领域的应用，对售后服务人员的维修技能和接待能力提出了更高要求，推动了新能源汽车售后服务发展的高科技化趋势。汽车检测诊断技术已从经验诊断、科学诊断发展到智能化诊断阶段。当前，汽车售后服务市场对非接触技术如远程诊断的需求日益增长，未来智能化设备可能部分替代人工进行保养操作，并成为一种趋势。此外，居家办公、远程办公和共享员工等概念可能会给新能源汽车售后服务团队的工作模式带来技术性变革。

（三）渠道扁平化、信息化

新能源汽车售后服务渠道的扁平化和信息化也是未来发展的方向。随着客户消费理念的变化和经济形势的影响，越来越多的新能源汽车售后服务企业倾向于轻资产化运营，这使得其售后服务渠道与传统4S店模式有显著差异。扁平化意味着减少渠道层级，减少汽车企业与用户之间的中间环节，降低服务营销成本，并通过最短路径为终端用户提供服务。互联网的开放性使得用户能够全天候在线订购各种服务，包括维修保养和配件供应，享受便捷的信息化服务等。

1. 售后服务需求发生变化

新能源汽车售后服务需求发生变化，如三电维护是未来新能源汽车售后价值的重要支撑。电动汽车的三电系统也有维修需求，包括电池检测与电压均衡、电机检查与维护，以及涉及电池拆包的复杂维修。从新能源汽车维修的收入构成来看，若将配件与服务一并统计，一辆纯电动汽车的售后产值相比传统燃油汽车下降了36%。

某造车新势力的品牌体验中心、服务中心、钣金喷漆中心数量见表1-6。服务中心由于涉及三电的技术产权问题，100%采取直营模式，但是钣金业务主要采取合作授权的方式。

表1-6　某造车新势力的品牌售后服务企业数量

模式	数量/家	直营数量/家	授权数量/家
体验中心	219	219	0
服务中心	126	126	0
钣金喷漆中心	143	13	130

2. 渠道模式发生变化

新能源汽车企业在售后服务市场中将发挥主导作用，随着新能源汽车市场渗透率的提升，独立售后服务企业也将获得更多参与机会。在质保期内，新能源汽车的三电系统维修频次较高，但产值较低；相比之下，复杂维修和事故维修通常能带来更高的产值，据预测，电池复杂维修的产值在整体售后产值中的占比有望达到70%。

对于质保期外的维修，用户可以选择授权渠道，这些渠道是三电维修的主要接纳者，且后端支持对于授权渠道至关重要。预计我国新能源汽车售后服务渠道将呈现多样化，包括4S店、直营服务中心、O2O模式以及电池原始厂商等，均将进入售后服务领域。

在新能源汽车售后服务渠道与模式方面，新兴汽车企业更倾向于自营和授权网络模式。基于对销量的乐观预期和对用户体验的高要求，高端新兴汽车企业更倾向于自营模式，而其他新兴汽车企业则主要通过授权渠道拓展市场。

任务二　新能源汽车售后服务企业认知

任务描述

假设你是一家新势力汽车企业的招聘经理，负责为直营门店招聘合适的销售顾问、交付体验专员、移动维修技师、保修索赔专员和售后服务顾问。你需要设计一系列的招聘方案，确保招聘到符合岗位要求的人员。通过设置任务评估应聘人员的专业技能、沟通能力、用户服务意识和团队合作精神等关键能力。你应该如何着手?

任务分析

为实现招聘目标，需要进行以下规划：首先，设计招聘广告和职位描述，明确各岗位的职责和任职要求。其次，制定面试流程，包括初步筛选、能力测试和面试评估。此外，准备面试题目，制定评估标准，以全面评估应聘人员的专业技能和软技能。还需安排实际操作测试，如试驾、维修技能展示等，以评估应聘人员的实际操作能力。设计团队合作和客户服务情景模拟测试，评估应聘人员的团队协作和用户服务能力。最后，制订培训计划，确保新员工能够快速适应公司文化和岗位要求，并设计员工职业发展路径，激励员工长期在公司发展。

任务实施

我国新能源汽车售后服务企业呈现出多模式并存的格局，主要表现为以下几种模式：首先，传统汽车企业的新能源汽车板块业务服务仍在其4S店服务体系内完成，如红旗一汽-大众、上海大众、吉利、长安、比亚迪等。其次，以造车新势力为代表的新兴汽车企业布局新能源汽车售后维修服务，如蔚来、小鹏、理想、特斯拉等企业品牌成立品牌直营体验中心、交付中心、直营或授权的钣金漆维修中心、服务中心、三电维修中心等，如图 1-1 所示，为用户提供完善的售前、售后服务。最后，知名汽车维修连锁平台得到某些新兴汽车企业的授权，提供新能源汽车售后维修服务，如途虎工场店、天猫养车、华胜连锁维修店等。

图 1-1　特斯拉品牌直营体验中心

一、4S 店

4S 店是经过授权的汽车经销商，是集汽车销售、零配件供应、售后服务、信息反馈于一体的汽车销售服务模式。

（一）4S 店的功能

4S 店的功能具体如下。

1. 汽车销售

汽车销售是向用户提供汽车生产企业的品牌新车，为用户介绍车型的性能、结构特点、性价比等优点，并向用户提供试乘试驾、汽车上牌、汽车信贷等服务，打造汽车生产企业的品牌效应。

2. 零配件供应

零配件供应是指为品牌车辆用户提供原厂零配件及质量担保，及时向汽车企业备件部门反馈零配件的使用和质量信息。

3. 售后服务

4S 店提供全方位的售后服务，包括车辆保养、维修、故障诊断与排除等。专业的技师团队和先进的维修设备，确保车辆得到及时、准确、高效的维修服务，延长车辆使用寿命，提高驾驶安全性。

4. 信息反馈

信息反馈是指定期回访用户，了解用户的心理及需求，倾听用户的意见，认真做好记录，建立用户档案，收集用户的使用信息、产品的质量信息并定期向汽车企业售后服务部门反馈。

（二）4S 店的特点

4S 店以其标准和系列化的建筑风格以及统一和标准化的标识系统为特点。这些 4S 店能提供汽车上牌、保险以及售前、售中、售后的一条龙服务。此外，它们还提供规范化的接待服务和专业化的维修服务。4S 店拥有先进、实用的专用工具、仪器和设备，并且其原厂备件价格全国统一且工时收费合理。

知识拓展

4S 店与整车企业

4S 店与整车企业是合作伙伴关系，共同致力于充分开拓所负责区域合同产品的市场，以提高产品的市场份额和实现持续增长。4S 店应自主经营、自负盈亏，整车企业不参与 4S 店的经营管理，但 4S 店必须按照整车企业的要求开展销售和服务业务。同时，4S 店应维护整车企业的产品信誉和声誉，树立整车企业的产品形象和服务形象，并履行协议中要求其承担的责任。整车企业应在业务方面给予 4S 店支持，同时 4S 店也应接受整车企业的监督指导。

整车企业对 4S 店提供全面的支持，包括统一的建筑和形象建设标准及标识标准，免费提供技术、管理、索赔和备件培训。此外，整车企业还提供技术资料、管理资料和疑难维修技术支持，统一订购专用工具和仪器设备，并指导通用工具的订购。4S 店还能获得售后服务联网软件和经销商内部管理软件，以及原厂备件。整车企业还授权 4S 店开展售前整备、首保及索赔业务，并免费提供产品宣传及服务宣传资料，指导 4S 店开展服务营销活动。

二、造车新势力的售后服务企业

造车新势力的售后服务企业以新兴汽车品牌为背景，致力于提供创新和高品质的售后服务。与传统汽车售后服务企业相比，造车新势力的售后服务企业更加注重用户体验和服务效率。

（一）造车新势力的售后服务特点

随着国家政策的大力支持和新能源汽车产业的兴起，一批具有创新创业特征的新兴汽车企业，如蔚来、小鹏和理想等，在 2014 年前后涌现。这些企业通常被称为“造车新势力”，它们主要指那些跨界进入新能源乘用车领域、利用互联网销售模式的新兴汽车企业。真正的造车新势力不包括那些由传统汽车企业创立或转型而来的新能源汽车企业，它们必须具备全新的服务理念和服务体系。与传统的国有、合资及大型民营汽车厂商相比，造车新势力在资本积累和投产运作方面有着本质区别。

随着新能源汽车销量的持续增长，售后服务成了一个不可忽视的重要领域。售后服务的核心在于维修品质、服务效率和用户体验。对于造车新势力而言，创建专属服务品牌和运营种子用户是推动终端销售和售后服务的关键。以下是造车新势力售后服务的几个特点：

1. 基础服务逐步完善

造车新势力由于造车时间短，因此服务体系不健全，正处于逐步完善基础服务的过程中。蔚来、小鹏、理想等造车新势力中的优秀企业，提供的基础性服务相较于有着数十年甚至上百年历史的传统汽车企业基本无差别。其中，蔚来汽车增加了年检代办等增值服务，小鹏汽车增加了违章查询服务，这些企业的售后服务触点不局限于维修保养等单一的服务场景，这不仅为用户带来了更加便捷的用车体验，还进一步完善了车辆全生命周期内的服务场景。

2. 维修保养项目少

新能源汽车维修保养项目具有独特性，其故障主要出现在动力蓄电池、驱动电机、电控系统、车载智能中控屏等部位。基础保养由于不需要像燃油汽车一样更换火花塞、机油、机滤等，因此新能源汽车的日常保养费用比燃油汽车低。

针对新能源汽车维修保养项目少的特点，为了增大用户黏性，各造车新势力纷纷推出延长质保服务期政策。在个性化需求探索方面，部分企业还增加了“会员订购制度”，如基础的保养套餐、上门取送车服务、智能流量包等，针对不同用户量身定制服务以满足其用车需求。

3. 售后服务数字化

造车新势力售后服务市场的智能服务，一方面是指车辆必备的远程诊断、空中下载技术升级；另一方面则是指智能化增值售后服务，如智能提醒、智能充电，甚至还包括智能理赔、车险等。从用户服务层面来说，造车新势力的智能研发能力加上其与生俱来的数字化“基因”，可以通过用户的用车行为数据分析其用车习惯，发现其潜在的用车安全隐患，从而为其提供更好的智能化服务。

4. 用户群体年轻化、个性化

新能源汽车用户群体越来越年轻化，传统的售后服务项目已不能满足日益增加的用户需求，智能化、便捷化、个性化的服务已在汽车售后服务业界成为共识。在技术的助力下，车联网的发展势必更加成熟，因此，会员流量机制也将成为一种全新的智能售后服务模式。截至目前，蔚来、小鹏、理想等造车新势力已经开始实行“会员流量制”这一定制服务项目。

（二）造车新势力的销售体系

随着新能源汽车市场份额的不断提升，以理想汽车为代表的新能源汽车品牌与传统燃油汽车品牌相比，不仅在汽车动力方式和销售模式等方面存在不同，还在售后服务方面为汽车行业带来了新模式。以蔚来、特斯拉为代表的大多数新能源汽车企业轻资产化的商业模式进入了汽车销售及售后服务领域。

造车新势力的销售体系主要依靠线下的直营体验中心或零售中心以及线上的官方 App 来实现。例如，到 2023 年底，理想汽车的零售中心已达到 346 家，覆盖 130 个城市；特斯拉体验中心、蔚来体验中心以及蔚来空间等都是造车新势力的直营体验店。

1. 直营体验中心（零售中心、蔚来空间）

相比于传统的 4S 店，造车新势力的直营体验中心负责售前咨询和试乘试驾。由产品专家或销售顾问为用户讲解产品知识，解决用户疑问，带领用户试乘试驾，将用户体验放在第一位。用户若体验良好，则可以选择官网或 App 完成线上下单，并且售价都是统一的。

2. 蔚来中心

蔚来汽车改变了传统汽车行业的维修和售后服务模式，将资源重新整合，成立了体验式的蔚来中心。这个中心有别于其他品牌的体验中心，其有车型展示区，用户可以进行购车咨询、试乘试驾，还有大型的生活场所、会客厅、图书馆、共享办公、厨房、咖啡厅以及亲子空间。蔚来中心为用户打造了一个自由的交友空间，这种全新的形式提升了用户体验。

（三）造车新势力的售后服务体系

随着汽车从单纯的交通工具转变为集成了智能科技的商品，用户在购车时越来越重视产品所附带的增值服务。党的二十大报告强调了“构建优质高效的服务业新体系，推动现代服务业同先进制造业、现代农业深度融合”，为提升新能源汽车服务业的质量提供了明确的方向和路径。

新兴汽车企业通过高度集成化的设计理念、以软件驱动硬件的智能产品以及空中升级技术，正在颠覆传统的汽车售后服务模式。这些造车新势力正在不断改进和完善其售后服务网络，并通过直营和代理等渠道模式的创新，构建了一个与传统 4S 店模式不同的新能源汽车售后服务网络。它们围绕销售、服务、充电、换电等业务，发展出体验中心、交付中心、服务中心、钣金喷漆中心、换电站等多种功能场所。这种渠道模式的创新使得新兴汽车企业的售后服务网络不再受限于传统汽车企业的 4S 店模式。接下来，将从几个方面深入介绍这些新兴汽车企业的售后服务体系。

1. 交付中心

一些新兴汽车企业设有品牌交付中心，提供车辆的预交付检测、尾款支付、金融和保险办理、车辆置换、上牌手续、充电桩安装以及车辆交付等多项服务。此外，部分品牌交付中心采用智能交付系统以提高效率。

一些新兴汽车企业还提供了自助交付服务。用户只需在线上支付尾款并提前办理保险，然后在约定时间携带相关证件前往交付中心，即可快速办理临时牌照、领取车钥匙等物品。在停车场取车后，整个交付过程最快仅需 30 分钟即可完成。

2. 服务中心

造车新势力的售后服务一般分为虚拟服务中心、400 电话用户服务中心、实体服务中心 3 部分。

（1）虚拟服务中心

虚拟服务中心利用智能化后台、远程诊断技术和移动服务，提供在线解答、预约维修等服务。它由一支专业的车辆数据分析团队组成，旨在为用户提供优质的服务体验，节省用户时间，并有效减轻实体服务中心的工作负担。

虚拟服务中心的团队通常包括服务专员和服务技师。服务专员负责接收用户问题，通过电话和网络渠道进行分类、整理，并提供在线回复、安排预约维修等服务。服务技师则主要利用远程诊断技术，包括在线升级来解决车辆故障。若远程诊断无法解决问题，服务专员会根据问题类型派遣移动服务技师到用户指定地点，或安排用户预约进入实体服务中心，并提前做好相关准备工作以高效解决问题。远程诊断专家负责每日的技术需求升级、远程诊断分析和解决方案的判定。目前，20%~30%的车辆问题可以通过远程诊断解决，用户无须进店。

经过虚拟服务中心的远程诊断和预约登记后，用户可根据需求前往实体服务中心进行线下维修。此时，实体服务中心会提前准备好维修工单、所需项目、配件和技师，从而大幅缩短车辆检测和维修时间。

新能源汽车能够实时连接网络，上传包括故障码、电池电量、电机温度和驾驶行为在内的各种数据。这些数据有助于虚拟服务技师实时监控和分析车辆状态，及时通知用户任何异常情况，并提醒其进行必要的操作。这种做法不仅提高了诊断效率，确保用户能及时了解车辆状态，预防潜在问题，还能帮助制造商收集大量车辆运行数据，以持续改进和优化产品。

（2）400 电话用户服务中心

造车新势力会提供多场景的服务方案，最简单的就是通过 400 电话用户服务提高用户满意度。在完善的基础服务组织架构之上，造车新势力的售后服务以 400 电话用户服务为纽带覆盖多种服务场景。400 电话用户服务中心是联系各个环节的桥梁，全天 24 小时在线，提供道路救援等业务支持，用户有任何用车问题都可以电话咨询。

（3）实体服务中心

造车新势力通常设有直营的实体服务中心，这些中心主要负责品牌车辆的维修和保养，但大多数不包括钣金喷漆中心，因此无法进行事故车的修理。以蔚来汽车为例，其服务中心能够提供快速换电服务，3 分钟内即可完成精准定位和快速拆卸；还能提供移动充电服务，包括一键加电和代客加电；此外，还有一键呼叫服务，可上门取送车及提供保养服务和代步车服务。

3. 直营/授权钣金喷漆中心

造车新势力汽车企业的售后维修服务主要分为内部维修和外部维修两类。内部维修由实体服务中心完成，通常只负责非事故车的维修保养，如四轮定位等；而外部维修则主要由汽车企业直营或授权的钣金喷漆中心承担。这些中心不仅能修复车辆的外观损伤，还能维护车辆的功能性、安全性和延长车辆使用寿命。绝大多数的外部维修服务由授权的钣金喷漆中心提供。

直营实体服务中心和授权钣金喷漆中心共同构成了造车新势力汽车企业的售后维修体系。为了确保用户在授权钣金喷漆中心享有与直营服务体系一致的服务体验，造车新势力汽车企业在产品上市后会布局好授权钣金喷漆中心，并要求这些中心不断提升服务及维修质量，以树立汽车维修行业的新标杆。理想汽车对授权钣金喷漆中心的要求见表 1-7。

表 1-7　理想汽车对授权钣金喷漆中心的要求

要求	具体内容
行业经验	主打高端豪华汽车品牌
	具有良好的服务高端客户的运营能力
	具备二类及二类以上维修资质
地理位置	临近交通便利的城市主要道路，且公共交通便利
	临近汽车相关产业销售区
基础设施	建筑面积≥1 500 m^2，维修工位数量≥15 个
	场地建筑状态保持良好，能够展示理想标识（Logo）且展示形象良好
	同时具备机电维修职能与钣金喷漆维修职能，且位于同一场地
	电力满足额外运营 2 个 7 kW 的慢充充电桩
财务要求	财务运营状况良好，资金储备充足
团队要求	具备经验丰富的脱产售后服务管理人员、独立的零件管理人员
	具备超过 5 年经验的事故接待人员≥2 人
	具备超过 5 年经验的钣金技师≥2 人，涂装技师≥2 人

4. 换电站

为了解决新能源汽车用户的电池焦虑问题，部分汽车企业选择通过换电实现“车电分离”的策略来消除用户的担忧。以蔚来汽车为代表所推行的换电站对动力蓄电池回收、电力“削峰填谷”高效利用有着极大的商业价值，如图 1-2 所示，全站共布置了 202 个监控传感器、37 个具有软件开发工具包功能的智能摄像头，结合算力达 21 Tops（1 Tops 代表处理器每秒钟可进行 1 万亿次操作），具有强大的边缘计算能力，使换电站能自动诊断设备故障，自动确定解决方案。

图 1-2　蔚来二代换电站

三、O2O 模式工场店

随着我国居民人均可支配收入的持续增长和生活水平的不断提升，消费者的个性化和多样化需求日益显现。这种需求的演变推动了供给侧的创新，以满足人们对美好生活的追求。途虎养车和天猫养车作为 O2O 模式的市场领导者，积极关注新能源汽车用户的需求变化，并不断创新其售后服务模式以适应这一趋势。

途虎养车和天猫养车原本是燃油汽车时代的汽车养护连锁品牌。为了在新能源汽车时代继续引领市场，途虎养车成立了专注于新能源汽车服务的全资子公司，而天猫养车则专注于提供新能源汽车相关服务，并在门店设置专门的新能源汽车工位。它们的服务模式包括获得整车企业（如零跑汽车、小鹏汽车）和电池厂商（如宁德时代）的维修授权，依托其全国范围内的 O2O 连锁店网络，提供外派动力蓄电池检测维修服务、旧动力蓄电池回收以及充电桩维修服务，从而开创了新能源汽车的“售服一体化”新模式。

在服务模式上，途虎养车和天猫养车采用线上线下融合的一体化方案，为用户提供线上下单、线下服务的智慧养车体验。在特殊时期，这些 O2O 模式的售后服务企业能够提供上门取送车、无接触养车以及紧急救援服务，以满足用户的多样化需求。

（一）O2O 模式工场店的定位

O2O 模式工场店是指将线下的售后服务与互联网结合，让互联网成为连接用户与服务企业的纽带，让互联网成为线下服务的前端。4S 店消费高，而街边维修店的信任体系缺失，这些因素给了 O2O 企业成长的机会。现在大家熟知的途虎养车、天猫养车、京车养车等就是汽车售后服务领域比较有代表性的 O2O 模式工场店品牌。

随着我国汽车后市场规模突破万亿元级，用户对汽车后市场服务的需求也在不断升级。O2O 模式的汽车售后服务企业的数量、服务形式都在不断发展变化。

以途虎养车、天猫养车、京车养车为代表的汽车售后服务工场店，都是依托于互联网的“线上+线下”一体化的汽车售后服务平台。这里的“工”代表工匠精神，“场”代表专业服务的场所，“工场店”代表工匠精神和服务精神，这就是工场店的定位。

（二）O2O 模式工场店的服务模式

O2O 模式工场店的服务模式具体如下。

1. 线上途径

O2O 模式工场店的线上服务通过服务软件聚焦于年轻化和定制化服务项目，联合主流短视频平台，推广“短视频+直播”模式，助力带货。在定制化层面，其推出大规模个性化定制服务，品牌方帮助产品厂商及门店寻找更精准的产品或者服务定位。

2. 线下途径

O2O 模式工场店的线下服务关注数字化带动行业转型，从连锁管理、服务能力、技术要求 3 方面着力进行数字化能力提升。

3. 供应链途径

在“一物一码”的基础上，O2O 模式工场店供应链途径更多地聚焦于正品如何溯源，提高商品库存的智慧化管理能力，最终帮助厂商、门店提高运营效率。

以天猫养车推出的“货无忧”智能系统为例，目前已经实现了“10 万+”汽车配件的在线智能管理。依托新康众建立的前置仓配送网络，天猫养车配件服务可做到“5 公里 30 分钟配送、90 天无理由退换”。根据门店存量车辆数据，“货无忧”智能系统可实现精准备货，根据施工订单系统化出库和库存盘点，不仅能备货更准确，还能缩减门店仓库面积，节省租金。

4. 人才培育途径

人才始终是行业的重中之重，各 O2O 模式工场店也积极响应国家关于打造知识型、技能型、创新型劳动者的号召，把人才管理放在了重要位置，定期对员工进行线上线下培训、考核。未来品牌方还会联合厂商打造联合培训体系，推动技师认证、产教融合以及双轨制教学，最终为技师提供专业路径、管理路径以及经营路径等不同发展方向。

5. 服务保障途径

售后服务质量担保一直是用户关注和关心的，所以 O2O 模式工场店也给用户提供各种保障。例如，途虎养车平台给用户提供了 3 年轮胎险和 10 年动力总成险，同时也会进一步打造品牌联合售后服务的形式，这些都会帮助供应商和平台共同建立用户心目中的正品专业形象。

（1）打造客户“智慧车管家”

O2O 模式工场店针对用户的焦虑问题，通过智慧管理系统推出了“智慧养车”服务。该服务利用智能化技术规范了汽车后市场服务流程，建立了流程标准化、价格透明化和服务保障化的良性行业生态。结合云计算、大数据和人工智能等先进技术，O2O 模式工场店已经构建了一个覆盖用户养车全场景需求的服务体系。通过实施预约精准化、服务标准化、检测智能化、流程可视化、价格统一化、施工透明化和责任溯源化等措施，O2O 模式工场店彻底改变了传统养车场景中用户的被动地位，打造了一种车况、价格和服务全透明，售后有保障的智慧养车新体验。

为实现智慧养车，O2O 模式工场店采取了一些措施，见表 1-8。

表 1-8　O2O 模式工场店采取的措施

措施	内容
车况全透明	O2O 模式工场店的大数据库包含了市场上 98% 的主流车型的精准维修数据。用户车辆进店后，通过信息录入，系统能自动为用户匹配精准的维修保养方案
价格全透明	通过全国统一的配件供应链，所有配件价格标准化，确保品牌直供正品。车辆检测后，系统自动匹配服务项目及其价格，实现价格透明化，避免过度营销
服务全透明	车辆进入门店后，智能摄像系统自动识别并追踪到施工工位。通过工场店 App，维修保养施工全过程可通过实时直播推送给用户，并保留施工视频供回看溯源，确保售后有保障

工场店通过“智慧车管家”将服务全过程数字化，实现了服务的标准化，提供了安全感，有效解决了用户的焦虑问题。

（2）打造门店“智慧管理体系”

为打造门店“智慧管理体系”，O2O 模式工场店采取了一些措施，见表 1-9。

表 1-9　O2O 模式工场店采取的措施

措施	内容
门店管理	智慧管理系统整合了用户预约、门店接单、会员服务、车辆智能检测、库管配货、全车系施工指导和施工验收等门店全服务流程体系。通过模块化系统移植，门店具备了智能管理能力，提升了管理水平。用户管理系统确保每辆车都能被精准管理，实现用户“离店不离线”
技术保障	O2O 模式工场店引入了来自各大主机厂和零部件制造商的资深专家，帮助解决技术难题。同时，O2O 模式工场店拥有覆盖主流车型的养车施工大数据和智能体系，包括图文和视频施工指导，确保所有维修保养问题都有标准化和专业化的解决方案
门店运营	通过线上线下相结合的营销活动，O2O 模式工场店实现了服务找人的突破，增强了门店的主动获客能力，并通过精益化管理促进门店利润增长。付费会员制是门店最高效的经营工具和用户管理工具，精准解决用户留存和管理效能问题

在新能源汽车售后服务领域，除了天猫养车和途虎养车，华胜和恒泰也是具有代表性的企业。其中，华胜早在 2016 年就切入新能源汽车业务，并成为特斯拉的授权钣金中心，首先在上海、南京和温州 3 个城市提供服务。若维修企业仅参与授权钣金喷漆业务，则其价值有限且容易被取代。然而，介入充电、三电维修等业务后，维修企业凭借技术能力和线下网络，搭配人才培训体系，可以显著提升自身的竞争力。

四、新能源汽车售后服务企业的组织机构及岗位设置

新能源汽车售后服务企业的组织机构及岗位设置可根据企业的实际情况进行调整和优化，以确保提供高效、专业的售后服务。

（一）传统汽车企业 4S 店的组织机构及岗位设置

在日常的运营工作中，4S 店的组织机构之间需要相互配合才能提高工作效率。一般情况下，不同品牌的 4S 店组织机构不尽相同，但大致相似。

4S 店各组织机构的职能及岗位设置具体如下。

1. 销售部

销售部负责根据汽车企业对整车销售的有关规划积极开拓市场，完成工作年会制订的季度、年度销售计划，认真做好客户的开发及维护工作。定期将销售经营情况及市场信息汇报给总经理。销售部设置的岗位有总经理、销售总监、销售经理、大客户经理、试乘试驾专员、销售顾问、大客户销售顾问、出租车销售顾问等。

2. 售后服务部

售后服务部按照汽车企业售后服务部对品牌服务的要求，面向客户车辆开展售后服务工作，解决客户对服务的各种投诉，向汽车企业售后服务部反馈产品质量信息和客户意见，维护汽车企业和经销商的品牌形象。售后服务部下设服务部、备件部、维修车间、技术部。

3. 客户关系管理部

客户关系管理部有时也称为市场部，负责对客户信息进行管理，维系客户关系，进行客户投诉管理，提高客户区域管理及服务水平，倾听客户心声，提升服务质量，整合经销商各部门的客户关系，提高客户满意度。客户关系管理部设置的岗位有客户关系管理总监、客户管理经理、客户信息主管、客服专员等。

4. 综合管理部

综合管理部负责经销商的人事关系管理以及经销商的日常行政办公和后勤保卫管理。综合管理部下设人力资源部、行政部，岗位有人力资源经理、行政经理等。

5. 财务部

财务部负责财务预算以及与经销商日常的财务往来。财务部的岗位有财务经理、会计等。

（二）造车新势力服务企业的组织机构及岗位设置

造车新势力服务企业根据产品定位、产品结构、客户服务需求等因素的不同，都设置了不同的组织机构和岗位。下面以造车新势力的典型代表特斯拉汽车、蔚来汽车、小鹏汽车售后服务的组织机构及岗位设置为例学习相关知识。

1. 特斯拉汽车服务企业的组织机构及岗位设置

特斯拉汽车为客户提供的服务组织形式有体验中心、交付中心、售后服务部、市场部。

（1）体验中心

特斯拉汽车的销售部通常以体验中心的形式呈现，一般都建在一、二线城市的大商场中，也可以称为商场超市店，主要负责客户咨询、产品展示、试乘试驾等。直营体验中心设置的岗位有店长、资深特斯拉顾问、特斯拉顾问等。特斯拉顾问就是传统 4S 店的销售顾问。

（2）交付中心

交付中心负责购买客户的车辆交付工作。此部门设置的主要岗位有交付主管、交付顾问、交付体验

专员等。交付顾问负责在客户订车后，与客户对接相关事项。交付体验专员主要负责车辆交付工作以及车辆交付前、中、后的全程管理。

（3）售后服务部

售后服务部由 3 个主要部分组成：服务中心、客户关怀中心和直营钣金喷漆中心。服务中心与直营钣金喷漆中心共同承担了传统 4S 店售后服务部的核心功能，包括车间修理、备件管理、精品销售和客户接待等。服务中心设有车间经理、维修技师、服务顾问和配件顾问等岗位。客户关怀中心设有客户支持专员岗位。直营钣金喷漆中心设有钣金喷漆车间经理、钣金技师和喷漆技师等岗位。

（4）市场部

市场部负责对外市场开拓，设置的主要岗位有：业务拓展经理，其业务比较丰富，既包含市场活动，又包含金融保险等衍生业务合作商管理；销售业务发展专员，是业务拓展经理的下属；对外事务经理，是代表特斯拉汽车官方的公共关系岗位，有的城市还配有公关经理；市场专员，协助对外事务经理的工作。

通过特斯拉汽车服务企业的组织架构和岗位设置可以发现，没有专门的门店财务岗位，所有财务活动均通过企业 App 进行线上下单和交易，从而积累了大量的财务数据。与传统 4S 店相比，特斯拉汽车服务企业的组织机构和岗位设置在业务内容上基本没有显著差异。

2. 蔚来汽车服务企业的组织机构及岗位设置

蔚来汽车服务企业的客户服务模式主要分为以下几种类型。

（1）蔚来空间

蔚来空间作为纯销售功能的门店，主要承担蔚来品牌和产品的展示、销售功能，组织机构很简单，与特斯拉汽车的体验中心类似，包含店长、蔚来顾问、在线蔚来顾问、高级顾问、产品专家等岗位。蔚来空间相对于蔚来中心而言，投入少、面积小，但数量多、辐射更广，能高效地为品牌增加触点。

（2）蔚来中心

蔚来中心不仅具备销售职能，还承担品牌传播、用户运营和市场拓展等多重职责。用户运营的核心职责包括拓展用户基础、维护用户社群以及提供售前咨询服务，具体工作涉及电商网络营销、App 社群维护和线上售前咨询等。用户运营的主要职位包括用户发展专员和用户服务调度。用户发展专员专注于新媒体运营和活动运营，负责制作宣传素材、策划和执行活动以及资源协调。用户服务调度则负责处理售前和售后服务咨询、解答用户疑问、收集用户诉求和建议，并确保及时反馈与跟进。蔚来中心还设有品牌传播专员、空间品控官和市场传播专员等职位，旨在进一步扩大品牌影响力。

（3）蔚来售后服务中心

蔚来售后服务中心主要负责故障救援、机电维修、保养等业务。移动服务技师主要负责故障救援；事故服务代表专员是蔚来的特色岗位，负责“无忧服务”项目的取送车服务。

（4）蔚来交付中心

蔚来交付中心主要负责车辆交付，设置了交付运营专员和交付服务专员岗位，通过协调管控交付中心资源、提前梳理及准备交车流程，为用户在付款方式、充电安装、生产状态、物流进度、上牌政策等诸多环节提供指导和帮助，并通过跨部门团队协作，最终将车辆交付给用户。

（5）授权钣金喷漆中心

为了满足事故车客户的需求，蔚来汽车还授权了一些钣金喷漆中心。这些授权的钣金喷漆中心不是直营店，业务范围仅局限于事故车维修。

（6）能源团队

能源团队提供家用充电桩安装交付、换电、补能等服务。能源团队主要设置了道路服务专员与能源基建工程师等岗位。道路服务专员有高优服务方向、换电站值守方向、充电桩方向等，分工明确。

蔚来汽车品牌的售后服务企业也不设财务管理人员。为了落实独特的“无忧服务”业务而增设了服务代表专员，还设置了全行业唯一的各地换电站服务团队。

3. 小鹏汽车服务企业的组织机构及岗位设置

小鹏汽车的销售服务有直营和代理两种形式，渠道形式分为直营体验中心（销售店）、售后服务中心、销售服务中心，组织机构基本与传统汽车的4S店一致，只是个别岗位名称有所变化。小鹏汽车的服务由直营体验中心和售后服务中心完成，销售服务中心的岗位设置包含了直营体验中心和售后服务中心的岗位。

（三）汽车服务企业的岗位职责与要求

每个类型的汽车服务企业的岗位设置及岗位职责各有差异，会根据实际业务情况进行岗位调配。下面我们以4S店和造车新势力服务企业为例介绍服务企业各岗位的职责和特色岗位。

1. 4S店售后服务部的岗位职责

4S店售后服务部的岗位职责根据岗位的不同而不同。

（1）总经理的岗位职责

总经理的岗位职责，见表1-10。

表1-10　总经理的岗位职责

序号	岗位职责
1	落实国家及行业的各项法律法规，制定、落实企业方针政策，并贯彻汽车企业的各项政策
2	直接领导各部长及服务总监
3	负责公司内文件的审批
4	负责定期对公司的经营状况、管理、服务质量等进行评审
5	有投资决策权、经营权、人事任免权、现金使用审批权等

（2）服务总监的岗位职责

服务总监的岗位职责，见表1-11。

表1-11　服务总监的岗位职责

序号	岗位职责
1	按品牌服务的要求，管理经销商的售后服务业务
2	负责与汽车企业售后服务部门联络并落实各项工作
3	直接领导服务经理、备件经理和技术经理
4	负责重大质量问题及服务纠纷的处理
5	定期向总经理和汽车企业售后服务部汇报经销商的生产、经营和管理等
6	具有生产指挥权、监督权、内部人员调动权，对公司投资、经营等活动的建议权

（3）服务经理的岗位职责

服务经理的岗位职责，见表1-12。

表1-12　服务经理的岗位职责

序号	岗位职责
1	负责解决服务过程中与客户发生的纠纷
2	负责与备件经理协调维修所需备件

表1-12(续)

序号	岗位职责
3	负责外出救援服务、预约服务、客户投诉、走访客户等工作的管理，并参与对重大维修服务项目的评审
4	负责下属劳动纪律的管理，负责所辖区域环境的管理
5	监督和指导服务顾问、索赔员和保险理赔专员的日常业务

(4) 车间主任的岗位职责

车间主任的岗位职责，见表1-13。

表1-13　车间主任的职责

序号	岗位职责
1	随时掌握维修车辆的工作进度，保证工作的有效性和高效性
2	按照进厂车辆的优先次序和员工的技术水平，合理组织分配任务
3	定期填写、统计车间员工效率表及返修率，按照需要做适当的人员调整，最大限度地提高工作效率
4	充分利用设备资源和人力资源
5	严格管控车间成本

(5) 备件经理的岗位职责

备件经理的岗位职责，见表1-14。

表1-14　备件经理的岗位职责

序号	岗位职责
1	负责保证维修所需的备件供应，对是否是原厂备件负责
2	负责确定合理的备件库存量，指导库管员对库房的管理
3	负责备件订购计划的审批
4	负责组织备件的到货验收及备件的入库检验，负责定期组织人员进行库存盘点
5	负责审核备件管理账目，抽检库存备件状况
6	负责实施备件管理方面的培训
7	负责制定备件位置码

(6) 技术经理的岗位职责

技术经理的岗位职责，见表1-15。

表1-15　技术经理的岗位职责

序号	岗位职责
1	负责定期收集技术疑难问题及批量投放的质量信息
2	负责技术服务手册等技术资料的消化、吸收并指导使用
3	协助汽车企业开展技术支持工作
4	负责监督、指导维修人员使用专用工具，负责控制、监督经销商的维修质量
5	负责疑难故障的诊断及维修技术攻关，指导车辆维修
6	负责建立文件化的质量体系

2. 造车新势力服务企业的特色岗位描述

(1) 销售顾问

由于新势力汽车企业都采用直营门店的运营模式，因此销售顾问的岗位职责和任职要求也会有差异，有的汽车企业还把销售顾问定义为产品专家。销售顾问是在各城市门店直接面向所有客户，通过热情专业地向客户讲解产品并且为客户带来良好的试乘试驾体验以促成销售。该职位主要负责完成客户接待、客户试乘试驾、订单签订的销售全流程，提升客户体验。

① 岗位职责

销售顾问的岗位职责，见表 1-16。

表 1-16　销售顾问的岗位职责

序号	岗位职责
1	提升高质量客户的体验，为客户和汽车爱好者介绍电动汽车的优点，普及电动汽车知识
2	鼓励客户试驾，通过试驾服务提供高质量的客户体验，建立良好的客户关系
3	探索和激发客户需求，协助资深顾问完成选配、促成订单转化
4	持续建立并管理潜在客户资源，通过电话、邮件、试驾等线上线下方式维系客户关系
5	按要求接受公司层面的各项培训，并严格遵守公司相关规章制度

② 任职要求

销售顾问的任职要求，见表 1-17。

表 1-17　销售顾问的任职要求

序号	任职要求
1	对销售工作抱有热情，具有出色的沟通能力和客户服务意识、良好的自我管理能力及自我学习能力
2	持有有效驾驶证，驾驶熟练，且无不良行驶记录
3	能够接受零售业的工作时间
4	高度认可企业文化及产品，具备良好的团队合作意识
5	熟练使用办公软件
6	优先考虑本科及以上学历、有零售行业或大客户销售经验的人员

（2）交付体验专员

交付部门提供订单维护与交付准备方面的一切支持，并为客户创造高效、专业、有温度的服务体验。交付体验专员会帮助客户整备车辆、与客户沟通交车地点、为客户演示车辆的功能和系统操作，最重要的是为客户提供优质的服务体验。

① 岗位职责

交付体验专员的岗位职责，见表 1-18。

表 1-18　交付体验专员的岗位职责

序号	岗位职责
1	管控与协调交付中心资源，如停车位数量、交付礼品数量
2	提前确认当日/当周预约数量，配合交付顾问控制交付进度
3	提前确认车辆问题，并及时反馈给交付顾问
4	提前准备车辆手续，确保手续准确齐全
5	处理客户现场需求，如现场办理保险手续、牌照手续
6	负责解决交付现场出现的客户投诉。如交付体验专员处理现场客户投诉后，客户仍有后续需求，交付体验专员需要继续跟进
7	跟进掌握车辆交付后的客户满意度，及时针对客户交付疑虑做出反馈和提出解决方案
8	利用客户关系管理系统，确保信息能及时高效地传达给管理部门。将客户意见反馈给公司的市场营销团队和产品研发团队，提升客户交车体验

② 任职要求

交付体验专员的任职要求，见表 1-19。

表 1-19　交付体验专员的任职要求

序号	任职要求
1	具有出色的英语和中文口头表达能力、书面表达能力
2	持有有效驾驶证，驾驶熟练，并无不良行驶记录
3	具备优质客户服务经验者优先。主动进取，以目标为导向，有上进心
4	具有创造性思维，能独立迅速地解决关键问题
5	能够和多个业务部门建立并保持良好的工作关系
6	优先考虑本科及以上学历、有相关销售服务背景和工作经验的人员

（3）移动维修技师

移动维修技师是上门服务的维修专家。他们对车辆进行优质维护并对车辆负责，现场解答客户在用车方面的问题，同时负责保持车间和移动服务车辆整洁有序。

① 岗位职责

移动维修技师的岗位职责，见表 1-20。

表 1-20　移动维修技师的岗位职责

序号	岗位职责
1	根据维修手册的标准有效准确地进行车辆维修，并记录维修工单
2	诊断车辆故障原因，并给予维修建议或进行适当的维修
3	熟练使用工作系统，做好日常的维护和记录
4	在系统里准确记录客户反馈的问题和数据
5	负责维修工序质量的自检
6	使用和维护各种手动工具和电动工具、车间工具和测试设备
7	进行车载设备和服务车辆检查，定期保养车辆，查询违章、保险、年审信息，检查车上安全用品和工具
8	当天服务的客户必须在出发前联系客户，确认服务信息。到达上门地点后跟客户沟通确认服务内容
9	在交付之前确定车辆相关问题已解决，并展示维修成果，以确保客户满意
10	管理好每天领取的配件（新件、旧件）
11	对移动服务车上的危险品及化学品进行有效的管理
12	高效地处理多项任务和判断优先级处理任务，在预期时间内完成给定任务
13	工作过程中应严格遵守安全生产规章制度和操作规程，服从管理，正确穿戴和使用劳动防护用品，防止发生安全生产事故
14	对发生的员工受伤或虚惊事件以及现场存在环境、健康、安全隐患必须如实上报

② 任职要求

移动维修技师的任职要求，见表 1-21。

表 1-21　移动维修技师的任职要求

序号	任职要求
1	具备 3 年以上汽车维修工作经验，并具备熟练的驾驶技能
2	掌握汽车维护和修理的方法、技术以及配件、工具和材料等方面的知识，包括测试诊断、供热通风与空气调节、油压、制动、电力系统和模块的测试及修理

表1-21（续）

序号	任职要求
3	掌握汽车服务中的化学用品和润滑油的使用
4	具有优秀的口头沟通能力和书面沟通能力
5	优先考虑具有高中及以上学历，汽车技术相关专业或持汽车机械相关认证者；有接触客户或处理客户投诉经验者；具备良好的汽车专业英语书写能力者；持有低压电工证者

（4）保修索赔专员

① 岗位职责

保修索赔专员的岗位职责，见表1-22。

表1-22　保修索赔专员的岗位职责

序号	岗位职责
1	基于保修政策、流程以及管理规定，积极与保修相关业务人员沟通，确保按要求执行
2	积极与客户沟通保修政策，协助消解保修相关的客户抱怨，以使客户满意
3	实时查阅技术、保修等相关通告内容，并协助做好内部信息传递，确保信息一致性
4	基于车辆情况、政策以及基本技术结论，负责客观、准确地鉴定保修案例
5	基于保修规定要求，负责及时、准确地收集相关保修资料
6	负责及时、准确地提交保修单据并跟进处理，以确保保修费用顺利进入结算流程
7	负责店里保修旧件的运营管理，确保保修旧件正常返还、销毁
8	实时关注保修关键指标情况，并负责制定和执行相应整改方案
9	协助完成总部、区域的保修业务审计工作

② 任职要求

保修索赔专员的任职要求，见表1-23。

表1-23　保修索赔专员的任职要求

序号	任职要求
1	认可公司文化，具备创业公司需要的心理素质，具有高职及以上学历，机械、汽车技术相关专业优先考虑
2	3年以上中高端汽车售后保修相关工作经验（有高端电动车售后保修经验者优先），了解汽车和零部件基础产品知识
3	熟练应用Word、Excel等办公软件
4	有良好的沟通能力、协调能力和组织能力，有良好的团队协作精神

（5）售后服务顾问

① 岗位职责

售后服务顾问的岗位职责，见表1-24。

表1-24　售后服务顾问的岗位职责

序号	岗位职责
1	引导、受理用户预约
2	负责预约准备工作的落实
3	负责维修车辆用户的登记、接待工作
4	负责客户来店维修时的各部门协调

表1-24(续)

序号	岗位职责
5	负责用户车辆的故障诊断
6	向车间主管下达维修派工单
7	负责客户委托书的签订
8	积极处理客户诉求
9	完成领导交办的其他任务

② 职业准则与职业道德规范

职业准则是从事一定职业的人长期在职业生活中必须遵守的规则。汽车售后服务顾问的职业准则是：准点准时，言而有信，以客户为中心，理解第一，忍让为先，微笑服务。

售后服务顾问的职业道德规范包括：真诚待客，服务周到，收费合理，保障质量。

③ 任职要求

售后服务顾问的任职要求，见表 1-25。

表 1-25　售后服务顾问的任职要求

序号	任职要求
1	有较丰富的汽车构造及汽车维修知识
2	具备良好的语言表达能力与沟通能力
3	熟悉计算机基本操作，并可熟练运用汽车维修管理软件
4	熟悉汽车驾驶，有有效驾驶证

④ 岗位设置及职业发展

在不同品牌汽车的 4S 店，售后服务顾问的岗位设置稍有不同。根据售后服务顾问的服务能力和技能水平，售后服务顾问大致设置助理售后服务顾问、一般售后服务顾问、资深售后服务顾问和首席售后服务顾问等岗位（表 1-26）。

表 1-26　售后服务顾问的职业提升轨迹

专业序列等级	主要特征
首席售后服务顾问	（1）公司内部在服务方面公认的专家，是被认为可以代表整个经销商网络的高标准水平； （2）在服务营销、客户沟通、客户关系管理、维修技能、产品知识等各方面，均具有广泛而深入的知识； （3）能够全面协调服务及公司资源并解决重大服务维修问题； （4）能够开发和指引本经销商在服务领域的技术发展方向； （5）须具备 6 年以上的汽车服务经验
资深售后服务顾问	（1）是服务的 1 个或者几个领域的资深专家； （2）能够为一般售后服务顾问提供多方面的指导； （3）能够带领本小组解决本领域复杂而困难的问题，并能够协调其他小组的资源； （4）须具备 3 年以上的汽车服务经验
一般售后服务顾问	（1）掌握服务的基本技能和能力； （2）能够独立进行接车的全面诊断，并能够解决一般的汽车维修问题； （3）具备基本的管理技能，并能够独立领导维修小组开展工作； （4）须具备 1 年以上的汽车服务经验
助理售后服务顾问	（1）对服务所需的工作指示有初步的了解； （2）须具备 1 年以上的汽车维修经验，能够进行接车的初步诊断，并能够解决简单的汽车维修问题； （3）需要在一般售后服务顾问或资深售后服务顾问的指导下开展工作

售后服务顾问的职业发展管理序列依次为：助理售后服务顾问、一般售后服务顾问、服务经理、服务总监。

项目小结

本项目旨在全面介绍新能源汽车售后服务及其相关企业，首先介绍了新能源汽车的发展历程与售后服务概述；其次介绍了新能源汽车的现状及发展趋势；最后对售后服务企业的类型、特点和岗位设置进行了阐述。通过学习本项目，读者能够深入了解新能源汽车售后服务的全貌，掌握行业发展趋势，为从事相关工作或进一步研究打下坚实基础。

项目工单

学习完本项目的内容后，请完成如下的项目实训，见表 1-27。

表 1-27　实训表

任务名称	汽车企业直营门店销售与售后服务流程模拟实训				
姓名		班级		学号	
学时		日期			
所需设备	笔记本电脑或平板电脑，用于模拟客户接待、订单处理、车辆管理等操作； 汽车模拟器或实车，用于模拟试驾体验； 办公软件，用于文档处理和数据记录； 客户关系管理系统模拟软件，用于管理客户信息和售后服务流程				
任务目的	理解直营门店销售顾问和售后服务顾问的岗位职责和任职要求，掌握客户接待、试驾、订单处理、售后服务等流程，培养团队合作、沟通协调和问题解决能力				

一、任务描述

分组模拟直营门店的日常运营，包括客户接待、试驾、订单处理、售后服务等环节，每组成员分别扮演销售顾问、交付体验专员、移动维修技师、保修索赔专员和售后服务顾问等角色，模拟处理客户咨询、预约、试驾、维修、索赔等业务流程，并记录相关数据和客户反馈。

二、分组讨论

全班学生以 3~6 人为一组，选出各自组长，组长对组员进行任务分工并将分工情况记录在任务分工表（表 1-28）中。

表 1-28　任务分工表

小组成员	姓名	学号	任务分工
组长			
组员			

问题 1：如何在模拟实训中体现销售顾问的“提升高质量客户体验”这一职责？

问题 2：在模拟交付体验专员的角色时，如何确保交付流程的高效和专业？

问题 3：移动维修技师在模拟实训中如何展示其在车辆维护方面的专业知识和技能？

三、实施过程

在实际操作过程中，将操作内容及实施过程中遇到的问题和解决办法记录下来，见表 1-29。

表 1-29　遇到的问题和解决办法记录表

序号	操作内容	遇到的问题	解决办法
1			
2			
3			
4			
5			
6			

四、实训评价

请各组选出一名代表展示实施的成果，并配合指导老师完成实训评价，见表 1-30。

表 1-30　实训评价

项目名称	评价内容	分值	评价分数		
			自评	互评	师评
职业素养考核项目（50%）	能够清晰、准确地与客户和其他团队成员沟通	15 分			
	能够有效协作，共同完成任务	15 分			
	能够及时发现并解决问题，确保服务流程的顺畅	20 分			
专业能力考核项目（50%）	能够熟练掌握客户接待、试驾、订单处理、售后服务等业务流程	15 分			
	能够将专业知识应用于模拟实训中的具体情境	15 分			
	能够提供高质量的客户服务，满足客户需求并使客户满意	20 分			
合计：综合分数　自评（20%）+互评（20%）+师评（60%）		100 分			
综合评估		教师（签名）：			

课 后 练 习

一、填空题

1. 2014—2016 年是我国新能源汽车产业的普惠________阶段。在这一阶段，国家大力支持新能源汽车行业发展，在普惠式补贴的刺激下，大量企业进军新能源汽车行业，产销规模成倍地增长。

2. 随着市场上新能源车型数量的增加，消费者的选择范围扩大，众多产品具有较强的吸引力，这促进了新能源汽车产销规模的快速增长。与此同时，新能源汽车________政策的影响逐渐减弱，新能源汽车行业发展开始更多地依赖市场驱动。

3. 对于年销量在几十万辆的汽车企业，仅依赖营销手段实现销量增长存在许多不确定性。只有结合营销和强大的________，才有可能实现销量的增长。

二、简答题

1. 新能源汽车售后服务的特征有哪些？
2. 新能源汽车售后服务的现状如何？
3. 造车新势力的售后服务特点有哪些？

项目二 新能源汽车的客户接待与管理

项目导读

新能源汽车客户接待管理是确保客户满意度和忠诚度的关键环节。良好的保养车辆的预约服务、完善的客户接待和修后交车流程，能够提升客户体验，确保车辆得到及时和专业的维护。完善的故障车辆的接待和保修车辆的接待流程，有助于快速诊断问题并提供解决方案，减少客户等待时间。完善的事故车辆的维修接待流程，有助于确保事故车辆得到妥善处理，恢复车辆性能，同时可为客户提供心理上的安慰和支持。优化这些接待与管理流程，可以提高工作效率，增强客户信任，提升品牌形象，最终实现业务增长。

学习目标

知识目标

1. 了解保养车辆的基本流程，包括预约服务、接待、修后交车等各个环节。
2. 掌握故障车辆的常见类型及故障诊断的基本知识。
3. 熟悉事故车辆维修接待的程序，包括定损、理赔等流程。

技能目标

1. 能够熟练操作客户接待管理软件，对保养车辆进行预约、管理和跟踪。
2. 能够准确诊断故障车辆的问题，并为客户提供合理的维修建议。
3. 能够高效处理事故车辆的维修接待工作，与客户及保险公司进行有效沟通。

素质目标

1. 具备良好的客户服务意识，能够耐心解答客户疑问，为客户提供优质服务。
2. 具备敬业精神和高度的责任心，对待工作一丝不苟，能够确保维修质量。
3. 具备团队协作精神，能够与同事紧密配合，共同完成工作任务。

思政目标

1. 培养职业素养和安全意识，遵守职业道德，确保人身安全。
2. 树立精益求精的工匠精神，对待工作要认真负责，追求卓越。
3. 强化环保意识，节约资源，树立绿色出行、低碳生活的理念。

任务一 保养车辆的客户接待与管理

任务描述

你是一名售后服务顾问，负责完成某客户保养车辆的交接、检查、清洁和相关书面工作，确保客户满意地接收他的车辆。你计划如何完成对该客户的接待工作？

任务分析

为确保本任务的顺利完成，建议遵循以下流程：前往车辆竣工区接收车辆，并检查保养维修项目的书面记录和表单，确保所有信息准确无误。根据交车前外观及车况检查表，核对车辆内外清洁情况、漆面剐花情况，并将车辆设置恢复到入厂状态。检查车上是否有遗留的工具、维修器材等物品，并确认旧件是否被妥善处理。完成相关书面工作，包括车辆维修结算单、保养记录、保养提醒卡、放行条等的填写。通知客户前来提车，并在客户到场时引导他们检查车辆，解释维修保养费用明细，并提供下次保养的建议。确保客户满意地离开，并约定后续回访时间。

任务实施

保养车辆的接待与管理是指售后服务顾问对来店维修保养的车辆进行接待与管理，并为客户提供服务。售后服务顾问的具体职责包括：制定个性化的车辆维修保养方案，监控保养过程和质量，以及为客户提供休息引导和关怀。由于车辆状况和客户需求的多样性，售后服务顾问需为不同情况的客户和车辆量身定制维修保养方案。此外，他们还需完成一系列工作任务，如预约、接待、咨询、休息引导、车辆维修、质量监控、交车及跟踪服务等。在提供接待服务的过程中，售后服务顾问必须严格遵守企业标准和行业规定。

一、保养车辆的预约服务

汽车服务顾问

预约服务是汽车维修服务流程的首个环节，是一个为客户提供好的售后服务的机会。预约是在接受客户预约时，根据维修服务中心本身的作业容量确定具体作业时间，保证作业效率，均化每日的作业量。

（一）预约服务概述

在客户来店之前需根据预约日期编排准备工序，汇编整理为维修服务中心经营业绩基础资料。预约工作一般由预约服务人员（或由客户服务专员、汽车后服务顾问轮流兼任）负责，通过网络、小程序、App、电话或现场等方式进行预约。

1. 预约的分类

预约可分为主动预约和被动预约。

主动预约是指汽车维修服务企业根据掌握的客户档案，主动与客户联系，了解客户车辆的使用状况，为客户制订维修保养计划，邀约客户到店维修保养并与客户达成预约。

被动预约是指客户在使用车辆时发现车辆有故障，或者通过查看保养手册得知应该做保养了，为了避免维修保养时排队浪费时间，客户就会主动与汽车维修服务企业联系预约，以便汽车维修服务企业做好准备，保障车辆能按时进行维修保养作业。

2. 预约的好处

做好预约服务工作对 4S 店、品牌厂家、售后服务顾问和客户都有很多好处。具体好处见表 2-1。

表 2-1　预约的好处

对 4S 店、品牌厂家的好处	对售后服务顾问的好处	对客户的好处
可以均衡业务接待与维修部门的工作量	可以维护自己的客户基盘	可以有效地管理自己的时间
可以控制与节约人力成本	可以提高自己的工作收入	可以缩短在店等待时间
可以提高工时利用率与工位利用率	可以更加主动、有效地管理自己的时间	可以在推广期内享受折扣待遇
可以增加入场台次	—	—
可以有效维护客户基盘	—	—

3. 预约服务人员的能力要求

预约服务人员需要具备的能力具体如下。

（1）沟通能力

沟通的作用是信息的相互传达，把己方的信息、想法准确无误地传达给对方，并正确接收、领会对方的信息和想法。

（2）礼貌礼仪

预约服务人员在与客户沟通时必须讲究礼貌礼仪，心情愉悦地与客户沟通。接听客户电话时要问候并向客户介绍自己和公司。要及时接听客户电话，电话铃响 3 声内（彩铃 10 s 内）接起电话。要等客户挂断电话后，方能挂断电话。

（3）用心倾听

预约服务人员和客户沟通交流时要积极地倾听。积极倾听的目的是了解客户需求，并要包容和理解客户的情绪。不要经常随意打断客户说话，但可以适当提问题，适当做记录，积极重复所听到的内容，询问客户意见。

（4）正确提问

预约服务人员与客户交流时要用正确的方式提问，了解客户个人及其车辆的有关信息，灵活运用开放式、封闭式、选择式、建议式等多种提问方式。

（二）预约的行动要点

预约服务人员进行预约服务的行动要点具体如下。

1. 建立客户档案

建立好完整的客户档案，是做好预约服务工作的前提。客户来公司维修保养或咨询的，应在其相关手续办理完毕后将其有关信息录入系统保存。

预约服务人员可以通过查询客户档案资料，了解客户与客户车辆的相关信息，推算出客户车辆的保养时间，根据客户的个性化需求，确定下一次服务的内容和时间，并与客户及时沟通，进行预约服务工作。同时，预约服务人员可以根据客户的个人情况，邀请客户参加公司组织的车友会、节假日促销活动。

客户档案的内容包括姓名、电话、地址、车型、车架号、车牌号、维修保养记录、下一次保养时间、客户意见等相关信息，具体参考“××的客户档案资料表”，见表2-2。

表2-2 ××的客户档案资料表

姓名	电话	地址	首次送修日期	
××	××	××市××区××镇××路××号	××年××月××日	
维修类别	车型	车架号	车牌号	
定期保养	××	××	××××	
维修保养记录				
送修日期	行驶里程/时间	下一次保养时间	送修人	客户意见
2021年8月1日	3 000公里/3个月	2022年2月1日	××	无
2022年2月1日	13 000公里/9个月	2022年8月1日	××	无
2022年8月1日	23 000公里/15个月	2023年2月1日	××	无
2023年2月1日	33 000公里/21个月	2023年8月1日	××	无
2023年8月1日	43 000公里/27个月	2024年2月1日	××	无
2024年2月1日	53 000公里/33个月	2024年8月1日	××	无

2. 预约信息的获取

客户档案是车辆进行的维修和保养的全部记录，售后服务顾问可有效地利用这些信息，根据客户的用车情况进行预约提醒。

3. 预约时间的确定

预约时间的确定要注意以下几点。

（1）不同专营店的工位、工时、库存和随到业务量不同。

（2）将预约服务放在空闲时间。一般可以把预约时间安排在上午9点之前和下午2：30之后。

（3）将预约时间间隔开（如15分钟间隔）。例如，第一个客户预约在下午2：30，第二个客户就预约在下午2：45。

（4）优先安排返修、召回、保修、紧急维修和特殊客户。

4. 服务时间、费用的预估

新能源汽车的日常保养工作归纳起来就是清洁、紧固、检查、补充。所有保养项目，根据行驶里程/时间进行选择（1万公里或者6个月，以先达到者为准）。

保养内容是根据汽车正常行驶情况来制定的，对于经常在恶劣条件下使用的车辆，某些保养内容需缩短保养间隔，提前进行。

保养时检查的项目主要为：动力电池系统、电机系统、电器电控系统、制动系统、转向系统、车身系统、传动及悬挂系统、冷却系统、润滑系统。

新能源汽车的保养周期、项目及报价见表2-3。

表2-3 新能源汽车的保养周期、项目及报价

××车常规保养表								
保养周期	行驶里程/时间（以先到者为准）	项目及报价				工时费/元	合计/元	备注
		空调滤芯/元	制动液/元	防冻液/元	变速箱油/元			
首保	3 000公里/3个月					120	120	赠送4次免费保养
二保	13 000公里/9个月					120	120	
三保	23 000公里/15个月	40		216		120	376	
四保	33 000公里/21个月		112			120	232	

表 2-3（续）

保养周期	行驶里程/时间（以先到者为准）	项目及报价				工时费/元	合计/元	备注
		空调滤芯/元	制动液/元	防冻液/元	变速箱油/元			
五保	43 000 公里/27 个月	40		216		120	376	
六保	53 000 公里/33 个月				305	120	425	
七保	63 000 公里/39 个月	40	112	216		120	488	
八保	73 000 公里/45 个月					120	120	
九保	83 000 公里/51 个月	40		216		120	376	
十保	93 000 公里/57 个月		112			120	232	
十一保	103 000 公里/63 个月	40		216	305	120	681	

（三）预约服务的实施

预约服务的实施分为主动预约和被动预约两种情况，其应对话术如下。

1. 主动预约应对话术

系统提示，客户张先生的电动汽车该回店做 63 000 公里的保养了，电话预约话术示例如下。

（1）致电客户（问候、自我介绍、确认身份、询问是否方便沟通）

示例：

售后服务顾问：您好，我是××新能源××店售后服务顾问小陈，请问您是车牌为××的车主张先生吗？

客户：是。

售后服务顾问：需要占用您 3 分钟时间，不知您现在是否方便？

客户：方便，您说吧。

（2）说明致电目的（常规保养提醒）

示例：

售后服务顾问：张先生，您好，给您打电话主要是提醒您，您的爱车该做定期保养了。

（3）确认客户需求（预约时间）

示例：

售后服务顾问：根据您以往的行驶习惯，您的爱车应该差不多到保养期了，现在行驶多少公里了呢？

客户：63 000 公里，

售后服务顾问：是这样的，张先生，根据您车辆的行驶状况，您的爱车该做 63 000 公里的保养了。

客户：又要做保养了？

售后服务顾问：张先生，车辆的定期保养做好了，可以省去很多修车的麻烦和花费呢。那张先生方便什么时候过来做保养？

客户：那周日下午 2 点吧。

售后服务顾问：周日就是 8 月 1 日，张先生，请您稍等，我为您查询一下是否有预约工位。（10 s 后）让您久等了，张先生，很抱歉，星期天下午 2 点的预约已经满了，但是上午 10 点和下午 3 点还有预约工位，请问您哪个时间更方便？

客户：那就下午 3 点吧。

售后服务顾问：好的，我已经为您进行预约登记了，张先生，除了车辆保养之外，您还有其他问题吗？

客户：上周车辆底盘有剐蹭，希望能仔细检查底盘。

售后服务顾问：好的，我已经为您进行登记了。

(4) 说明保养信息

示例：

售后服务顾问：张先生，本次63 000公里保养是第七次保养，需要检查和调整动力系统、冷却系统、空调系统、制动系统、转向系统等，更换空调滤芯、制动液、防冻液。费用方面，零件费368元，工时费120元，共488元。保养时间需要1.5小时，免费洗车0.5小时。我们预计下午5点可以交车给您，不过具体提车时间还要以车辆到店检查为准。如果在保养过程中发现额外的维修工作，会事先征得您的同意再进行维修。

(5) 复述预约内容

示例：

售后服务顾问：好的，张先生，我现在为您复述一遍预约内容，您预约了周日8月1日下午3点到我们专营店做63 000公里的保养，过来保养的时候麻烦您带上保养手册。张先生，预约到店的前一天，我们会通过电话和短信提醒您。

客户：好的，谢谢。

(6) 预约结束

示例：

售后服务顾问：张先生，感谢您的接听，那我就不打扰您了，再见。

(7) 提前一天提醒

示例：

售后服务顾问：张先生，您好。我是您的售后服务顾问小陈，请问您现在方便吗？打扰您1分钟。

客户：您说。

售后服务顾问：是这样的，您预约了明天下午3点来我们专营店做63 000公里的保养，时间上有变动吗？

客户：我记得，明天我会过去。

售后服务顾问：好的，我们专营店明天下午3点到3点15分会为您保留预约工位，有任何变动请随时联系我。

客户：好。

售后服务顾问：张先生，稍后我们会给您发送提醒短信，感谢您的接听，再见。

2. 被动预约应对话术

被动预约的应对话术示例如下。

(1) 接听电话

示例：

售后服务顾问：您好，欢迎致电××专营店，我是售后服务顾问小陈，请问有什么可以帮您？

客户：是这样的，我的车差不多开了23 000公里，那是不是该做保养了？

(2) 了解客户信息

示例：

售后服务顾问：女士，请您告诉我您的姓名和车牌号，我来查看您的维修保养记录。

客户：张××，车牌号××

售后服务顾问：请您稍等，正在为您查询。

售后服务顾问：让您久等了，张女士，您上次来我们店做过 13 000 公里的保养。

客户：对的。

（3）了解致电目的

示例：

售后服务顾问：张女士，提前预约做保养可以提前为您安排好工位，减少您在店等待时间。您此次致电主要是预约做保养对吗？

客户：对的。

（4）确认客户预约需求

示例：

售后服务顾问：您这次是做 23 000 公里的保养，您希望在哪一天、哪一个时间段到我们店做 23 000 公里的保养呢？我为您预约登记一下。

客户：下周二，上午 10 点吧。

售后服务顾问：下周二就是 7 月 27 日，请您稍等，我为您查询一下是否有预约工位。（10 s 后）让您久等了，张女士，很抱歉，下周二上午 10 点的预约已经满了，但是上午 9 点和下午 3 点 15 分还有预约工位，请问您哪个时间更方便？

客户：那就下午 3 点 15 分吧。

售后服务顾问：好的，我已经为您进行预约登记了。张女士，您的爱车在平时使用的时候有其他异常情况吗？

客户：没有。

（5）说明保养信息

示例：

售后服务顾问：我为您说明一下 23 000 公里的保养情况，好吗？

客户：行。

售后服务顾问：23 000 公里的保养需要检查动力系统、冷却系统、空调系统、制动系统和转向系统等，更换空调滤芯、防冻液。费用方面，零件费为 256 元，工时费为 120 元，总计 376 元。前 4 次保养费是由厂家赠送的，所以这次保养您不需要支付保养费。我们这次保养的时长是 1.5 小时。到时根据保养检查的结果，如果涉及额外的维修工作，会事先征得您的同意再进行维修。

客户：行。

售后服务顾问：您还有其他疑虑吗？

客户：没有了，都清楚了。

（6）复述预约内容

示例：

售后服务顾问：好的，张女士，我现在为您复述一遍预约内容，您预约了下周二 7 月 27 日下午 3 点 15 分到我们专营店做 23 000 公里的保养，在过来保养的时候麻烦您带上保养手册。

客户：好的，没问题。

（7）预约结束

示例：

售后服务顾问：我们也会提前一天提醒您过来保养的。

客户：好的。

售后服务顾问：张女士，请问您还有其他疑虑吗？

客户：没有了。

售后服务顾问：张女士，感谢您的来电，祝您用车愉快，再见。

（8）提前一天提醒

示例：

售后服务顾问：张女士，您好。我是您的售后服务顾问小陈，请问您现在方便吗？打扰您 1 分钟。

客户：您说。

售后服务顾问：是这样的，您预约了明天下午 3 点 15 分来我们专营店做 23 000 公里的保养，时间上有变动吗？

客户：不好意思，明天我有事去不了了。

售后服务顾问：没关系的张女士，那我们另外预约一个时间？您什么时间比较方便呢？

客户：8 月 1 日下午 3 点半可以吗？

售后服务顾问：我为您查询一下是否还有预约工位。请稍等。

售后服务顾问：让您久等了，已经在系统上帮您预约了周日 8 月 1 日下午 3 点半，我们也会提前一天提醒您过来保养的，您还有其他疑虑吗？

客户：没有了。

售后服务顾问：张女士，感谢您的接听，再见。

二、保养车辆的客户接待

（一）非预约客户接待

非预约客户的接待主要包括如下内容。

1. 客户接待的准备工作

（1）按售后服务顾问规范要求检查个人仪容、仪表。

（2）准备好必要的表单、工具——预约单、接车问诊单、客户服务档案、价目表。

（3）客户资料准备——预约登记表、预约欢迎看板。

2. 工作环境的维护及清洁

在工作过程中随时留意自己的仪容仪表，保持良好的个人状态；及时补足相关表单、工具；随时留意并保持工作环境整洁。

3. 操作要点

（1）主动迎接客户

在客户进店时要迅速出迎，并引导客户停车；主动为客户开启车门，亲切、热情地问候客户，进行简短的自我介绍，并递送名片。

（2）确认客户信息

① 获取客户需求：询问客户的用车需求，如询问来店是做保养还是进行维修的。售后服务顾问要根据客户的需求情况提供相应的服务。

② 获取基本信息：对第一次到店的客户需要为其建立客户档案，包括客户的基本信息、送修人姓名和联系电话。另外，还要登记车辆的基本信息，包括车牌号、车辆行驶里程、车辆识别码等。

③ 预约宣传：对于非预约保养客户，可利用服务大厅内显示的客户预约信息宣传预约的好处。

4. 接待实施

客户赵先生某日直接到店做 43 000 公里的保养。售后服务顾问的接待程序及话术示例如下。

（1）主动迎接

引导客户停车；主动为客户开启车门。

示例：

售后服务顾问：您请下车，小心头。

（2）问候客户

示例：

售后服务顾问：您好，我是××专营店的售后服务顾问小陈，这是我的名片，请多多指教。请问有什么可以帮您？

客户：我过来保养。

售后服务顾问：先生，请问您贵姓？

客户：我姓赵。

售后服务顾问：赵先生，请问您有预约吗？

客户：没有。

（3）引导就座

示例：

售后服务顾问：您这边请，先到这边休息一下。

售后服务顾问：您请坐。

售后服务顾问：我们这边免费提供茶、矿泉水和橙汁，请问您喝点儿什么呢？

客户：矿泉水。

售后服务顾问：请喝水（礼仪——双手递送）。

客户：谢谢。

售后服务顾问：现在前台比较忙。您需要等待一下，大概5分钟。

客户：好的。

（4）确认信息

示例：

售后服务顾问：赵先生，麻烦您提供一下行驶证，我帮您登记一下车辆信息。

客户：好。

售后服务顾问：谢谢。

（填写客户档案资料表）

售后服务顾问：您是车主赵××先生吗？

客户：对。

售后服务顾问：请问您的手机号码是什么？

客户：158664827××。

售后服务顾问：您的爱车现在行驶多少公里了？

客户：43 000公里左右。

售后服务顾问：赵先生，您的爱车在平时使用的时候有其他异常情况吗？

客户：没有异常。

售后服务顾问：赵先生，43 000公里的保养要更换空调滤芯和防冻液，检查动力系统、冷却系统、空调系统、制动系统、转向系统等。费用方面，零件费256元，工时费120元，保养费用共376元。等一会儿我们一起看接车问诊单的时候我再给您详细说明。

客户：行。

售后服务顾问：赵先生，我建议您在下次保养之前可以提前一天跟我们打电话预约，这样入厂以后，您就可以得到优先安排。提前预约的话，还可以享受快速保养。

客户：那这次保养需要多久呀？

售后服务顾问：现在正好是入厂高峰期，要2个小时。所以还是希望您下次能够预约。

客户：好的。

(5) 环车检查

示例：

售后服务顾问：那我们一起去看看您的爱车，一起做个环车检查，您这边请。

知识拓展

售后服务的接待礼仪

客户接待是售后服务人员与客户见面和交流的第一个环节，给客户留下的第一印象非常重要。作为一名合格的售后服务人员，应注意自己的仪容仪表，在工作中使用规范的礼仪，给客户留下专业、专注的职业形象。

1. 仪容仪表

女员工要求：头发梳理整齐，长头发整洁并扎于脑后；妆容清丽、素雅；衬衫、裙子整洁无褶皱；手部要保持清洁，指甲不宜过长，指甲油的颜色可涂自然色；穿8厘米以下的黑皮鞋（不露脚趾、脚跟），搭配肉色丝袜。

男员工要求：短发，并保持头发整洁；面孔整洁无胡须，眼睛有神；手指甲不宜过长；衬衫、裤子、西装整洁、无褶皱，领带的末端达到皮带扣处，衬衣的下摆塞到裤腰里，裤子长度以盖住皮鞋为宜；穿深色的袜子，搭配黑皮鞋。

详细要求见表2-4。

表2-4　售后服务顾问的仪容仪表要求

部位	男员工	女员工
整体	自然大方得体，符合工作需要。精神奕奕，充满活力	
头发	发型大方，头发梳理整齐，无头皮屑，无异味；不留长发、大鬓角。长度要求：前不及眉、后不及领、旁不遮耳	头发梳理整齐，无头皮屑，无异味；发型大方，不留怪异新潮发型，不留披肩发（长发应盘发）
面容	脸、颈及耳朵保持干净，胡子刮干净	脸、颈及耳朵保持干净，化淡妆，口红选择低调、自然的红色，让人看起来有一个好气色
身体	勤洗澡、无体味	勤洗澡、无体味，香水可以选择清淡/中性香味的
饰品	领带保持干净整洁，如果一定要用领带夹，应夹在衬衫第三和第四个扣子中间的位置；除佩戴手表外，建议不佩戴其他首饰	佩戴统一发饰，其他发饰以深色为宜；不佩戴有响声的饰品；建议不戴耳环、戒指或造型夸张的饰品
衣服	上班穿工作服，领子、袖口干净、无褶皱、无破损、无异味、无污渍；西裤有裤线，长度以盖住皮鞋为宜	上班穿工作服，衬衣、袖口干净、无褶皱、无破损、无异味、无污渍；白衬衫搭配浅色内衣；裙长及膝，不宜过长或过短
手	手不能留长指甲，指甲要整齐卫生	不涂指甲油或只涂无色透明、自然色指甲油，指甲无污垢
鞋袜	皮鞋鞋面擦亮、鞋跟完好，无破损、无异味；袜子颜色选用深色的，如黑色、深灰色、深咖啡色，袜筒的高度高于25厘米，穿着时袜子拉起，不堆积在脚踝处	皮鞋避免鞋跟过高和过细；皮鞋要擦亮，鞋跟完好；肉色丝袜，无线头、无破洞；鞋袜清洁无异味

2. 礼仪规范

售后服务人员的整体动态形象也是非常重要的，站立行走要表现出积极向上、有活力的精神状态，在待人接物时应落落大方。售后服务顾问礼仪规范见表 2-5。

表 2-5　售后服务顾问礼仪规范

仪态	规范
站姿	挺胸、收腹，双手自然叠放于腹前； 男员工：双脚可微微张开，但不能超过肩宽； 女员工：双脚呈丁字形
坐姿	上身挺直，坐正，坐椅子的 2/3 处； 男员工：双腿略分开，两手分别放在双膝上； 女员工：双腿并拢，双手自然交叠
30°鞠躬礼	（您好，欢迎光临） 鞠躬时，双手交叉放在腹前，头颈背成一条直线； 前倾 30°，目光约落于体前 15 米处，再慢慢抬起，注视对方
右手行示意礼	（您好，这边请） 四指并拢，由身体一侧自下而上抬起，手摆到距离身体 15 厘米处，目视对方，面带微笑
挥手礼	（再见） 身体站直，目视对方，手臂前伸，掌心朝外，左右挥动
开车门礼仪	（您好，欢迎光临） 一只手将车门开至 90°，另一只手手指并拢，手伸直，置于车门上沿，以防顾客头部碰撞车门门框。上身微向车辆倾斜，见客户下车，用礼貌用语问候客户，表示欢迎。待客户下车后，将车门轻轻关上
握手礼仪	距离一步左右，上身稍向前倾，伸出右手，四指齐并，拇指张开，双方伸手时间一般以 1~3 秒为宜。握手时双目应注视对方，微笑致意或问好
名片礼仪	双手递送，面带微笑，注视对方。名片的位置是正面朝上，向对方能顺着读出内容的方向递送。“我是××专营店的售后服务顾问××，这是我的名片，请多多指教。”
就座	（您请坐） 用双手握住椅子的靠椅，轻轻将椅子往外移出。等客人往下坐的时候，轻轻地将椅子往前推，客人自然坐下。注意将椅子轻轻提起，避免移动椅子时发出声音
上茶	（您请用茶） 给客户上茶时，双手递茶。摆放前，一定要轻声示意，摆放时右进右出，摆放位置为饮水者右手前方 5~10 厘米处

（二）预约客户接待

预约客户接待操作要点具体如下。

1. 安装防护用具

邀请客户一起检查车辆状况时，售后服务顾问应当着客户的面安装“防护 6 件套”，这样可以让客户感觉到专营店对他的爱车的重视和爱护。

在未使用防护用具时，禁止任何工作人员进入客户车内，即使客户表示不用防护用具也必须使用“防护 6 件套”。另外，在驾驶客户车辆、开关车门、检查电器故障时，都要小心、轻柔，不可以扒靠开启状态的车门或倚靠车辆。

2. 环车检查

不同品牌的汽车专营店会有不同的检查路线，这里的案例采用逆时针的方式，即车内→左后方→正后方→右后方→右前方→正前方→左前方，每个方位都有明确需要检查的地方（参考车辆外观检查项目表，见表2-6)，不要遗漏检查某个部位。

在接车问诊单上记录总里程、剩余电量（对混合动力汽车还要记录油表位置），在检查过程中提醒客户带走车内贵重物品，再一边检查一边记录全部车身损坏迹象，并且告知客户要关注和记录个别零部件或附件的缺失情况。

如果环车检查时发现车辆有轻微的故障需要处理，例如，浅小的伤、轮胎缺气等，可以帮客户免费处理，以提高客户的满意度。

知识拓展

车辆外观检查项目

车辆外观检查项目见表2-6。

表2-6　车辆外观检查项目表

序号	车辆部位	检查项目	问题点
1	车内	驾驶员座椅/内饰	损坏、脏污
2		喇叭/警告指示灯	故障
3		电动车窗/座椅/天窗/后视镜	故障
4	左后方	车门/翼子板	剐伤、凹坑
5		轮胎/车轮	磨损、损坏、压力低
6		车侧充电口盖	损坏
7	正后方	工具，备胎	缺失
8		尾门/行李舱/保险杠	剐伤、凹坑
9		排气消声器	损坏
10	右后方	轮胎/车轮	磨损、损坏、压力低
11		车门/翼子板	剐伤、凹坑
12	右前方	车门/翼子板	剐伤、凹坑
13		雨刮器胶条	老化、变形
14		风挡玻璃	剐伤、裂纹
15		轮胎/车轮	磨损、损坏、压力低
16		右后视镜	剐伤、裂纹
17	正前方	发动机舱盖/保险杠	剐伤、凹坑
18	左前方	雨刮器胶条	老化、变形
19		风挡玻璃	剐伤、裂纹
20		轮胎/车轮	磨损、损坏、压力低
21		车门/翼子板	剐伤、凹坑
22		车顶	剐伤、凹坑
23		左后视镜	剐伤、裂纹

3. 结果确认

向客户展示接车问诊单的检查记录结果，把刚刚和客户一起在环车检查中发现的车身损坏、故障等问题复述一遍。确认客户需求，如××公里的保养，××更换，××维修，最后让客户签名确认。

4. 接待实施

客户张先生的电动车行驶里程为63 000公里，一周前底盘有过剐蹭。张先生按照预约时间来到××店做保养，同时希望能仔细检查底盘。售后服务顾问的接待程序及话术示例如下。

（1）主动迎接

引导客户停车，主动为客户开启车门。

示例：

售后服务顾问：您请下车，小心头。

（2）问候客户

示例：

售后服务顾问：您好，请问是张先生吗？我是××专营店的售后服务顾问小陈，这是我的名片。

售后服务顾问：您这次是来做63 000公里的保养，对吗？

客户：对的。

售后服务顾问：您来我们店做保养，那么信任我们，我们要对您的爱车负责，让我们一起检查下您爱车的车况。

客户：好。

（3）安装维修保护套

示例：

售后服务顾问：让我先为您铺上维修保护套，防止在保养过程中弄脏您的爱车。

（用时30秒，先是脚垫，然后是座椅套，最后是方向盘套、挡杆套）

（4）环车检查

示例：

售后服务顾问：张先生，能麻烦您给我一下车钥匙吗？我们一起检查下车内的功能。

售后服务顾问：里程是63 005公里，电量还剩80%。

（检查灯光）灯光正常。

（检查喇叭）喇叭正常。

（检查音响）音响正常。

（检查空调）空调制冷正常。

（检查内饰）您的内饰完好。

售后服务顾问：张先生，方便我打开您的中央储物盒和手套箱吗？

客户：可以。

（无误手套箱中取出保养手册）

售后服务顾问：张先生，我拿了您的保养手册，保养完毕会在上面盖章确认。

客户：好的。

售后服务顾问：您的车内是否有贵重物品？请您随身携带。

客户：我都带好了。

（下车前打开发动机舱盖锁）

售后服务顾问：现在我们一起检查一下您爱车的外观。您这边请。

检查左后方（车门、翼子板、轮胎、车轮、车侧充电口盖）。

检查正后方（尾门、保险杠、行李舱、工具、备胎）。

售后服务顾问：张先生，您的行李舱盖上有两道刷痕，我帮您记录一下。

售后服务顾问：张先生，方便打开您的行李舱吗？

客户：可以。

售后服务顾问：工具齐全，备胎完好。在保养的时候，我们的技师会帮您检查整车轮胎的胎压，包括备胎，保证胎压在规定的范围内。

检查右后方（车门、翼子板、轮胎、车轮）。

检查右前方（车门、翼子板、轮胎、车轮、右后视镜、风挡玻璃、雨刮器胶条）。

售后服务顾问：张先生，右前轮毂有剐花，我帮您记录一下。

检查正前方（发动机舱盖、保险杠、发动机舱）。

售后服务顾问：张先生，您的发动机舱盖上有一点掉漆，我帮您记录一下。

售后服务顾问：张先生，我打开发动机舱盖给您看一下。所有线束目测没有松动，这个是雨刮水加注口，缺少雨刮水的时候可以直接往这里添加。这个是防冻液加注口，热车状态下千万不能打开，要等冷车状态时才能往里添加防冻液。

您对发动机舱这里还有没有什么疑问？

客户：没有。

（5）发现额外维修项目

示例：

检查左前方（车门、翼子板、轮胎、车轮、左后视镜、风挡玻璃、雨刮器胶条、车顶）。

售后服务顾问：张先生，您的雨刮器胶条有点老化，最近这里经常下雨。下雨天开车，您觉得有影响吗？

客户：下雨天的时候雨刮器刮完前风挡玻璃也不是很干净。

售后服务顾问：张先生，干净的前风挡玻璃可保证行车时有良好的视线。雨刮器胶条老化，刮水不干净，会影响行车安全。我建议您更换一副新的雨刮器胶条。

客户：我考虑一下。

售后服务顾问：张先生，您的爱车平时使用起来有其他异常情况吗？

客户：没有啊，都挺好的。

（6）确认客户需求

示例：

售后服务顾问：张先生，这个是我们的外观检查报告，您看一下，外观方面，发动机舱盖有一点掉漆，右后轮毂有剐花，行李舱盖上有两道剐痕，然后您这次来主要是做 63 000 公里的保养。还有之前预约时提到的要检查底盘。您看看有没有疑问，没有问题的话请在右下方签名。

（7）引导到服务前台

示例：

售后服务顾问：现在我们一起去服务前台给您打印一份委托维修估价单，您这边请。

（三）制单服务

确定保养维修项目和向客户解释疑惑是制单服务的主要内容，也是车间开始实施保养维修工作的前提。在这个过程中，售后服务顾问对客户主动解释保养维修的具体项目内容和使用的零件的情况、需要的费用和时间，以打消客户的疑虑。同时，规范地制作委托维修估价单会带给客户专业、信赖的感觉，可以保障双方的利益。

制单服务的操作要点具体如下。

1. 和客户核对保养项目

详细说明更换的零件和检查调整项目，定期保养需要检查调整的项目见表 2-7。

表 2-7　定期保养需要检查调整项目表

项次	保养项目	1 万公里或 6 个月	规则及标准
1	外露螺栓、螺母	检查	外露螺栓、螺母，按规定力矩检查并拧紧到位
2	制动性能	检查、调整、更换	制动性能检查，必要时调整，或按情况需要更换制动摩擦片
3	制动液检查	添加	检查制动油液容量，不足时添加符合《机动车辆制动液》（GB 12981—2012）中的 DOT4 或 HZY4 制动液
4	制动液更换	更换	每行驶 2 年或 3 万公里必须更换制动液，特别恶劣的情况下每行驶 1 年或 2 万公里必须更换制动液
5	制动软管和硬管	检查	是否漏油、损坏、紧固、定位
6	制动软管、制动皮碗更换	更换	每行驶 2 年必须更换，特别恶劣的情况下每行驶 1 年必须更换
7	轮胎	检查、更换	检查冷轮胎充气压力是否正常，前轮应为 240 kPa，后轮应为 240 kPa；检查轮胎花纹深度，必要时更换
8	四轮定位	调整、检查	营运车首次行驶 8 000 公里做一次四轮定位，以后视车辆情况确定
9	全车灯光	检查	检查功能是否正常
10	喇叭、雨刮器、洗涤器	检查	检查功能是否正常
11	车门铰链、限位器、门锁	检查	涂抹润滑脂
12	线路	检查、调整、更换	检查运动件与线束有无干涉、有无磨损，插件插接是否到位，线束固定是否到位；测量绝缘电阻值
13	驱动电机	检查	驱动电机固定螺栓紧固性检查，电机三相线紧固性检查，接地线束紧固性检查
14		调整、检查	检查水冷系统管路有无老化、变形、渗漏；水箱、管路有无水垢；水泵工作是否正常
15		检查	检查位置、温度传感器，测量传感器电阻值、绝缘电阻值
16		检查	测试电机 U、V、W 间线电阻，测量电机绝缘电阻值，测量电机接地线部位的接地电阻值
17		调整、检查	清理检查电机前后端盖，检测电机的轴向间隙、行车状态，以及电机运转是否平稳
18	动力电池组	调整、检查	检查电池箱体（含尾部挂梁）与车辆底盘螺栓是否紧固、螺栓是否腐蚀；电池箱体是否有划痕、腐蚀、变形、破损等情况；电池箱体底部防石击涂料是否有划痕、腐蚀、破损等情况
19		检查	检查拉手及底座内部是否清洁、腐蚀、破损
20		调整、检查	检查高、低压接插件是否清洁、腐蚀、破损，连接是否可靠；接地线束是否牢固
21		检查	检查电池状态参数、温度等
22	DC/DC 电源变换器	检查	检查 DC/DC 电源变换器工作是否正常；线束波纹管表皮是否老化、开裂、脱落；接插件是否松动；线束端子螺栓是否松动
23	电机控制器	检查	检查功能是否正常；接地线束是否牢固

表2-7(续)

项次	保养项目	1 万公里或 6 个月	规则及标准
24	防冻液	添加、检查、更换	检查防冻液是否泄漏、液面高度是否在正常范围内，不够时添加，每 2 万公里更换一次（或视情况而定）
25	齿轮油	添加、检查、更换	检查齿轮油是否泄漏、液面高度是否在正常范围内，不够时添加，每 5 万公里更换一次（或视情况而定）
26	车载充电机	检查	检查充电机安装是否牢固，表面是否清洁；对充电机进行诊断测试；检查高、低压接插件表面是否完好、牢固
27		检查	检查接地线是否牢固；进行绝缘、接地检测，绝缘电阻≥100 MΩ，接地电阻≤0. 10 MΩ
28	空调系统	检查	检查空调功能，如制冷空调管路、压缩机是否有泄漏、异响等。一般情况下每 1 万公里或每 12 个月（以先到者为限）更换空调滤芯

通常情况下，纯电动车的保养项目为动力系统、冷却系统、空调系统、制动系统、转向系统等。在整个保养周期内，纯电动车所需更换的零件主要有防冻液、刹车油、齿轮油和空调滤芯等。定期检查、调整和更换，可为客户提供更好的用车保障。

为了体现对客户用车的关心，售后服务顾问应该主动询问客户日常用车的状况，了解客户是否还有需要补充的检查或维修项目。通过询问，鼓励客户将任何细小的用车困惑都讲出来，这样既增加了对客户的关怀，也便于更好地满足客户的需求。

根据车龄及行驶里程介绍应该增加的服务项目并解释其必要性和好处。雨刮器一般每 1 万公里或者每 1 年更换一次；轮胎一般每 8 万公里或者每 6 年更换一次；刹车片一般每 3 万公里更换一次。日常用车的时候可以留意雨刮器胶条是否老化，轮胎的磨损是否达到磨损标记，刹车距离是否延长，是否有异响。

2. 制作委托维修估价单和派工单

制作委托维修估价单和派工单，同时完成打印。委托维修估价单是给客户的送修凭证和取车凭证，派工单是给车间的派工单据。

3. 结合委托维修估价单向客户说明保养费用及时间

需要向客户说明的内容包括零件费、工时费、具体的取车时间，详细清晰的说明可以让客户清楚地知道保养具体做了什么，每一项收费是多少，并且可以合理安排自己的保养等待时间。

（1）零件费

零件费是指在车辆维修过程中更换零件以及使用耗材所发生的费用。

（2）工时费

工时费是指维修工人在维修时需要的时间成本。在实际工作中，汽车售后服务企业多以工时定额及单价向客户计费。

工时费的计算公式：

工时费=工时定额×工时单价×该车型的技术复杂系数（有的地区未采用车型技术复杂系数）

（3）取车时间

要告知客户预计的交车时间。预计保养时间包括排队等候时间、保养作业时间和洗车时间。其中排队等候时间为可控时段，如果客户不等候这一时段，则售后服务顾问可与客户协商，将其转为预约客户。保养作业时间为不可控时段，售后服务顾问要告知客户如果维修项目出现变更，则时间也会随之变化。洗车时间为可控时段。

售后服务顾问要告知客户此时的费用和时间均为预计，在保养过程中如果有变化会与客户及时沟通。

4. 专业地回答客户提出的疑问

回答客户提出的疑问的话术示例如下。

问题一：为什么间隔 1 年更换雨刮器？

示例：

雨刮器的作用是在下雨时保持前风挡玻璃清洁透明，保障驾驶员视物清晰，一般建议 1 年更换一次。但如果雨刮器的效果还好，也没有老化的现象，是可以延长使用时间的。最主要的还是看雨刮器本身的状态，更换时间还没有到，但是在刮水的过程中，已经有明显的刮水不干净的情况存在，就需要进行更换了。及时更换雨刮器，可以防止前风挡玻璃被剐花，也为驾驶员在雨天安全驾驶提供保障。

问题二：我的车不经常开，半年也跑不到 1 万公里，可以等跑够 1 万公里再保养吗？

示例：

建议每半年或每 1 万公里进行保养，且以先达到的为准，如果车辆用了半年才行驶了 2 000 公里，也要进行保养。俗话说，生命在于运动，车也一样。不经常使用的车，蓄电池会因为长期自然放电而性能下降；变速器等传动机件的表面会因为长时间处于与空气直接接触的状态而影响使用寿命；油类物质会随着时间推移而自然氧化变质；等等。因此，要使爱车保持良好的状态，应及时保养。

问题三：汽车为什么间隔 2 万公里或 1 年更换空调滤芯？

示例：

空调滤芯可过滤空气中的灰尘，保持车内的环境舒适。频繁使用空调，滤清器会堵塞，导致车内空气流动速度降低，易产生异味。本品牌的汽车建议每 1 年或每 2 万公里更换空调滤芯，如果车辆的使用环境较恶劣，建议缩短更换的周期。

问题四：专营店的零件费为什么比外面市场上的贵？

示例：

为确保您能使用上优质的售后服务配件，我们××专营店的所有零配件采购都达到 4S 专营店品牌的质量标准，而在外面市场上的配件来自不同渠道，质量和使用安全得不到保证，安全和品质是我们对每一位顾客的承诺。

问题五：本地的工时费比其他地方的要贵，为什么？

示例：

因为地区不同，物价水平也会有所不同。我们的收费都是经过本地物价局核定的，不会有乱收费的情况，同时请您放心，我们专营店会给您最好的服务。

问题六：为什么每一年半或者每 3 万公里要更换制动液？制动液可不可以不换呢？

示例：

因为制动液长期在高温高压下工作，在使用一定时间后，会出现沸点降低、吸收了空气中的水分、氧化变质等情况，使刹车性能下降，影响刹车总泵和分泵的使用寿命。定期更换可以使制动系统达到最佳状态，因此建议根据保养要求进行更换。

问题七：我的车子保养完后，为什么感觉没有什么变化？

示例：

保养是对车辆使用性能的正常维护，可以延长您爱车的使用寿命，让您的爱车一直保持良好的状态。

5. 签字确认

客户在确认保养及维修项目后，于所有疑问均得到充分解答的情况下，签署文件以确认交付维修保养。售后服务顾问将委托维修估价单的第一联交付客户，作为其送修及取车的凭证。

6. 是否在店等待

询问客户是在店里的休息室内等待还是外出办事。如果客户去休息室休息，售后服务顾问应陪同客户到休息室，然后将其转交给客休专员，由其提供服务；如果客户选择外出办事，则应把客户送出门口，并且目送客户远离。

（四）休息引导

休息引导的目的是为客户提供一个舒适的休息环境，消除客户在等待中的焦虑感，给客户带来愉悦的维修保养体验。利用客户等待维修保养的时间，客休专员可向客户宣传专营店的产品和服务，并了解客户对专营店的整体满意度。

1. 休息引导要点

休息引导的要点具体如下。

售后服务顾问引导客户进入休息室，使用引导手势，协助客户入座。向客户介绍客休专员，说明自己先去为客户的爱车保养进行派工，如果有事情需要找自己，可以电话联系。

客休专员热情、主动地为客户提供免费饮品，为客户进行环境介绍，介绍休息室各个区域的功能，给客户提供爱车使用养护小册子、爱车精品季度促销手册，或者给客户推送专营店的小程序或者公众号，随时观察且细心发现客户的需求，并及时续杯，一般倒茶 7 分满。

客休专员应对烟灰缸、茶杯及时清理，将座椅位置和看过的杂志、报纸、宣传品及时归位，且对精品促销信息，租赁、保险及二手车等业务熟悉，能为客户解答相关的疑问。

客休专员应礼貌邀请客户进行满意度调查，收集客户意见，以提高专营店服务水平。

客户离开时，客休专员应微笑、礼貌地送客户离开休息室。

知识拓展

NFABI 销售法则

N（Need，需求）——发现客户的需求；F（Feature，特性）——讲解产品的基本性能和特点；A（Advantage，优势）——说明产品有哪些优势，在使用的过程中起到什么样的作用；B（Benefit，利益）——解释客户使用产品后获得的好处；I（Impact，冲击）——设定场景以演示亮点，加快客户做出购买决策。

1. 案例一（汽车精品——日间行车灯）

N：张先生见到朋友开的车有日间行车灯，很好看。

F：精品配件日间行车灯采用高亮发光二极管（Light Emitting Diode，LED）灯组设计。

A：日间行车灯除了有装饰作用，它还可以使对向的车辆轻易识别，特别是在阴雨和雾霾天气中。

B：日间行车灯将美观与安全完美结合，在提高行车安全性的同时，独特亮眼的造型设计还提升了车辆的辨识度和档次感。

I：原厂精品配件，专车专用，专业技师安装，有质量保证，且与原车完美协调匹配。您开着安装有日间行车灯的车在路上会吸引多少羡慕的目光。

2. 案例二（空调灭菌套餐）

N：张先生反映空调有异味。

F：空调灭菌套餐是将空调灭菌剂喷洒在蒸发器表面上，从而达到杀灭细菌及真菌的效果，并能起到长效抑菌作用。

A：原厂空调灭菌材料经过厂家试验，对车辆无副作用；能更快速杀死细菌，清除异味，效果持续更久，在空调系统内生成深化保护膜，可有效防止脏物黏附；专业技师采用专业设备进行灭菌，可确保灭菌更彻底。

B：灭菌后可以保持车厢内空气清新，保障驾乘人员的身体健康，使车厢内环境更加舒适；同时可延长鼓风机寿命，降低空调系统出现故障的概率，节省维修成本。

I：夏天将至，很多客户都做这个套餐，我们可以去那边的维修展示区看专业技师使用专业设备进行空调灭菌，他们专业、专注、专心，做完空调灭菌之后车内空调异味也就消除了。

2. 休息引导实施

客户张生生的电动汽车行驶里程为63 000公里左右，一周前底盘有过剐蹭，张生生按照预约时间来到××店给车辆做保养。售报服务顾问已经接待了张先生并完成了车辆的检查和制单服务，其引导程序及话术示例如下。

（1）引导客户到休息室

示例：

售后服务顾问：张先生，您请坐。

售后服务顾问：这位是客休专员小秦。小秦，这位是我们的客户张先生。

客休专员：张先生您好，我是客休专员小秦。

售后服务顾问：张先生，您先在这里休息一下，我先去为您的爱车保养派工，如果有什么问题可以随时到前台找我，或者给我打电话。

客户：好的。

（2）提供饮品

示例：

客休专员：张先生，我们这里免费提供咖啡、茶、矿泉水、雪碧等饮品，还有饼干、蛋糕等甜品，请问您需要来点儿什么？

客户：给我来杯茶吧。

客休专员：好的。张先生，这是您的茶，请慢用。

客户：谢谢。

（3）服务介绍

示例：

客休专员：张先生，您的右前方杂志架上有最新的汽车杂志，您有兴趣可以看一下。那边是免费上网区和健身区，还有按摩椅，您要是觉得累的话可以去按摩一下，放松筋骨。右边的电视正播放着最新的电影。透过右后方的玻璃可以看到维修车间里面的情况。左前方是精品展示区，展示着最新的原装精品，如果您感兴趣可以去看看。出门左转是洗手间。

客户：谢谢。

客休专员：张先生，这是本店的爱车精品季度促销手册，您可以看看。另外我们这里的Wi-Fi账号是××专营店，密码是6个8。门口的右边是服务前台，如果有需要的话请随时叫我。

客户：好的。

（4）关注需求

示例：

客休专员：张先生，请问您是续杯还是换别的饮品？

客户：给我续杯吧。

客休专员：好的，张先生，请慢用。

客户：这个坐垫挺不错的，能为我介绍一下吗？

客休专员：张先生，这个坐垫是我们店回馈客户的特价优惠精品。它不仅外表美观，而且舒适耐用。对于长时间驾驶的人来说，舒适的座椅能更好地缓解疲劳，另外它还能够防止座椅被其他利器划破，保护您爱车的座椅。其质美价优，只要360元。

客休专员：张先生，您是否需要购买一套呢？

客户：我考虑一下。

客休专员：好的。

（5）满意度调查

示例：

客休专员：张先生，为了提高我们的服务质量，我们正在收集大家的意见和建议，您的意见对我们很重要，您能花费几分钟帮助我们填一下问卷吗？

客户：好的。

客休专员：感谢您对我们工作的支持，我们会根据您的意见和建议改进我们的服务，谢谢您的配合。

知识拓展

客户满意度调查问卷

客户满意度调查问卷，见表2-8。

表2-8　客户满意度调查问卷

××专营店客户满意度调查问卷
非常感谢您光临××专营店！为了了解您对我们服务的满意程度及建议，使我们的服务更能满足您的需求，现需花费您几分钟的时间，将您的意见、要求填入以下调查表。谢谢！
填写人：××先生/女士　来店时间：××年××月××日 15：00
1. 当您的车辆该做定期保养时，售后服务人员有没有提醒您？
□A. 没有　☑B. 有
2. 当您到达接车通道时，等了多长时间才有人来接待您？
☑A. 30秒内　□B. 1分钟内　□C. 1分钟以上
3. 对于本次保养，您能清楚每个项目的具体费用吗？
☑A. 能　□B. 不能
4. 你会去表扬售后服务顾问的服务态度吗？
☑A. 会　□B. 不会
您的建议：专营店的维修保养服务还需要在哪些方面做出改进，才能令您满意呢？您认为该专营店还有哪些方面的工作需要改进？ 其他都很好，如果收费可以优惠些就更好了。

（6）送别客户

示例：

售后服务顾问：您好，张先生，您的爱车已经维修保养好了，我们一起去验车。

客户：好的。

客户：我先走了。

售后服务顾问：张先生，再见。

知识拓展

专营店的环境管理

专营店的环境是客户体验的第一触点，要做好服务工作，就要“打扫干净屋子再请客”，这既是对客户的一种尊重，也是自我的一种涵养。每位工作人员都应该努力保持服务环境的整洁。

专营店的环境管理要求见表2-9。

表2-9　专营店的环境管理要求

售后大厅	
地面	保持清洁、干净，无垃圾、杂物、污物、积水等； 异常天气提前进行清洁、清扫； 随时对地面出现的纸屑、垃圾进行清扫，保持地面清洁、干净、无异物
服务前台	下班前做好工作区域的整理及清扫； 前台的资料文件夹摆放整齐，保持前台的整洁； 接车夹上的接车资料等应及时补充； 客户到店后及时给客户倒第一杯水，客户走后及时调整好座椅位置和打扫卫生
休息室	
茶几桌椅	洁净、无尘，人走杯撤、人走盅清、人走报整，桌上无异物、脏物； 座椅按指定朝向摆放，人走位归、人走椅整
报刊读物	靠墙置报纸夹，原则上只保留昨今两日报纸，按日存放，便于客户自取，也便于旧报纸回收管理； 茶几上能存放读物，便于客户休息时阅览

三、保养车辆的修后交车

保养车辆的修后交车事项主要包括车辆派工、追加服务、交车准备和交车结算。

（一）车辆派工

售后服务顾问将保养车辆移至待保养区，将车辆、车钥匙、委托维修估价单等移交给车间主管或者调度员并告知其客户的要求。车辆进入车间后，车间调度员在第一时间派工。

由于车间负荷、工位、人员、备件等多方面因素的影响，车辆保养时间会有所变化，因此售后服务顾问需要关注车间的保养工作情况，确保能及时交车。若不能准时交车需要及时告知客户，避免引起客户抱怨或投诉。车辆跟进工作需要注意以下事项。

（1）及时更新查看进度看板表，了解保养进度，见表2-10。

表2-10　进度看板表

序号	车牌号	客户姓名	派工单号	进厂时间	预计交车时间	备注
1						
2						
3						

表2-10（续）

序号	车牌号	客户姓名	派工单号	进厂时间	预计交车时间	备注
4						
5						
6						
7						
8						
9						
10						
11						
12						
13						
14						
15						
16						
售后服务顾问：					时间：　年　月　日	
备注：售后服务顾问每接完一台车，填写进度看板表，交车后及时清除信息						

（2）在保养预计工期进行到50%的时候到车间询问是否发现新的车辆故障。

（3）在保养预计工期进行到70%~80%的时候到车间询问保养任务完成情况、有无异常状况，如有异常状况应立即采取应急措施，尽可能不拖延交车时间。

（4）在预计交车时间前10分钟，到车间了解保养（含洗车）是否全部完成。

（二）追加服务

追加服务是指维修技师在给车辆进行保养时发现有新的故障状况，售后服务顾问将新的故障状况、维修技师的维修建议如实告知客户，在征求客户的意见且其同意后进行追加服务。

追加服务的工作内容具体如下。

1. 说明追加必要性

（1）说明故障问题或故障现象。

（2）说明引起故障的原因并提供维修技师的检测数据。

（3）结合故障原因为客户提供合理的解决方案。

（4）征求客户的意见，由客户决定是否需要追加服务。

2. 更新单据

客户如在现场，请客户签字确认，回收原委托维修估价单，提供新的委托维修估价单，强调新的交车时间。

客户若不在现场，可通过电话、短信、微信等方式确认客户是否同意追加服务，并在客户提取车辆时请其在新的委托维修估价单上补写签名。

3. 追加服务实施话术

例如，一辆电动汽车，行驶里程为63 000公里左右，一周前底盘有过剐蹭。客户张先生按照预约时间来到××店做保养，同时希望能仔细检查底盘。售后服务顾问为张先生制作完委托维修估价单后，引导其到休息室内休息。售后服务顾问的实施程序及话术示例如下。

(1) 跟进保养进度

示例：

售后服务顾问：刘师傅，我来了解一下，张先生的车维修保养进展怎样。

刘师傅：张先生的车的刹车片磨损比较严重，需要更换，你需要与其沟通一下。

(2) 获取追加项目

示例：

追加项目原因：刹车片磨损严重。

相关数据：刹车片更换标准是磨损2毫米。

客户的刹车片：磨损2.05毫米，超过了磨损范围。

(3) 确认配件与时间（确认配件库存和预计延迟的交车时间）

示例：

与仓库核实库存情况：有☑　无□。

与维修技师确认需延迟交车0.5小时。

(4) 与客户沟通

示例：

售后服务顾问：张先生，在保养过程中，维修技师发现您爱车的后刹车片已经磨损得比较厉害了。

(5) 说明追加必要性

示例：

售后服务顾问：刹车片的更换标准是磨损2毫米，您爱车的后刹车片已经磨损2.05毫米，不能等到下次保养的时候再更换了。理论上，正常行驶的情况下，刹车片的寿命为3万~5万公里，所以，建议每3万公里检查一次刹车片。

客户：我听说这车有能量回收系统，刹车片没那么容易磨损的，为什么我的刹车片那么快就要换了？前两次刚换完前刹车片，这次又换后刹车片。

售后服务顾问：张先生，您说得很对，新能源汽车的刹车是有能量回收功能的，一般来说，其刹车片比燃油汽车更加耐用，但是具体还得看用车和路况情况。如果路况不好，水、砂、石较多，或有经常刹车等情况，都会加剧刹车片的磨损。您经常开车的路段是不是比较差。

客户：确实如此，我们那儿有段路正在修路，路况很糟糕。

售后服务顾问：这就对了，路况糟糕，开开停停会加速磨损刹车片的。刹车片是汽车制动系统的关键部件，不及时更换磨损的刹车片，会威胁到我们的行车安全。如果达到了更换极限的时候，露出刹车片附着的金属片，就会与刹车碟金属摩擦，引起刹车碟的损坏，造成更大的经济损失。所以，我们的维修技师建议您更换刹车片。

(6) 解析费用

示例：

客户：这个多少钱呀？

售后服务顾问：一对刹车片零件为168元，工时费为30元。

客户：好吧，换吧。

售后服务顾问：张先生，更换刹车片的零件费和工时费合计为198元。

(7) 说明交车时间

示例：

售后服务顾问：更换刹车片需要30分钟，下午5点40分您就可以过来取车了。

客户：好的。

售后服务顾问：好的，张先生，我们追加刹车片维修项目，换下来的旧件到交车时会和您确认的。我现在就为您更新委托维修估价单。

客户：好的。

（8）更新单据

示例：

售后服务顾问：张先生，为您重新打印了委托维修估价单，您看一下，如果没问题的话，请您签字确认一下。

客户：好的，没问题。

售后服务顾问：好的，新的委托维修估价单您收好，麻烦您把那张旧的委托维修估价单给我。

客户：好的。

（9）及时汇报进度

示例：

售后服务顾问：张先生，您的爱车正在清洗，30 分钟后就可以交车了，您稍等。

客户：好的，谢谢。

知识拓展

车辆质检

车辆质检是为了保证维修保养质量，力争将问题控制在公司内部，保证按时交车率和一次性修复率，降低返修率，提高客户满意度。保养完工后要进行三级检验，见表 2-11。

表 2-11　车辆质检的三级检验

检验步骤	责任人	工作注意事项
第一级检验	维修技师自检、班组互检	根据派工单逐项检查是否有遗漏
第二级检验	质检员终检	1. 质检返工时，出具质量检验不合格报告，确定原因，提供解决办法。若质检返工导致延迟交车则要及时通知客户。售后服务顾问应向客户道歉并重新约定交车时间。 2. 质检合格后，质检员依据本次维修情况填写维修保养质检表和维修建议，并签名（涉及的各项单据需要保持干净整洁，维修技师未清洗双手不得触碰表单）。 3. 车辆完成终检后，工作人员对车辆进行清洗、吸尘。完工车辆应关好门窗，以车头朝外的方式停至“车辆工区”
第三级检验	售后服务顾问检验	1. 车辆内部交接； 2. 检查车辆清洁情况； 3. 检查车上物品； 4. 完成相关书面工作

（三）交车准备

交车准备主要包括车辆内部交接、检查车辆清洁情况、检查车上物品和完成相关书面工作。

1. 车辆内部交接

（1）售后服务顾问接到车间主管的车辆竣工通知后，应立即前往车辆竣工区进行车辆交接。

（2）售后服务顾问接收工作单据，检查保养维修项目的书面记录、表单表据，维修技师和质检员签字确认信息。

2. 检查车辆清洁情况

售后服务顾问按照交车前外观及车况检查表（表 2-12），根据进厂时的外观检查记录表，核对车辆内外清洁情况、漆面剐花情况，并将座椅位置、音响、后视镜、时间、电台频道等恢复到入厂状态，关闭音响、空调。

3. 检查车上物品

（1）检查是否有工具、维修器材、螺母、螺栓、抹布等遗留在发动机舱、车室、行李舱内。

（2）确认从车辆上更换下来的旧、废件是否置于行李舱内，旧、废件上如有水渍、油渍，须先以专用塑料袋包装好，再放入纸质手提袋内，以防弄脏客户车辆。

知识拓展

交车前外观及车况检查表

交车前外观及车况检查表见表 2-12。

表 2-12　交车前外观及车况检查表

客户服务代表：××　车牌号：××

日期：20××年 8 月 1 日　车型：××

××专营店　行驶里程：63 005 公里

项目（在检查结果栏中，正常打√，不正常打×）		检查结果	问题点描述
外观检查	四门内饰板洁净	√	
	顶内饰板洁净	√	
	前后座椅洁净	√	
	脚垫洁净	√	
	四门外表面洁净	√	
	前后盖表面洁净	√	
	前后风挡玻璃洁净	√	
	车顶外表面洁净	√	
	前后轮胎及挡泥板洁净	√	
	钣金喷漆车辆的钣金喷漆位置附近缝隙处洁净	√	
车况检查	音量大小恢复到原来设置	√	
	收音机恢复常用频道设置（涉及断开蓄电池维修）	√	
	座椅和方向盘位置保持不变	√	
	驾驶室内物品归位（特别是拆装仪表台操作后）	√	
	倒车影像功能正常	√	
	车辆钥匙功能正常	√	
	车辆供电功能正常	√	
	车内附件（点烟器天线、备胎工具包等未缺失）	√	

表 2-12（续）

项目（在检查结果栏中，正常打√，不正常打×）		检查结果	问题点描述
车况检查	烟灰缸清理干净	√	
	仪表台各电器处于关闭状态	√	
	帮客户校对时钟时间（若有变动向客户说明）	√	
其他确认	一次性座椅套、方向盘套、挡杆套当客户面取下	√	
	询问客户是否带走剩余物品（旧、废件）	√	
	将客户代为托管的物品交给客户	√	
	交车材料齐全（特别是出险车辆）	√	

售后服务顾问签名：××　　时间：20××年 8 月 1 日

客户签名：　　时间：　　年　　月　　日

4. 完成相关书面工作

交车前的相关书面工作具体如下。

(1) 车辆维修结算单

完成车辆维修结算单。

(2) 核对车辆维修结算单

售后服务顾问利用维修管理系统打印车辆维修结算单，并应仔细核对车辆维修结算单与委托维修估价单内容是否一致，核查各项收费，确认合计无误。

(3) 保养记录

售后服务顾问将保养相关信息记录在保养手册中，并加盖经销商印章。保养记录能帮助维修技师更加快速、准确地了解车辆保养状况、历史维修情况，为以后车辆保养提出合理建议；同时质量担保车辆必须按照保养手册和维修手册的要求在 4S 店进行定期检查保养，保养记录是车辆质量担保非常重要的凭证。

(4) 保养提醒卡

××新能源汽车保养间隔为每 6 个月或者每 1 万公里，以先到者为准。各品牌汽车保养周期略有不同，保养提醒卡用于提醒客户下次的保养时间及保养里程。

(5) 放行条

放行条由售后服务顾问填写并盖章。

(6) 通知客户提车

交车准备工作做好后，售后服务顾问面带微笑，礼貌致电客户通知其取车，话术示例如下。

售后服务顾问：您好，张先生，我是您的汽车售后服务顾问小陈。

客户：您好。

售后服务顾问：您的爱车已经完成保养了，现在您方便下来和我一起确认一下吗？

客户：太好了，我现在下去。

售后服务顾问：我在前台等您。再见。

客户：再见。

（四）交车结算

售后服务顾问在交车结算工作中向客户展示保养或维修的成果，并解释维修保养的费用，表明所有服务项目已经圆满结束，让客户高兴、满意地离开，从而提升客户满意度，有利于培养忠诚客户。如果客户对服务有任何不满意，应在交车结算环节及时发现、消除，从而降低客户投诉的可能。

结算单是客户结算保养或维修费用的依据，结算单中包括以下内容：用户信息、车辆信息、维修企业信息、保养或维修项目及费用信息、用户签字等。用户信息包括用户名称、联系方式等；车辆信息包括牌照号、车型、底盘号、发动机号、动力蓄电池编码、驱动电机编码、上牌日期、行驶里程等；维修企业信息包括企业名称、地址、邮编、开户银行、账号、税号、电话等，以便用户联系方便；保养或维修项目及费用信息包括进厂时间，结算时间，使用的配件材料的配件号、名称、数量、单价、总价等；用户签字意味着用户对维修项目以及费用的认可。

交车结算的工作流程具体如下。

1. 成果展示

成果展示的程序具体如下。

（1）向客户展示保养和维修效果，证明问题已经解决，展示的方法可为：您爱车的××故障是由××原因造成的，我们已经做了××处理。

（2）展示洗车后的清洁度。

（3）告知车内所有设置都还原到接车时的状态。

（4）展示说明更换下来的旧件。

（5）正确解释客户关心的车辆其他方面的问题。

（6）根据客户的用车情况给客户提供用车小知识。

2. 归还物品

归还保养手册，向客户说明保养手册已盖章，按时保养可以享受保修服务，整车保修期为 3 年或 12 万公里，三电系统保修期为 8 年或 15 万公里，二者以先到者为准。

3. 引导出厂

引导出厂的程序具体如下。

（1）当面取下维修保护套，让客户感受到车间维修人员会爱护他的车辆。

（2）提供放行条，请客户上车，并提醒客户系好安全带。

（3）挥手道别，欢送客户离店，直到车辆离开视线。

4. 交车结算的实施话术

客户张先生的爱车，在××店做完 63 000 公里保养了。售后服务顾问已经通知张先生取车，汽车售后服务顾问的实施程序及话术示例如下。

（1）引导至交车区

示例：

售后服务顾问：张先生，您好，让您久等了，您的爱车已经保养好了，我们一起去看看车吧，您这边请。

客户：好的。

（2）保养项目、追加服务、旧件展示

示例：

引导客户到车前方，打开发动机舱盖。

售后服务顾问：您的爱车这次做了 63 000 公里的保养，整车做了全面检查，包括动力电池系统、电机系统、电器电控系统等 9 个系统的检查与调整，请您放心行驶。还为您更换了防冻液，您看，防冻液的用量也是符合标准的。同时更换了空调滤芯和制动液，雨刮水也帮您添加到了规定的用量，稍后给您看一下更换下来的旧件。

客户：好的。

(引导客户到车侧方)

售后服务顾问：所有的门锁及铰链、座椅及滑道都为您加注了润滑脂，您用起来会更顺畅的。

客户：太感谢了。

售后服务顾问：这次保养我们给您爱车的各个轮胎的胎压都调整到了合适的压力，包括备胎的胎压也做了调整。您平时行驶的时候也要留意一下，合适的胎压对行车安全至关重要，也影响着续航里程。

客户：好的。

(引导客户到车尾部)

售后服务顾问：车辆在保养过程中，维修技师发现后刹车片磨损到极限，已经为您更换了新的刹车片。

售后服务顾问：张先生，我们一起去看看换下来的旧件（打开行李舱），这是更换下来的刹车片，您看，已经磨损得很薄了，再继续使用，等到下次保养再换的话就会影响刹车安全了。这是更换下来的空调滤芯，空调滤芯能吸附粉尘颗粒，减少对过敏者的刺激，使行车更加舒适，但其用久了就没办法吸附粉尘了。防冻液、制动液的旧油液，我们已经帮您回收了。

客户：谢谢。

售后服务顾问：不用客气，这是我们应该做的。这些旧件稍后我们会按照您的要求帮您处理。

(引导客户到车内。)

售后服务顾问：（打开车门）车内所有设置都还原到接车时的状态，让您的爱车使用起来还是像以前一样顺手。另外，车内我们也已经帮您做了清洁处理。

客户：谢谢。

售后服务顾问：张先生，还有什么用车疑虑吗？

客户：没有了。

(3) 车辆维修结算单解释说明

示例：

售后服务顾问：张先生，那我们回到前台，为您解释一下费用问题，您请坐。

客户：谢谢。

售后服务顾问：麻烦您提供一下委托维修估价单。

客户：好的。

售后服务顾问：张先生，这是您的结算清单，63 000 公里的保养为您的爱车做了全面的检查和调整，更换了空调滤芯、制动液、防冻液、刹车片，同时还加了雨刮水、润滑脂。我为您解释一下保养费用，零件费包括空调滤芯 40 元、制动液 112 元、防冻液 216 元，雨刮器 88 元，刹车片 168 元，零件费合计 624 元；保养工时费 120 元，更换雨刮器工时费 20 元，更换刹车片工时费 30 元，工时费合计是 170 元。总费用是 794 元，请您过目。

客户：没问题。

售后服务顾问：如果您没有什么疑问的话请在右下角签名。

(4) 说明下次保养

示例：

售后服务顾问：这个是保养提示卡，您下次的保养时间在 6 个月后或者里程到达 73 005 公里，二者以先到者为准，下次保养的话您也可以像这次一样提前预约，享受快捷保养。

客户：好的

（5）陪同客户结账

示例：

售后服务顾问：好的，张先生，我们一起去财务中心结账。

客户：好的。

售后服务顾问：我们这里支持刷卡、现金、微信、支付宝支付，请问您用哪种方式支付？

客户：我刷卡支付，谢谢。

（6）约定回访

示例：

售后服务顾问：我们会在3天内电话回访您，了解一下您的汽车使用情况，请问您什么时候方便呢？

客户：上午吧。

售后服务顾问：好的，那我们会在后天的上午联系您。

（7）归还物品

示例：

售后服务顾问：张先生，这是您的保养手册，已经盖好保养章了，按时保养可以享受保修服务，整车保修期为3年或12万公里，三电系统保修期为8年或15万公里，以先到者为准。这是我们的售后服务小册子，我们的专营店在这个位置，这里有联系电话。您有任何的用车疑问可以随时联系我们（装在袋子里一起交给客户）。

（8）引导出厂

示例：

售后服务顾问：张先生，我为您取下维修保护套（30秒内完成）。

售后服务顾问：张先生，请上车吧，这是放行条，您出门的时候给保安就可以。

售后服务顾问：请系好安全带，感谢您的光临，祝您用车愉快，一路平安。

（五）跟踪回访

当客户提车离厂后，维修企业应在一周之内进行跟踪回访。这样做不但体现了对客户的关心，更重要的是收集对维修质量、客户接待、收费情况、保养或维修的时效性等方面的反馈意见，以便维修企业发现不足、改进工作。

跟踪回访是汽车保养或维修服务流程中的最后一道环节，属于与客户接触沟通交流环节，一般通过电话访问的方式进行。在较大的维修企业由专职的回访人员来做这项工作，小型维修企业可由售后服务顾问兼职来做。

回访人员应做好回访记录，作为质量分析和客户满意度分析的依据。回访中如果发现客户有强烈抱怨，应及时向服务经理汇报，在1天内研究对策以平息用户抱怨，使客户满意。

随着汽车维修市场规模的不断发展，汽车售后服务企业的不断增多，市场竞争越来越激烈。许多维修企业为争取客户、提高客户满意度，向客户提供了各种便利性服务，如预约服务、24小时救援服务，免费充电服务、免费洗车服务、上门修车服务、替换车服务、代办车辆年检服务和保险服务等。但是维修质量的保证仍然是汽车服务企业管理的主要内容。

任务二　故障车辆的客户接待与管理

任务描述

你是一名售后服务顾问，需要接待一辆行驶里程为 66 566 公里的电动汽车客户。客户反映空调制冷效果不好，你计划如何完成对该客户的接待工作？

任务分析

为确保本任务的顺利完成，建议遵循以下流程：主动迎接客户，礼貌问候并自我介绍。详细询问客户姓名、车牌号等信息，并确认客户反映的问题，核实故障现象并填写接车问诊单。陪同客户进行环车检查，确认空调及车内情况。与车间主管沟通，安排车辆检查，并告知客户检查所需时间。引导客户至休息室休息，并在检查完成后及时告知客户检查结果。根据维修技师的诊断结果，确定维修项目并告知客户维修费用和时间。打印委托维修估价单，确保客户了解维修内容和费用。确保客户满意并签署维修委托书，安排车辆维修。

任务实施

一、故障车辆的接待

故障车辆的接待程序与接待实施具体如下。

（一）故障车辆的接待程序

故障车辆的接待程序具体如下。

1. 安排车辆检查

将车钥匙、接车问诊单交给车间主管；依据接车问诊单的情况，详细告知车间主管车辆故障信息；了解检查故障所需的大致时间，便于与客户沟通。

2. 告知客户检查结果

说明维修技师的诊断过程、诊断工具；说明故障情况、故障原因以及处理办法；征询客户的意见，询问客户采取该处理方法是否有疑虑。

（二）故障车辆接待实施

例如，一辆电动汽车，行驶里程 66 566 公里，客户驾车到店进行车辆维修，反映该车空调制冷效果不好。售后服务顾问的接待程序及话术示例如下。

1. 主动迎接

示例：

售后服务顾问：您好，欢迎光临。请问有什么可以帮到您？

客户：我的车有点儿问题，我过来修一下。

售后服务顾问：好的，我是这里的售后服务顾问，这是我的名片，有什么问题可以随时联系我。

2. 获取客户需求及信息

示例：

售后服务顾问：请问先生您贵姓，我为您登记信息。

客户：我姓张。

售后服务顾问：张先生，你车牌号是××，我在系统中查到您的信息了，几个月前您来我们店做过保养。今天主要是修车，对吧？

客户：对的。

3. 核实故障现象、填写接车问诊单

示例：

售后服务顾问：您好，张先生，刚刚您告诉我您的车子出现了问题，请问是哪方面的问题呢？

客户：我的空调制冷效果不好了，过来看看是怎么回事。

售后服务顾问：张先生，对于这个问题，您不用太担心，我稍后帮您检查一下具体的情况。张先生，请问您和您的家人开车时都会觉得制冷效果不好吗？

客户：对呀，我和我老婆开都感觉这样，我们都觉得制冷效果不好，就是感觉空调没有以前凉快了。

售后服务顾问：天气那么热，空调有故障的话挺难受的。您是从什么时候开始感觉制冷效果不好的呢？

客户：这个星期吧。

售后服务顾问：张先生，最近有在别的地方做过什么维修或者发生过事故吗？

客户：没有，最近一次就是来你们这里做保养。

售后服务顾问：空调不凉快是从这个星期开始就这样了，是一直不凉快还是偶尔不凉快呢？

客户：这个星期以来，开了空调都觉得不凉快。

售后服务顾问：无论是低速行驶还是高速行驶，都觉得空调制冷效果不好吗？

客户：是的。

售后服务顾问：除了空调不制冷，还有没有其他异常情况呢，比如异响？

客户：没有。

售后服务顾问：好的，张先生，我为您复述一下您的车辆情况：从这个星期开始，无论是低速行驶还是高速行驶，您和您太太开车时都一直觉得空调制冷效果不好，而且没有维修记录、事故，没有其他异常，对吗？

客户：对的，没错。

售后服务顾问：好的，请稍等，我帮您查看一下。

4. 环车检查

示例：

售后服务顾问：张先生，为了避免弄脏您的爱车，我先帮您安装维修保护套。

售后服务顾问：我先帮您看看空调及车内的情况。现在开了空调，听到鼓风机有吹风，但是出风口这里确实制冷不是很好。张先生，我们一起去检查您爱车的情况，这边请。

5. 确定维修项目

示例：

售后服务顾问：张先生，车辆已经检查完了，您的空调制冷问题可能是制冷剂泄漏引起的，也可能是压缩机、冷凝器等工作不良引起的，需要维修技师用专业的工具进行诊断才能判断具体是哪里出了故障。

客户：这样呀。

售后服务顾问：我先安排您的爱车进车间由维修技师检查，检查到具体的问题后再和您沟通。您看可以吗？

客户：好的。

6. 引导客户至休息室休息

示例：

售后服务顾问：检查车辆需要半个小时，在此期间，您是在店里等待还是先行离开？

客户：我在店里等等。

售后服务顾问：张先生，我带您到休息室里休息一下，这边请。

售后服务顾问：您在这里休息，我去安排您的车辆检查，有问题随时打电话给我。

7. 安排车辆检查

示例：

售后服务顾问：李师傅，您好，这是车主张先生的车，空调制冷效果不好，这是接车问诊单，张先生的车从这个星期开始，无论是低速行驶还是高速行驶，他和他太太开车时都一直觉得空调制冷效果不好，而且没有维修记录、事故，我刚才也确认过了，确实制冷效果不好。麻烦您帮忙检查一下，这是车钥匙。

李师傅：好的。

检查过程：李师傅用空调压力表测量空调压力，高低压都偏低。

诊断结果：空调制冷剂不足。

故障原因：空调接口铜管的喇叭接口破损，导致制冷剂泄漏。

处理办法：更换接口铜管的喇叭接口，添加制冷剂。

8. 告知客户检查结果

示例：

售后服务顾问：张先生，您的空调制冷效果不好的问题，维修技师已经检查出原因了。维修技师用专业工具检查到您的空调高低压都偏低，主要原因是空调接口铜管的喇叭接口破损，制冷剂泄漏，导致空调制冷剂不足，制冷效果不好。需要更换接口铜管的喇叭接口和添加制冷剂。今天就可帮您修好它，您看可以吗？

客户：哦哦，原来是这样，费用是多少？

9. 确定维修项目

示例：

售后服务顾问：零件费用方面，制冷剂 200 元，喇叭接口 20 元，工时费 60 元，总计费用是 280 元，维修时间大概是 1 个小时，现在是下午 2 点，下午 3 点就可以交车了。

客户：好的，没问题。

10. 打印委托维修估价单

示例：

售后服务顾问：您的车辆还有没有其他问题呢？

客户：没有了。

售后服务顾问：好的，我去为您打印委托维修估价单，请稍等。

二、保修车辆的接待

保修车辆的接待程序具体如下。

（一）客户接待

耐心解答客户咨询；倾听客户诉说，适当安抚客户情绪；记录客户信息；填写接车问诊单；记录故障现象。

（二）检查车辆

与客户共同确定故障现象、确定维修项目，必要时请维修技师共同确认；与客户共同检查车内、外观情况并请客户确认。

（三）车辆保修鉴别

售后服务顾问在接待车辆保修客户时，需要鉴别是否属于保修范围。车辆保修鉴别需要注意以下行动要点，见表 2-13。

表 2-13 车辆保修鉴别行动要点

鉴定类型	车辆保修鉴别行动要点	
难鉴定	与厂商保修部门联系，听取厂商保修部门意见	
不属于保修范围	有技巧地向客户解释保修政策，安抚客户情绪，请客户自费修理	
属于保修范围	不需要质量担保申请	在经销商权限范围内，直接进入下一个工作流程——填写鉴定单
	需要质量担保申请	需要提交质量担保申请的情况有： 维修金额超过 4 000 元人民币的零件； 易损件的维修； 油漆维修； 车身覆盖件和开启件的更换、钣金及油漆维修； 运输商责任的商品车维修； 商务补偿； 旧件运费超过 3 000 元人民币。 以上情况需要售后服务顾问填写质量担保申请表，等厂商同意批复后进入下一个工作流程

（四）接待话术

例如，车主张女士购买某电动汽车 2 年，行驶里程 48 000 公里左右，张女士觉得车辆减震效果特别差，怀疑减震器损坏。另外，她觉得雨刮器刮得不是很干净。于是她开车到当时买车的 4S 店，咨询一下能不能保修。售后服务顾问的前 3 个工作流程及接待话术示例如下。

1. 客户接待

示例：

售后服务顾问：您好，我是××店的汽车售后服务顾问小陈，这是我的名片，请问有什么可以帮到您？

客户：我的车有一些故障，我现在咨询一下，看看能不能保修。

售后服务顾问：好的，请问您贵姓，我为您查询一下基本信息。

客户：姓张。

售后服务顾问：好的张女士，已经为您查询到，您在 2023 年 1 月在我店购买了××电动车，对吗？

客户：对呀。

客户：这几天觉得车辆减震效果特别差，我怀疑减震器坏了，这种情况能不能保修？

售后服务顾问：很抱歉，张女士，给您造成了不便。

2. 确定故障现象、维修项目

示例：

售后服务顾问：张女士，我们一起去看看您爱车的减震器，这边请。

客户：好呀。

售后服务顾问：张女士，我看到您的减震器这边出现潮油现象，可能需要更换一个新的减震器，具体还得在维修技师检查后才能确定。

客户：那坏了就得修了。

售后服务顾问：张女士，我们一起去检查一下您爱车的情况。

3. 车辆保修鉴别

示例：

客户：这个减震器的更换能不能保修呀？

售后服务顾问：张女士，我为您解释一下我们的保修政策。我们的整车保修期为 3 年或 12 万公里，减震器、雨刮电机等特殊零件的保修期为 3 年或者 12 万公里，时间和行驶里程以先到者为准，即保修期内的条件有两个，一是时间限制，二是里程限制，只要这两个条件任意达到一个，就表明车辆的保修期已过。张女士，您的爱车驾驶了 2 年，行驶里程是 48 000 公里，还在保修期内，所以这次减震器故障的维修我们可以申请保修，不需要维修费用。

客户：那太好了。最近下雨，我发现我的雨刮器刮不干净，顺便帮我免费换个雨刮器吧。

售后服务顾问：很抱歉，张女士，您的爱车现在驾驶了 2 年，行驶里程是 48 000 公里，超出了雨刮器的保修期，需要自费修理。

客户：保修期不是 3 年或 12 万公里吗？

售后服务顾问：张女士，是这样的。汽车生产厂家规定，整车保修期是 3 年或 12 万公里，易损耗件的保修期另有规定，例如，空调滤芯、遥控电池、保险丝、灯泡、雨刮器的保修期为 3 个月或者 5 000 公里。所以您的雨刮器超过保修期了，需要自费修理。

客户：好吧。

知识拓展

车辆保修政策解释话术

售后服务顾问在解释规定过程中，要安抚客户情绪，通俗易懂地解释保修规定，为避免客户投诉，可赠送礼品或者给予小额优惠。

1. 客户要求保修期内免费保养

客户：我的车还在保修期，为什么做保养要收费呀？

售后服务顾问：先生，要是我有权限免费为您保养就好了，非常理解您的心情。保养和质量保修不同，保养是为了保证车辆正常运行，减少维修次数并降低使用成本，延长使用寿命。车辆的保养就像人要体检，体检是要收费的，都不在医保范围内，因此保养收费也是合理的。您前面做的 4 次保养本来也是要收费的，只是专营店为了客户的利益，我们赠送了而已，也希望您能理解我们。

2. 车辆过保修期两天出现故障，客户要求保修

客户：上个月刚做完保养，刚刚超出保修期，现在就有新故障，你们是不是给我保修呀？

售后服务顾问：先生，刚超出保修期就出现新故障，真是太不巧了。我非常能理解您的心情，但是我们的汽车保修期是有严格的时间和行驶里程要求的，动力电池等关键零部件保修 8 年或 15 万公里，整车保修 3 年或 12 万公里，易损易耗件保修期为 3 个月或 5 000 公里，时间和行驶里程以先到者为准，您现在的情况是时间和行驶里程都超出保修范围了，没有办法为您申请保修。要不我向领导申请，为您这次的维修争取一些优惠，您看可以吗？

3. 客户车改装了一套轮毂，引起方向盘抖动，因为还在保修期内，要求保修。

客户：我的车还在保修期内，你们是不是给我保修呀？

售后服务顾问：这次故障是因为改装了轮毂，在车辆开到高速的时候引起了方向盘抖动，不属于保修范围。因为保修手册里提到消费者不能私自改装、调整、拆卸，因改装、调整、拆卸而造成的损失是不在保修范围内的。我非常理解您的心情，也希望您能理解我们的工作，好吗？

任务三　事故车辆的客户接待与管理

任务描述

你是一名售后服务顾问，负责处理某客户的前风挡玻璃损坏事故。该客户的车辆需要进行维修和保险理赔。你将如何完成对该客户的接待任务？

任务分析

为确保本任务的顺利执行，建议遵循以下流程：与客户保持顺畅沟通，确保客户充分理解维修及理赔流程。确保客户安全，提醒其减速行驶并避开不平路段。整理理赔所需资料，确保理赔流程顺畅进行。协调内部资源，安排定损和维修工作，确保客户满意度。及时更新客户维修进度，保持沟通透明。确保所有索赔资料完整并及时上传提交，完成索赔结案。

任务实施

一、事故车辆的维修接待程序

事故车辆的维修接待程序具体如下。

（一）接听事故车辆咨询电话

在 4S 专营店，设有专门的保险事故专线电话，以确保客户在发生保险事故时能够得到快速而专业的响应。此外，一些 4S 专营店还提供了售后小程序服务，通过这个平台，客户可以方便地进行各种咨询。4S 专营店的工作人员要密切监控这些小程序上的咨询信息，并确保及时给予回复，以保证客户能够获得满意的售后服务体验。

（二）询问客户信息和出险信息

售后服务顾问询问客户的车牌号和车主信息，以便在保险系统中查询客户的保险购买记录。同时了解客户所属的保险公司和购买的险种，以确保向客户提供正确的报案电话和报案途径。此外，售后服务顾问还需要询问客户的出险信息，包括时间、地点和经过，并特别关注是否有人受伤。在了解情况后，售后服务顾问需要在第一时间安抚客户，并提醒他们安全是首要考虑。

知识拓展

国内各大财产保险公司的报案方式

国内各大财产保险公司的报案方式见表 2-14。

表 2-14　国内各大财产保险公司报案方式

保险公司	报案电话	企业 App	微信小程序
中国人民财产保险股份有限公司	95518	中国人保 App	
中国太平洋财产保险股份有限公司	95500	太平洋保险 App	
中国平安财产保险股份有限公司	95511	平安好车主 App	平安车险理赔助手
天安财产保险股份有限公司	95505	天安财险 App	
中国人寿财产保险股份有限公司	95519	中国人寿财险 App	
中国大地财产保险股份有限公司	95590	中国大地保险 App	
阳光财产保险股份有限公司	95510	阳光车生活 App	
华泰财产保险股份有限公司	95509		华泰财险
安盛天平财产保险股份有限公司	95550		安盛天平财险
中银保险股份有限公司	95566		

（三）判断案件类型

售后服务顾问在接到客户的事故描述后，会提供相应的处理建议，并告知客户其保险公司的报案电话。客户在发生保险事故后，应立即在 48 小时内向保险公司报案。若未及时报案，可能导致无法确定或扩大的损失部分无法获得赔偿。

在报案时，保险公司会记录以下信息：报案人、被保险人、驾驶人的姓名和联系方式；保单号码，用以查询保单信息和核对承保情况；出险的时间、地点、简单原因和事故形态；保险车辆的相关信息，如厂牌、车型、牌照等。

若事故涉及第三方车辆，还需询问第三方车辆的相关信息，包括车型和牌照等。

对于属于保险责任范围内的事故，保险公司将根据案件情况决定是由客户自行拍照上传事故照片，还是需要查勘第一现场。对于双方事故损失在 5 000 元以下且责任明确的情况，双方需签订机动车险小额案件简易理赔程序协议书；若事故责任不明确或损失较大，则应报告交警处理。对于损失较小且清晰的事故，可以当场定损或通过网络远程定损；若损失较严重，则需到 4S 店进行拆检定损。售后服务顾问将在事故车辆到店时提供接待服务，提前安排工位，并协助客户和保险公司完成拆检定损工作。

（四）提醒客户索赔需要携带的资料

售后服务顾问要根据具体事故情况提醒客户准备相应的文件，通常情况下，需要携带的文件包括机动车行驶证、驾驶证以及被保险人的身份证件，如图 2-1 所示。若被保险人为公司法人，则需附上加盖公司公章的相关文件。对于损失金额较大的案件，应提供更为详尽的资料。

图 2-1　行驶证

（五）环车检查

在接待到店的客户时，可以参考保养车辆时的客户接待流程以及进行环车检查的步骤。对于保险公司理赔的原则应当明确，对于那些未达到更换标准的损伤，应尽可能进行修复。特别是对于新能源汽车，需要特别留意事故中受损的部位。某些高价值的零部件可能只能通过返厂维修来处理，这将导致维修时间相对较长，如动力电池外壳的剐伤。因此，在维修前，应提前向客户说明情况，以便他们能够提前做好车辆维修期间的用车计划。

（六）联系保险公司定损

对于未进行现场定损或线上定损的案件，售后服务顾问应及时与保险公司定损员取得联系，以便进行定损工作。当保险车辆进厂并确定需要保险公司进行损伤鉴定时，保险售后服务专员应主动与保险公司联系，以确保鉴定的顺利进行。在定损完成之前，车辆的任何部件都不得拆卸，以避免产生纠纷。

售后服务顾问应积极协助保险公司完成对车辆的查勘和定损等必要工作。在这一过程中，售后服务顾问应及时向保险公司提交受损零件的详细列表，以便对车辆进行全面的定损，并与保险公司协商确定维修费用。

保险公司在进行定损的过程中，可能会扣除那些并非由本次事故造成的损失。对于这些非本次事故造成的损伤，售后服务顾问需要与客户进行沟通，并征得客户的同意后，才能进行维修。这样可以确保客户了解维修的范围和费用，并且在维修过程中保持透明度和客户的满意度。

（七）通知保险处理结果

售后服务顾问要及时通知客户定损金额，并核对定损金额与维修金额之间是否存在差异。若存在旧痕扣除或免赔部分（即在购买保险时已约定绝对免赔额或绝对免赔率），则必须向客户详细解释，并在客户取车时收取相应的差价。定损完成后，客户有权选择让保险公司直接将赔款支付至其个人账户，或签署直赔协议书（不同保险公司可能对此文件有不同的命名，如直赔协议书或实物赔付确认书），以便保险公司与4S专营店直接进行结算。售后服务顾问应根据案件的具体要求，指导客户补充未提交的理赔资料。

售后服务顾问应告知客户可取车时间。若因特殊情况需延迟交车，务必提前与客户进行沟通。

（八）提交事故车辆索赔资料

售后服务顾问应及时整理并提交索赔资料，跟踪赔款进度。单方事故需要的索赔资料包括修车的发票、行驶证和驾驶证、被保险人的身份证和银行卡（直赔不需要银行卡，需要签署直赔协议书）。有的单方损失较大的案件需要交警的证明。

二、事故车辆的接待示例

事故车辆的接待主要有简易事故车辆的接待和双方事故车辆的接待两种情况。

（一）简易事故车辆的接待示例

例如，一辆电动汽车在外出时，被高速路上弹起的小石头把前风挡玻璃打中了，前风挡玻璃轻微破碎。售后服务顾问的接待程序及话术示例如下。

1. 接听电话

示例：

售后服务顾问：您好，这里是××专营店。请问有什么可以帮您？

客户：我的车发生事故了。

售后服务顾问：您先别着急，请问这起事故有人受伤吗？

客户：没有。

2. 记录信息

示例：

售后服务顾问：先生，请问您贵姓？

客户：我姓赵。

售后服务顾问：赵先生，我现在为您登记一下信息。请问您的车牌号是多少？

客户：××。

售后服务顾问：请您详细说明事故的情况。

客户：刚刚在高速上行驶，一个小石头飞起来，把前风挡玻璃打破了。

售后服务顾问：在哪里发生的呢？

客户：在京港澳高速上。

售后服务顾问：损失严重吗？除了前风挡玻璃破碎，还有其他的损失吗？

客户：没有了，前风挡玻璃碎得挺严重的。

3. 判断案件类型

示例：

售后服务顾问：赵先生，请问您现在在什么地方呢？

客户：我下了高速就找了个地方停下来给你打电话了。

售后服务顾问：好的，请问您报了保险公司吗？

客户：还没呢。

售后服务顾问：根据系统显示，您的爱车在2024年10月1日购买了平安保险公司的交强险、车损险、第三者责任险和不计免赔险。您这次的前风挡玻璃损失属于车损险的保险责任。您把车停在安全的地方，然后就可以先拨打平安保险公司的报案电话95511了。

客户：程序会很复杂吗？

售后服务顾问：不会的，电话座席会问一下事故的情况，登记报案后，会发给您一个报案号，然后您就可以到我们专营店来维修了，我们专营店是和平安保险深度合作的专营店，您报完案之后，定损可以直接过来我们专营店完成。

客户：好，那我先报案吧。

售后服务顾问：好的，3分钟后我再给您打电话协助您，您看可以吗？

客户：好的。

售后服务顾问：好的，赵先生，再见！

(3分钟后)

售后服务顾问：您好，是赵先生吗？

客户：是的。

售后服务顾问：赵先生，我是刚刚和您通电话的××专营店售后服务顾问小林，您报案的报案号是多少呢？

客户：报案号是××，保险公司说可以自己用App拍照定损，也可以打电话叫定损员定损，我说直接去你们店处理。

4. 预约维修时间

示例：

售后服务顾问：好的，您是现在过来维修吗？还是另外约时间过来？

客户：我先去吃饭，然后下午2点过去。

售后服务顾问：好的，我先帮您预约维修工位。是这样的，由于前风挡玻璃损坏，会影响行车视线，存在安全隐患。赵先生，您的爱车来我们门店需要道路救援吗？

客户：是副驾驶那边烂了。没事，我慢点开，这里离你们专营店也挺近的。

售后服务顾问：好的，那您开慢一点，并且注意避开颠簸路段。

5. 到店提醒

示例：

售后服务顾问：赵先生，您过来的时候带上您的身份证、行驶证、驾驶证。

客户：好。

售后服务顾问：如果您有什么疑问随时致电，赵先生，再见！

客户：再见。

6. 接待客户

示例：

售后服务顾问：您好，赵先生！

售后服务顾问：我是您本次事故的理赔顾问小林，这是我的名片，接下来，由我协助您办理理赔事项。

客户：好的。

售后服务顾问：我和您一起检查车辆的受损情况。

（环车检查）

售后服务顾问：这次事故从外观上看，除前风挡玻璃损坏外，没有其他的损失。这次的保险事故属于车损险的保险责任，保单没有其他的绝对免赔约定，前风挡玻璃的损失可以得到全额赔偿。

客户：那太好了。

售后服务顾问：我们一起去服务前台，我为您详细地说明具体情况。

7. 收集索赔

示例：

售后服务顾问：赵先生，按照保险理赔规定，你本次理赔需要提供的资料包括行驶证、驾驶证、身份证，麻烦您提供一下。

客户：好，给你。

售后服务顾问：您需要填写一下这个直赔协议书，这样您不需要垫付维修费，维修费用方面由我们专营店和保险公司结算，到时候修好了，您直接提车就可以了。

客户：没问题。

8. 协助定损

示例：

售后服务顾问：好的，赵先生，我马上安排拍照定损，预计下午3点左右可以完成，并开始维修。预计明天下午3点就可以提车了。

客户：换玻璃要那么久的吗？

售后服务顾问：赵先生，是这样的，保险公司赔付的是普通的玻璃胶，需要24小时才能干透。如果玻璃胶没干透车就开出去了，后期会有漏水的风险。您是着急用车吗？如果着急可以购买快干胶，2个小时完全干透，下午5点就可以提车了。需要补差价168元。

客户：我不着急，用普通胶就可以了。

售后服务顾问：如果车辆在维修过程中发现任何问题，我会及时通知您的。

客户：好的，我先回去了。

售后服务顾问：好的，赵先生，我送送您。

知识拓展

拍照定损

拍照定损的拍摄内容包括：车头45°角全景照；车尾45°角全景照；更换前受损照（远—近）；更换前扩损照；旧玻璃标；车架号；拆卸完旧玻璃带车牌照；更换好玻璃带车牌照；新玻璃标；行驶证正副页（如果行驶证盖章过期，拍有效期年检标）；驾驶证正、副页；被保险人身份证正反面；直赔协议书。

9. 通知处理结果

示例：

售后服务顾问：您好，赵先生，我是您的理赔顾问小林，您的车保险公司定损完毕，这次前风挡玻璃更换的是原厂前风挡玻璃，定损价格为1 500元，车辆已经进入车间维修了。取车时间和我们之前预估的一样，明天下午3点就可以过来提车了。

客户：好的。

售后服务顾问：那我们明天见。

客户：好的。

售后服务顾问：赵先生再见。

10. 索赔结案

示例：

有些案件比较简单，索赔资料在定损时已经一起上传。有些案件比较复杂，需要后期补充上传索赔资料。

（二）双方事故车辆的接待示例

一辆电动汽车在外出时与三者车相撞，两辆车都有损失，且损失比较严重，无人伤亡。售后服务顾问的接待程序及话术示例如下。

1. 接听电话

示例：

售后服务顾问：您好，这里是××专营店。请问有什么可以帮您？

客户：我的车发生事故了。

售后服务顾问：您先别着急，请问这次事故有人受伤吗？

客户：没有。

2. 记录信息

示例：

售后服务顾问：先生，请问您贵姓？

客户：我姓赵。

售后服务顾问：赵先生，我现在为您登记一下信息，请问您的车牌号是多少？

客户：××。

售后服务顾问：请您详细说明事故的情况。

客户：刚刚在路上行驶，一不小心和别人的车撞了。

售后服务顾问：在哪里发生的呢？

客户：在天河路××号附近。

售后服务顾问：损失严重吗？

客户：我的车现在上不了电了，他的车损失也挺严重的。

售后服务顾问：这次事故的责任明确吗？是您的责任还是他的责任呢？

客户：应该是我的责任。

售后服务顾问：你们的车现在无法挪动，建议车上人员远离损坏车辆，并且放置三角警示牌。

客户：我们现在在路边。

售后服务顾问：对方的车牌号是多少呢？

客户：××。

3. 指导客户现场处理

示例：

售后服务顾问：好的，请问您报了保险公司吗？

客户：还没呢。

售后服务顾问：根据系统显示，您的爱车在 2024 年 10 月 1 日购买了平安保险公司的交强险、车损险、第三者责任险和不计免赔险。您这次的双方事故属于交强险、车损险和第三者责任险的保险责任。您先拨打平安保险的报案电话 95511。电话座席会问一下事故的情况，登记报案后，会发给您一个报案号，电话座席会根据案件情况判断是否需要现场查勘和是否需要报交警，我们专营店是和平安保险深度合作的专营店，您报完案之后，定损可以直接过来我们专营店完成。我现在安排道路救援车辆去您那边。请您保持手机畅通。

客户：好，那我先报案吧。

售后服务顾问：好的，3 分钟后我再给您打电话协助您，您看可以吗？

客户：好的。

售后服务顾问：好的，赵先生，再见！

（3 分钟后）

售后服务顾问：您好，是赵先生吗？

客户：是的。

售后服务顾问：赵先生，我是××专营店售后服务顾问小林，您报案的报案号是多少呢？

客户：报案号是××，保险公司说他们会到现场来查勘，被撞的那辆车报了交警，等查勘员看完我就直接去你们店处理。

售后服务顾问：好的，我们专营店的道路救援车辆已经过去了，估计还有十多分钟就到了。

4. 预约维修时间

示例：

售后服务顾问：赵先生，我们专营店是和平安保险深度合作的专营店，我们保险管家服务提供定损、维修和理赔全程陪同服务。您是等查勘完直接来我们专营店吗？

客户：对，我直接过去吧。

售后服务顾问：好的，我先帮您预约维修工位。对方的车是什么品牌的车呢？

客户：他的车是××牌的。

售后服务顾问：你们两台车可以一起来我们专营店，一起定损和理赔更方便。

客户：他可能想去外地修。

售后服务顾问：赵先生，是这样的，我们专营店与平安保险深度合作，保险公司可以提供直赔服务，直赔服务是指您的车可以直接在我们专营店定损、维修。费用属于保险赔付部分，由我们专营店和保险公司直接结算，您不需要垫付。对方如果是去非深度合作的维修厂，是没办法享受方便快捷的直赔服务的，有可能要您先垫付维修费，而且在资料提供方面也没那么方便省事。所以，我建议你们两辆车都一起过来我们这边维修。

客户：行，我和他说。

5. 到店提醒

示例：

售后服务顾问：赵先生，您过来的时候带上您的身份证、行驶证、驾驶证。对方也一样要带上这些证件。还有稍后到场的交警会给您一张交通事故认定书，其会说明这起事故的责任，还会盖交警章。

客户：好。

售后服务顾问：如果您有什么疑问可随时致电，赵先生，再见！

客户：再见。

6. 接待客户

示例：

售后服务顾问：您好，赵先生！

售后服务顾问：我是您本次事故的理赔顾问小林，这是我的名片，接下来，由我协助您办理理赔事项。

客户：好的。

售后服务顾问：那让我和您一起检查车的受损情况吧！

（环车检查后）

售后服务顾问：这次事故从外观上看，您的右前门损伤严重，还有刚刚反映上不了电的情况，稍后维修技师会和保险公司定损员一起拆解定损。除了右前门，其他外观的地方没有损伤。您的车辆损失属于车辆损失保险的保险责任。其他非碰撞部位外观、内饰完好。您车内的贵重物品请随身携带。

客户：没有的。

售后服务顾问：我们一起去看看对方的车。

客户：好。

客户：这位是××车的车主李先生。

售后服务顾问：李先生，您好，您的车左前方受损，目测前保险杠、左前大灯损伤，预估超过交强险的财产赔付限额 2 000 元，需要用到第三者责任险来赔付。具体的定损金额还要等定损员和维修技师拆解后确定。其他非碰撞部位外观、内饰完好，您车内的贵重物品请随身携带。

售后服务顾问：我们一起去服务前台，我为您详细地说明具体情况。

7. 收集索赔资料

示例：

售后服务顾问：赵先生，按照保险理赔规定，你本次理赔需要提供行驶证、驾驶证、身份证，还有交通事故认定书。李先生，您的身份证、行驶证和驾驶证也是需要的。麻烦你们提供一下，我这边帮您二位拍照保存。

客户：好，给你。

售后服务顾问：李先生，您购买的也是平安保险吗？

客户：对的。

售后服务顾问：赵先生，您需要填写一下这个直赔协议书，这样您不需要垫付维修费，维修费用由我们专营店和保险公司结算，修好后你们直接提车就可以了。

客户：没问题。

8. 协助定损

示例：

售后服务顾问：好的，赵先生，李先生，我马上安排拍照定损，预计下午3点左右可以完成，具体的维修项目要等拆解定损之后才能确定。在我们专营店维修，维修质量是可以放心的。具体的取车时间待维修项目确定后，我再和您二位详细说明。

售后服务顾问：如果车辆在定损和维修过程中发现任何问题，我会及时联系您二位的。

客户：好的，我们先回去了。

售后服务顾问：好的，赵先生、李先生，我送您二位。

9. 通知处理结果

示例：

售后服务顾问：您好，赵先生，我是你的理赔顾问小林，你的车保险公司定损完毕，您的车辆定损金额为3 950元，对方的车定损金额为5 800元，车辆即将进入车间维修了，明天下午3点就可以过来提车了。

客户：好的。

售后服务顾问：赵先生，再见。

10. 索赔结案

索赔结案主要内容为汽车售后服务顾问帮助客户补充上传索赔资料：交通事故认定书、旧件回收单（标的/三者）、行驶证（标的/三者）、驾驶证（标的/三者）、被保险人身份证（三者身份证）、被保险人签署的直赔协议书、三者交强险保单，此外，与保险公司有定点直赔协议的专营店可以定期提交修车发票。

项目小结

本项目旨在介绍新能源汽车客户接待与管理方面的知识。首先介绍了新能源汽车保养的客户接待流程和管理策略；其次介绍了故障车辆的接待流程和管理策略；最后介绍了事故车辆的接待流程和管理策略。通过本项目的学习，学习者将掌握如何高效地安排预约服务、如何提供优质的客户接待服务，以及如何处理修后交车事宜，从而提升个人职业能力。

项目工单

学习完本项目的内容后，请完成如下的项目实训，见表2-15。

表2-15　实训表

任务名称	售后服务顾问实训				
姓名		班级		学号	
学时			日期		
所需设备	汽车维修工具和设备、车辆维修结算单和相关书面工作材料、交车前外观及车况检查表、电脑和维修管理系统软件				
任务目的	通过模拟售后服务顾问的工作流程，掌握售后服务的流程和技能，提高专业能力，强化服务意识，培养良好的职业素养				

一、任务描述

学生将模拟售后服务顾问的角色，完成车辆维修后的交接、检查、清洁、物品检查、书面工作和客户沟通等任务。学生需要按照实训指导书中的流程，确保服务质量，提升客户满意度。

二、分组讨论

全班学生以 3~6 人为一组，选出各自的组长，组长对组员进行任务分工并将分工情况记录在任务分工表（表 2-16）中。

表 2-16　任务分工表

小组成员	姓名	学号	任务分工
组长			
组员			

问题 1：如何确保车辆交接时的准确性和效率？

问题 2：在检查车辆清洁情况时，有哪些细节是容易被忽视但又对客户满意度影响较大的？

问题 3：如何处理客户对维修保养费用的疑问和不满？

三、实施过程

在实际操作过程中，将操作内容及实施过程中遇到的问题和解决办法记录在表 2-17 中。

表 2-17　遇到的问题和解决办法记录表

序号	操作内容	遇到的问题	解决办法
1			
2			
3			
4			
5			
6			

四、实训评价

请各组选出一名代表展示实施的成果，并配合指导老师完成表 2-18 的实训评价。

表 2-18　实训评价

项目名称	评价内容	分值	评价分数		
			自评	互评	师评
职业素养考核项目（50%）	热情、耐心、专业，能够体现良好的服务意识	15 分			
	能够清晰、准确地与客户沟通，有效解决客户疑问	15 分			
	认真负责地完成每一项工作，确保服务质量	20 分			

表2-18（续）

项目名称	评价内容	分值	评价分数		
			自评	互评	师评
专业能力考核项目（50%）	熟悉汽车售后服务的整个流程，包括车辆交接、检查、清洁、物品检查和书面工作等	15 分			
	能够及时发现并解决车辆交接和检查过程中出现的问题	15 分			
	能够准确无误地完成维修结算单、保养记录等相关书面工作	20 分			
合计：综合分数　自评（20%）+互评（20%）+师评（60%）		100 分			
综合评估		教师（签名）：			

课 后 练 习

一、填空题

1. ________是指客户在使用车辆时发现车辆有故障，或者通过查看保养手册得知应该做保养了，为了避免维修保养时排队浪费时间，客户就会主动与汽车维修服务企业联系预约，以便汽车维修服务企业做好准备，保障车辆能按时进行维修保养作业。

2. 非预约客户接待的操作要点包括：主动迎接客户、________。

3. 通常情况下，事故车辆的保险索赔需要携带的文件包括________、驾驶证以及被保险人的身份证件。

二、简答题

1. 预约时间的确定要注意哪些问题？

2. 接待非预约客户时，确认客户信息有哪些步骤？

3. 交车结算的工作流程有哪些？

项目三

新能源汽车配件与备件管理

项目导读

随着新能源汽车行业的蓬勃发展，对配件与备件的高效管理成为企业竞争力的关键。配件分类的准确性直接影响到订货和采购的效率，而合理的库存管理则确保了配件供应的及时性和成本控制。出库管理的优化则能提高配件分发的准确性和速度。

备件管理岗位的设置、备件订货计划的制订以及备件库房管理的优化，都是确保备件供应稳定、降低运营成本、提升客户满意度的关键环节。通过科学的备件管理，企业能够更好地应对突发需求，减少库存积压，提高资金周转率。

学习目标

知识目标

1. 了解新能源汽车配件的分类标准和方法。
2. 掌握新能源汽车配件的订货流程和订货技巧。
3. 理解新能源汽车备件管理的相关理论和原则。

技能目标

1. 能够根据新能源汽车维修需求，准确选择并订购所需配件。
2. 能够运用库存管理知识，对新能源汽车配件进行合理的库存规划和控制。
3. 能够熟练掌握新能源汽车备件库房管理流程，确保备件的安全、准确和高效管理。

素质目标

1. 培养严谨细致的工作态度，确保配件管理和备件管理的准确性和高效性。
2. 提高团队协作和沟通能力，与团队成员共同解决配件管理和备件管理中的问题。
3. 增强创新意识和学习能力，不断适应新能源汽车技术发展和市场需求的变化。

思政目标

1. 培养爱国情怀和社会责任感，关注新能源汽车产业的可持续发展。
2. 强化职业道德观念，遵守配件管理和备件管理的相关法律法规和规章制度。
3. 树立诚信经营的理念，确保配件和备件的质量以及服务的可靠性。

任务一　新能源汽车配件管理

任务描述

假设你是一家汽车配件零售企业的库存经理，负责制定进货和库存管理策略，你将如何根据企业需求和市场情况，选择合适的进货方式和供货商，并制订有效的库存管理计划。

任务分析

为确保本任务的顺利完成，建议遵循以下流程：首先，搜集企业的历史销售数据及市场信息，进而分析配件需求的特征。基于分析结果，选择恰当的采购方式，并据此制定采购策略。接着，对潜在供货商进行评估，建立供货商名录，详细记录相关信息，并进行全面分析。然后，制定检验方案，以确保采购配件的质量。此外，进行需求预测，制订库存计划，以优化库存结构。定期进行库存盘点，关注库存质量，并处理不合格的配件。最后，制定出库管理制度，确保配件出库过程的高效与准确，并做好详尽的记录。

任务实施

在汽车服务行业中，新车投入使用后的维护和修理过程中所需的所有零部件和耗材统称为汽车配件。这些配件包括用于更换的新零件或修复件、各种油液，以及旨在提升驾驶安全、舒适度和外观的产品。在新能源汽车服务领域，配件管理是至关重要的环节，因为它们不仅具有商品特性，还关系到客户满意度和售后服务流程的顺畅性。因此，对配件产品进行全面了解的同时，还需特别关注配件库存的控制与管理。

一、配件的分类

根据我国汽车配件市场供应的实用性原则，汽车配件分为易损件、标准件、车身覆盖件与保安件四类，新能源汽车的配件中又增加了高压部件这个类别。

（一）易损件

在对汽车进行二级维护、总成大修和整车大修时，易损坏且消耗量大的配件称为易损件。

1. 发动机易损件

发动机易损件的类别见表 3-1。

表 3-1　发动机易损件的类别

类别	零件
曲柄连杆机构	气缸体、气缸套、气缸盖、气缸体附件、气缸盖附件、活塞、活塞环、活塞销、连杆、连杆轴承、连杆螺栓及螺母、曲轴轴承、飞轮总成和发动机悬置组件等
配气机构	气门、气门导管、气门弹簧、挺杆、推杆、摇臂、摇臂轴、凸轮轴轴承、正时齿轮和正时齿轮传动带等
燃油供给系统	燃油滤清器、汽油软管、电动汽油泵、压力调节器、空气流量传感器、进气压力传感器、喷油器、三元催化转化器、输油泵总成、喷油泵柱塞偶件、出油阀偶件和喷油器等
冷却系统	散热器、节温器、水泵和风扇等
润滑系统	机油滤清器、滤芯、机油软管等
点火系统	点火线圈、分电器总成及附件、蓄电池、火花塞等
其他部件	空气滤清器、活性炭罐、活性炭罐电磁阀等

2. 底盘易损件

底盘易损件的类别见表 3-2。

表 3-2　底盘易损件的类别

类别	零件
传动系统	离合器摩擦片、从动盘总成、分离杠杆、分离、踏板拉杆、分离轴承、复位弹簧、变速器的各档变速齿轮、凸缘叉、滑动叉、万向节叉及花键轴、传动轴及轴承、从动锥齿轮、行星齿轮、十字轴及差速器壳、半轴和半轴套管等
行驶系统	主销、主销衬套、主销轴承、调整垫片、轮辋、轮毂、轮胎、内胎、钢板弹簧片、独立悬架的螺旋弹簧、钢板弹簧销和衬套、钢板弹簧垫板、U 形螺栓和减震器等
转向系统	转向器总成、转向助力电动机纵拉杆与横拉杆等
制动系统	制动器及制动蹄、盘式制动器摩擦块、液压制动主缸、液压制动轮缸、储气筒、止回阀、安全阀、制动软管、空气压缩机限压阀和制动操纵机构等

3. 电气设备及仪表的易损件

电气设备及仪表的易损件包括发动机点火高压线、低压线、车灯总成、安全报警及低压电路熔断器和熔丝盒、继电器、点火开关、车灯开关、转向灯开关、变光开关、脚踏板制动开关、车速表、电流表、燃油存量表、冷却液温度表、空气压力表和机油压力表、新能源汽车的高压熔断器等。

4. 密封件

密封件包括各种油封、水封、密封圈和密封条等。

（二）标准件

按国家标准设计与制造的，并具有通用互换性的配件称为标准件。汽车上属于标准件的有气缸盖紧固螺栓及螺母、连杆螺栓及螺母、发动机悬置装置中的螺栓及螺母、主销锁销及螺母、轮胎螺栓及螺母、轴承等，如图 3-1 所示。

图 3-1　汽车气缸盖螺丝组件

（三）车身覆盖件

车身覆盖件是指为使乘员及部分重要总成不受外界环境的干扰，并具有一定的空气动力学特性的、构成汽车表面的板件，如发动机舱盖、翼子板、散热器罩、车顶板、门板、行李舱盖等均属于车身覆盖件，如图 3-2 所示。

（四）保安件

汽车上不易损坏的配件称为保安件，如曲轴起动爪、正时齿轮、扭转减震器、凸轮轴、汽油箱、调速器、机油滤清器总成、离合器压盘及盖总成、变速器壳体及上盖、操纵杆、转向节、转向摇臂和转向节臂等，如图 3-3 所示。

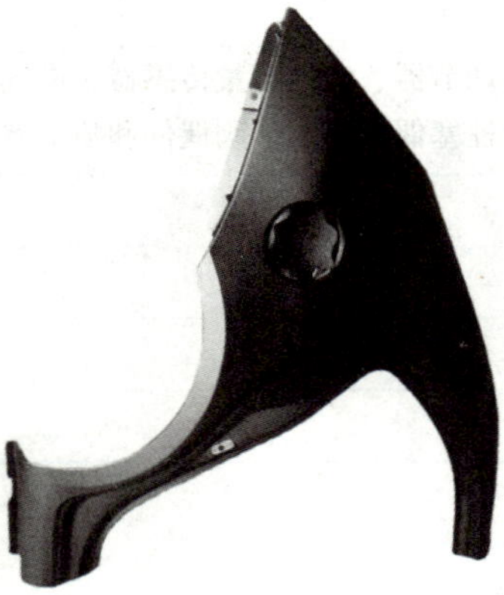

图 3-2　汽车翼子板

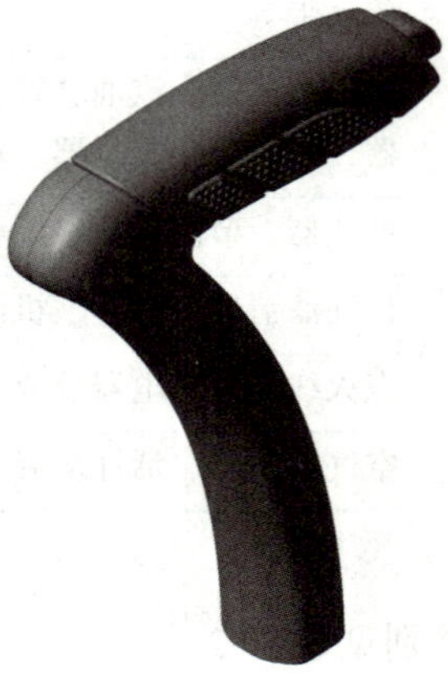

图 3-3　汽车驻车制动操纵杆

（五）高压部件

高压部件是新能源汽车上特有的配件，如动力蓄电池、驱动电机、电机控制器、车载充电机、高压分配盒、高压线缆、维护开关等。

新能源汽车高压系统部件

此外，汽车配件按照用途可以分为：必装件、选装件、装饰件和消耗件，见表 3-3。

表 3-3　汽车配件按照用途的分类

分类	含义
必装件	指汽车正常行驶所必需的配件，如转向盘、发动机、动力蓄电池、驱动电机、变速器等
选装件	不是汽车正常行驶所必需的配件，但是可以由车主选择安装以提高汽车性能或功能，如音响、氛围灯、氙气前照灯、尾翼等
装饰件	又称为精品件，是为了汽车的舒适和美观而加装的配件，一般对汽车本身的行驶性能和功能影响不大，如真皮座椅、底盘大包围等
消耗件	指汽车使用过程中容易发生损耗、老旧，需要经常更换的配件，如润滑油、前风挡玻璃清洁剂、冷却液、制动液、雨刮器、汽油滤清器和机油滤清器等

二、配件的订货

汽车配件订货是一项专业性很强的工作，汽车配件订货的好坏直接影响汽车配件经营能否顺利进行。

（一）汽车配件订货员岗位职责

汽车配件的订货工作主要由配件订货员完成，配件订货员应具有敬业精神及高度的责任感，熟悉配件订货流程，努力钻研订货业务知识，不断积累配件订货经验，千方百计保证配件供货。配件订货员的主要岗位职责如下：

1. 与供货商保持良好的供求关系

与供货商保持良好的供求关系，掌握市场信息，培养职业敏感性，对市场及配件需求进行预测，并将有关信息反馈给配件供货商或厂商配件科。

2. 制订配件订购计划

科学制订配件订购计划，并向厂商发出配件订单，开展配件订货工作。

（1）掌握配件的现有库存和安全储备量，适时制订配件的采购计划和呆滞配件的处理方案，熟悉维修业务对配件的需求，确保业务的正常开展。

（2）按月做好配件计划和订货工作，并根据生产需要做好紧急订货工作，不得违反品牌的有关规定，不得无故推迟、延期配件的订货以及计划的编制，要做到供应不脱节。

（3）制订采购计划应能清楚说明采购配件数量或名称、编号，报配件经理批准后采购。

（4）熟练运用配件管理系统完成配件查询、订货、入库等工作。配件订货员应能根据配件安全库存缺省信息及客户订购信息及时订货；通过汽车配件计算机管理系统生成配件订单，上传给配件供货商或汽车厂商配件部门；订单上传后，随时跟踪订单的处理状态，直至配件到货；确保配件的正常供应，协调解决客户急需的配件。

3. 做好配件的入库工作

及时做好配件的入库工作，以实收数量为准，打印入库单，并负责配件相关的财务核算及统计工作。

4. 制订库存调整计划

根据供应和经营情况，适时制订库存调整计划，做好入库验收工作，对于购入配件质量、数量、价格上存在的问题，做出书面统计，并监督采购人员进行异常处理。

5. 执行配件仓库管理制度

协助部门经理贯彻执行配件仓库管理制度，完成公司领导交办的其他任务。

（二）配件订货计划的制订

科学制订订货计划是配件订货员很重要的一项工作。配件订货员下订单之前必须对各零件现有的库存情况、销售情况有足够的了解。通过销售报表分析零件的销售历史、销售趋势，并结合仓库的库存状态制订订货计划。订货计划在经过审批后按订货日历发出。在制订配件订货计划过程中选择品种时，应该关注以下主要信息，见表 3-4。

表 3-4　选择品种时应关注的信息

序号	关注的信息
1	本企业经营影响区域内的品牌车辆的市场占有情况，主要信息来源为外部媒体与内部资料
2	本企业销售部门的销售能力、销售特点和销售趋势
3	本企业售后维修客户的实际保有量、客户流失率、车型分布、使用年限和行驶里程、维修技术特点
4	了解最新的维修技术要求
5	掌握本企业的配件库存结构、配件销售历史、销售趋势
6	是不是新零件、停产件
7	是不是常用件、易损件；是否具有季节性特点；当月是否有促销活动
8	配件的质量信息
9	配件是否有替换件
10	若提交订单后显示配件缺件，则再次订货时应加以考虑，因为正常订单的缺件是潜在库存，要避免重复订货
11	配件的供货周期及交货时间、交货品种、交货数量误差
12	节假日的供货影响等

三、配件的采购

汽车配件的采购主要涉及汽车配件进货、检验环节。

（一）汽车配件进货的原则

汽车配件进货应遵循的原则主要包括以下方面。

1. 综合考虑进货原则

在进行配件采购时，必须全面考虑进货的数量、质量、规格、型号以及价格等因素，通过合理规划和组织进货流程，确保能够满足客户的需求，同时也要考虑到库存的合理性和资金的周转效率。

2. 价格与需求原则

在采购配件的过程中，应当坚持优质优价的原则，避免无理抬高或压低价格，合理地确定采购价格。同时，根据实际需求进行采购，确保采购的配件能够及时销售或使用，实现“钱货两清”的高效原则。

3. 质量监督与检查

必须加强配件的质量监督和检查工作，确保流入市场的配件都是合格的，防止假冒伪劣产品对市场造成损害。对于不符合质量标准的配件，应坚决拒绝采购，保证产品质量的可靠性。

4. 配件合格证明

所有购进的配件都必须具备相应的合格证明和商标标识。对于那些实行生产认证制度的产品，除了合格证和商标外，还必须附有生产许可证、技术标准和详细的使用说明书，以确保配件的合法性和可追溯性。

5. 包装要求

购进的配件必须具备完整无损的内外包装，外包装上应清晰标注厂名、厂址、产品名称、规格型号、数量以及出厂日期等重要信息，以便于追踪和管理，确保配件在运输和存储过程中的安全。

6. 合同履行与发货

要求供货单位严格遵守合同条款，按时按量发货，避免因供货不及时导致配件积压或缺货，影响正常的业务流程和客户满意度。

7. 高价值配件进货策略

对于价值较高的配件，例如发动机、车架等，必须在确保有明确客户订单的情况下再进行进货，以减少库存积压和资金占用的风险。

8. 反对不正之风

在采购过程中，必须坚决反对任何形式的不正之风，如吃回扣等行为，维护公平公正的市场环境和企业形象。

（二）汽车配件的进货程序

汽车配件的进货程序包括进货渠道的选择、供货方式的选择、进货方式的选择以及供货商的选择。

1. 进货渠道的选择

汽车配件经营企业大都从汽车配件生产厂家进货，应选择以优质名牌配件为主的进货渠道。但为适应不同层次消费者的需求，也可进一些非名牌厂家的产品。进货时可按 A 类厂、B 类厂、C 类厂的顺序选择进货渠道。

A 类厂是主机配套厂，这些厂知名度高，产品质量优，大多是名牌产品。这类厂家应是进货的重点渠道。合同签订形式可采取先订全年需要量的意向协议，以便厂家安排生产，具体按每季度、每月签订供需合同，双方严格执行。

B类厂的生产规模和知名度不如A类厂，但配件质量有保证，配件价格也比较适中。B类厂的订货方法与A类厂不同，一般可以只签订较短期的供货合同。

C类厂是一般生产厂家，配件质量尚可，价格较前两类厂家低。这类厂家可作为进货渠道的补充。其订货方式也与A、B类厂有区别，可以采取电话、电子邮件等方式，如需签订供需合同，以短期合同为宜。

2. 供货方式的选择

汽车配件供货方式的选择，见表3-5。

表3-5　汽车配件供货方式的选择

配件类型	适合的供货方式
需求量大、产品定型、任务稳定的主要配件	选择定点供应、直达供应的方式
需求量大但任务不稳定或一次性配件	采用与生产厂家签订合同直接供货的方式，以减少中转环节，加速配件周转
需求量小，如一个月或一个季度需求量在订货限额或发货限额以下的配件	采取由配件供销企业的门市部直接供货的方式，以减少库存积压
需求量少但又属于附近厂家生产的配件	产需双方建立供需关系，由生产厂家按协议供货

3. 进货方式的选择

汽车配件零售企业在组织进货时，要根据企业的类型、各类汽车配件的进货渠道以及汽车配件的不同特点，合理安排组织进货。汽车配件零售企业的进货方式一般有以下几种。

（1）现货与期货

现货购买灵活性大，能适应需要的变化情况，有助于加速资金周转，但是对需求量较大且消耗规律明显的配件，宜采用期货形式，签订期货合同。

（2）一家采购与多家采购

一家采购是指对某种配件的购买集中于一个供应者，这种方式采购的配件质量稳定、规格对路、费用低，但无法与其他供应者比较、机动性小。多家采购是指同一配件分别从两个以上的供货商处订购，通过比较可以有较大的选择余地。

（3）向生产厂家购买与向供销企业购买

一般情况下，向生产厂家购买时价格较为便宜，产需直接挂钩，可满足特殊要求。供销企业网点分布广，有助于就近及时供应、机动性强。

（4）成立联合采购体系，降低零配件采购成本

联合采购就是几个配件零售企业联合派出人员，统一向汽车配件生产单位或到外地组织进货，然后给这几个配件零售企业分销，这样能够相互协作、节省人力、凑零为整、拆零分销，有助于组织运输。其困难在于组织工作比较复杂。

（5）电子采购

电子采购也称网上采购，具有费用低、效率高、速度快、业务操作简单、对外联系范围广等特点，是当前最具发展潜力的企业管理工具之一。

（6）招标采购

招标采购是在众多的供货商中选择最佳供货商的有效办法，适合大量大规模采购。它体现了公平、公开和公正的原则，能以更低的价格采购到所需的配件，可更充分地获取市场利益。

（7）即时制采购

即时制采购是一种先进的采购模式，是在恰当的时间、恰当的地点以恰当的数量、恰当的质量采购

恰当的配件。如按季节采购配件。

上述七种方式各有各的长处，企业应根据不同的情况适当选择，并注意在实践中扬长避短，不断完善。

4. 供货商的选择

主要从价格和费用、产品质量、交付情况、服务水平 4 个方面选择供货商。

（1）价格和费用

价格和费用的高低是选择供货商的一个重要标准。固定市场中存在固定价格、浮动价格和议价，要做到货比三家、价比三家、择优选购。在选择供货商时不仅要考虑价格因素，同时还要考虑运输费用因素。价格和费用低可以降低成本，增加企业利润，但并不是唯一标准。

（2）产品质量

价格和费用虽低，但如果供应的配件质量较差而影响修车质量，反而会给用户和企业信誉带来损失，所以选购配件时要选购名牌产品或配件质量符合规定要求的产品。

（3）交付情况

要考虑供货商能否按照合同要求的交货期限和交货条件履行合同，一般用合同兑现率来评价。交货及时、信誉好、合同兑现率高的供货商，当然是选择的重点。

（4）服务水平

在选择供货商时，应评估其提供的服务，包括服务态度、用户便利措施以及服务项目等。此外，优先选择地理位置较近的供货商，以便加强与供货商的联系与合作，确保快速交货、便于紧急求助、节约运输及其他相关费用，并减少库存量。

同时，还应考虑其他供货商的特定优势，比较他们的生产技术能力和管理水平，进行全面评估。为了做出准确的评价，可以依据与供货商的日常业务往来以及市场上的广告资料，编制一份配件供货商清单。在清单中详细记录各项信息，并持续更新，将每次采购活动的细节补充进去。基于这些数据，进行综合分析，从而挑选出长期合作的供货商。

（三）所购配件产品的检验

为了达到提高工作效率和择优进货的目的，可以把产品分为以下五种检验类型。

1. 名牌产品抽检策略

尽管名牌产品和质量信得过的产品通常会免检，但名牌并非终身制且可能遭遇仿冒。因此，应对这些厂家的产品进行深入了解，并定期进行抽检。

2. 质量稳定性抽检方法

对于多年多批进货后发现存在质量问题的产品，应抽检其关键项目以检查质量稳定性。

3. 新配件质量全面抽检

对于从未进过货的配件，应采用标准规定的抽检数，并在技术项目上尽可能全检，以得出全面的质量结论，作为今后进货的参考。

4. 问题产品全检与不合格处理

对于客户曾批量退货或少量、个别换货的产品，应尽可能全检，并重点检验不合格部位。若再次发现问题，应拒付货款，并注销合同，不再进货。

5. 小厂产品严格检验策略

小厂的产品往往合格率低，且一旦兑付货款后索赔困难。因此，尽量避免从小厂进货，如确需进货，检验时一定要严格把关。

四、配件的库存管理

配件的库存管理是指对企业在运营过程中所需的各种配件进行计划、组织、控制和监督的一系列活动。这一过程不仅包括配件的采购、存储、分发，还涉及对库存水平的持续评估和调整，以确保配件的供应能够满足生产需求，同时避免不必要的库存积压。有效的配件库存管理对于确保生产顺畅、降低成本、提高客户满意度以及增强企业的市场竞争力等方面具有重要意义。

（一）需求预测

通过对历史销售数据的深入分析，并综合考量市场趋势、季节性变化以及可能的经济波动等因素，预测未来一段时间内配件的需求量。这一预测结果将为制订库存计划提供重要的数据支持，帮助企业在保证生产顺畅的同时，避免不必要的库存积压。

（二）制订库存计划

根据需求预测结果，结合企业的生产能力和采购周期，制订合理的库存计划，包括确定库存数量、优化库存结构、设定合理的库存周期等关键要素，既要确保库存能够满足生产需求，同时又要避免库存积压。库存计划的制订需要考虑到成本效益，力求在保证供应的同时，实现库存成本的最小化。

（三）库存盘点

盘点是每个配件仓库每日都需要进行的业务之一，如图 3-4 所示。配件的库存数量是否与统计的数量一致，每日的流动部分是否得到了正确的统计，都直接关系到各网点的利益。配件盘点的内容包括：盘点配件的数量、盘存货位、核对账与实物、核对账与账。库存盘点一般分为日常盘点和定期盘点。

图 3-4　库存盘点

日常盘点在不同的品牌配件部门也称为动态盘点或永续盘点，主要是对每天出入库的配件进行盘点，核实账物是否相符，优点是能够及时发现问题，并进行相应的更正。

定期盘点也称为实地盘点或月盘，进行定期盘点的时间间隔由各配件部门根据自身的情况确定。定期盘点的作用是进行所有类别配件的数量盘点，并进行配件质量检查与修整，及时处理呆滞配件，并核对账与实物、账与账。

（四）关注库存质量

定期对库存配件进行检查，确保配件质量符合标准，防止因质量问题导致的生产中断或客户投诉。对于存在质量问题的配件，及时进行退货或换货处理，以维护企业的品牌形象和客户信任。

知识拓展

仓库管理员岗位基本职责

仓库管理员负责日常管理仓库配件，确保配件质量，并定期检查仓库安全，同时与配件部门同事保持有效沟通和协调。具体职责见表 3-6。

表 3-6　仓库管理员的职责

序号	职责
1	严格遵照仓库保管原则和 5S 管理方法进行库存管理
2	熟悉并能有效查询品牌车型配件的编码系统

表 3-6（续）

序号	职责
3	掌握品牌新旧车型配件的应用知识
4	按照品牌规定的接货程序，对配件货单进行验收和收货
5	合理安排预留配件的货位，并迅速填写到货通知书，及时通知发货员，以便维修前台领取配件
6	确保到货通知书得到订货人员（配件部发货员）的确认签字，一联交由配件部发货员转给维修前台，另一联由仓库管理员贴于预留货位以作标识
7	认真执行库房防火、防水措施，及时发现并报告潜在隐患
8	在休息日或休假前，书面交接未完成或遗留工作给代班同事
9	日常工作中，与配件部门各岗位人员保持沟通并协调各部门，以确保工作顺利进行

五、配件的出库管理

确保配件出库过程迅速且准确，必须依据合法的出库凭证，并遵循合理的发放及出库原则，以避免配件或辅料过期变质。采用多种出库核算方法对库存进行准确核算，并且对于出库凭证不齐全的情况，坚决不予出库。出库后，务必做好配件出库的详细登记工作。

（一）汽车配件出库相关制度

以下为某品牌汽车专营店的配件出库管理制度。

第一条　仓管部门应在下列四种情况下出货。

（1）维修作业领料。

（2）维修换件借用。

（3）客户购买。

（4）索赔。

第二条　除上述四种情况外，公司仓库部可视实际情形出库。

第三条　各项出库均要有不同的领料单证，同时由领取人亲笔签名方可领取。

第四条　使用部门、个人急需用料情形下，库管员可事先电话通知部门负责人，按领用人的要求正确填写出库单并出库，但事后要补签手续。

第五条　任何出货库管员均应于出货当日将有关资料入账以便存货的控制。

第六条　各部门人员向仓管部门领货时应在仓库的柜台办理，不得随意自行进入仓库内部，各库管员应阻止任何人擅自入内。

第七条　发料人在配件出库时应详细检查商品的性能品质及附件是否优良或齐全。

第八条　配件领出后严禁领取人擅自将所领出的物品移转给其他人或部门。

第九条　库存配件外借出库后一律限于当天归还仓库。

（二）汽车配件出库的类型

出库的类型主要包括正常维修配件的出库、三包索赔件的出库和外销配件的出库三种。

1. 正常维修配件的出库

维修作业领料：正常维修作业需要领料，由维修班组派人领料，并有领料人在领料单上签字确认后方可领料。出库单上类型注明是维修。

维修换件借用：有些情况下，车辆在维修的过程中，需要通过换上新件来判断旧件是否损坏，这时维修人员就会向配件部门借一个新件。这种情况就需要填维修借件单。

2. 三包索赔件的出库

由于索赔件的特殊性，所以索赔件的出库必须特殊注明。

3. 外销配件的出库

一般情况下配件是不允许销售的，但是特殊情况下少数配件允许销售。这些允许销售的配件一般是更换时操作比较简单的，比如机油、冷却液、滤清器等，或者是销售给本品牌其他网点的配件。

任务二　新能源汽车备件管理

任务描述

你是一家汽车售后服务企业的备件仓库管理员，负责管理备件的库存、记录和发货。你将如何确保备件库的设施与布置符合要求，备件的管理规范得到执行，并且备件的发货管理流程得到严格遵守。

任务分析

为确保本任务的顺利完成，建议遵循以下流程：一是，对备件库进行实地检查，确保各项设施与布置要求得到满足。二是，按照布置原则重新规划和整理备件库，确保各区域标识清晰，备件分类合理。三是，制定并执行备件管理规定，定期组织培训，确保所有员工了解并遵守相关规定。四是，定期组织库存盘点，使用条形码管理系统记录和追踪库存变动情况。五是，审核和管理备件的发货流程，确保出库单据准确无误，货物及时准确地送达客户手中。

任务实施

新能源汽车区别于传统燃油车，其特点在于电动化、智能化和网联化，这些特点不仅促进了汽车零部件和技术创新的快速发展，而且也引发了汽车备件供应链和物流体系的深刻变革。汽车备件管理是维修企业核心业务之一，其采购和仓储管理的效率直接影响维修工作的及时性，进而影响客户满意度和交车时间。因此，汽车售后服务企业必须重视备件管理，建立和完善包括采购、仓储和使用等环节的质量管理体系，以减少库存、降低成本，并持续优化管理方法，以提升企业信誉和经济效益。

一、备件管理的相关岗位

汽车备件管理由售后服务企业的备件部门负责，该部门的主要职能包括：负责备件的订购和库存管理；确保维修车间获得必需的零件和材料；进行外部零配件的调剂和销售。不同类型的汽车售后服务企业设置的备件计划管理的岗位各不相同。

（一）备件计划员岗位

传统汽车企业的 4S 店设置有备件计划员岗位。

1. 素质要求

备件计划员的素质要求具体如下。

（1）具有中专及中专以上文化程度。

（2）能够熟练操作计算机。

（3）具有一定的管理知识及管理经验。

（4）具备一定的新能源汽车知识，了解新能源汽车维修常识和营销知识。

2. 职责与权限

备件计划员的职责与权限具体如下。

（1）制订备件订货计划，并向汽车企业售后服务部发出备件订单，开展备件订货工作。

（2）负责备件订货发票的审核。

（3）负责备件订货资料的存档。

（4）负责填写“索赔申请单”，向汽车企业备件部提出备件索赔。

（5）通知财务部及时向汽车企业售后服务部结算备件款。

（6）负责制定备件的储备定额及最低库存量。

（7）负责将到货备件的信息输入计算机，填写本单位备件业务报表，对市场及备件需求进行预测，并将有关信息反馈给汽车企业备件部门。

（二）备件仓库管理岗位

各个类型的新能源汽车售后服务企业备件库房管理设置的岗位各有不同，传统汽车企业的 4S 店设置有备件管理员，有的造车新势力服务中心设置有零件专家等岗位。

1. 备件管理员岗位

备件管理员的职责与权限具体如下。

（1）负责按要求对库存备件进行规范化管理；

（2）负责备件的入库验收及维修备件的发放工作，建立库存账目，保存各种原始凭证。

（3）根据库存储备情况，向计划员发出订货需求。

（4）负责库存备件的定期清点工作。

（5）负责备件库房的环境、安全及防火工作。

备件管理员的岗位要求具体如下。

（1）具有中专及中专以上文化程度。

（2）熟练掌握计算机操作。

（3）具有一定的汽车理论、汽车构造及维修常识。

（4）有一定的库房管理经验。

2. 零件专家岗位

零件专家岗位的职责具体如下。

（1）负责按照服务中心零件业务流程，完成零件的入库、出库、包装、盘点、库存管理等相关工作。

（2）负责零件库房、旧件库房、报废零件库房等的日常管理工作。

（3）负责专用工具设备借用管理，危险品、废品处理等日常管理工作。

（4）负责按规定向同城及邻近授权钣金喷漆中心提供零件，并负责销售、对账、盘点及管理工作。

（5）完成上级指派的其他相关工作。

零件专家岗位的岗位要求具体如下。

（1）具有 3 年以上高端汽车品牌 4S 店备件库房管理经验，持有维修职业资格证书者优先。

（2）具有中专及中专以上学历、持 C1（小型汽车）及以上驾照且驾驶熟练者优先。

（3）可独立完成备件库房管理。

（4）具备客户服务意识、责任心强，并贯彻到日常工作中。

（5）具有极强的个人学习能力，具有追求成效的精神。

二、备件订货计划的制订

对于汽车售后服务企业来说，汽车备件订货至关重要。首先，订货价格的高低直接影响维修成本和企业利润；价格过高会导致维修成本增加，而价格过低则可能意味着备件质量较差，进而影响维修质量，使企业在市场上缺乏竞争力。其次，提高订货周转率可以提高资金使用效率，合理的订货数量和适当的采购时机既能避免停工待料，又能降低备件库存，减少资金积压。最后，备件采购的速度、准确性和品质直接关系到车辆维修工期和客户满意度。因此，汽车售后服务企业在备件订货方面必须谨慎行事，以确保企业的经济效益和市场竞争力。

（一）备件供货方式与订货类型的选择

备件采购主要有合同采购和市场紧急采购两种，合同采购既可以与汽车企业备件部门签订备件采购合同，也可以与信誉好、产品质量好的知名公司签订供销合同。对于市场临时紧急采购要严防假冒、伪劣产品，与信誉好的商家签订质量保证协议并进行公证，使采购的备件质量得到有效的法律保障。

1. 选择供货方式

选择正确的供货方式，应该注意以下事项。

（1）对于需求量大的备件，应尽量选择定点供应直达供货的方式。

（2）尽量采用签订合同直达供货方式，减少中间环节，加速备件周转

（3）对需求量小的备件，宜采取临时采购方式，减少库存积压。

（4）采购形式应采取现货与期货相结合的方式。现货购买灵活性大，有利于加速资金周转；对需求量较大、消耗规律明显的备件，采取期货形式，签订期货合同，有利于供应单位及时组织供货。

2. 选择订货类型

备件的订货类型见表 3-7。

表 3-7　备件的订货类型

类型	含义
常规订货	维修企业每周用于补充其正常库存的定时订单，以常规订单形式向供货商发送订货计划
紧急订货	维修企业在紧急情况下，为了满足维修工作的需要而进行紧急订货的订单，供货商根据维修企业的要求负责备件的发送。每月订购次数不限，但每次订购会根据实际情况向维修企业加收一定的手续费用和加急运费
定时订货	定时订货包括所有的液体、轮胎、蓄电池、冷媒和保险杠的备件订单，供货商会定时地向维修企业发送
特殊订货	特殊订货包括动力总成（动力蓄电池）、车身、散热器框架等，以特殊订单的形式向汽车企业备件部门订货，费用由维修企业先行支付，运输按常规程序办理

在订购车身和前围时需在订单上注明相应的车身编码并提供原车上 17 位编码的钢印铁片，汽车企业售后服务部在收到订单后开始定制。如预定车身，还需在订单上注明原车的车型、配置（是否带天窗、车门外是否带饰板等）、出厂年份、颜色等。

（二）备件订货计划的制订工作

备件管理的核心理念是“良性库存 = 备件盈利 = 对客户的服务质量”。这意味着备件管理人员必须将提供 100% 的服务率作为首要目标，并在此基础上追求备件盈利。确保最佳的服务效率，必须建立在良性库存的基础之上，即以最合理的成本实现对用户的最佳服务。

备件订货的基础工作具体如下。

1. 了解每一种备件的销售特性

为了有效管理汽车备件，首先需要了解其分类。汽车备件种类繁多，常见的分类方法包括实用性分

类、标准化分类和用途分类。此外，汽车零部件通常被划分为内饰、外饰、动力总成、底盘和电子电气五大模块。

新能源汽车与传统燃油汽车在零部件上的主要差异体现在动力总成和电子电气模块上。新能源汽车的动力总成模块主要包括动力蓄电池和电驱动总成，后者又细分为电驱动系统和电源系统。电驱动系统由电机、控制器和减速器组成，是电动汽车行驶的核心；电源系统则包括车载充电机、DC/DC 电源变换器和高压配电盒，负责电池组的充电、电能转换和分配。

根据使用特性，汽车备件还可以进一步细分为六类：快速更换类零件、维修服务类零件、车身机械类零件、大总成、附件和其他类零件。这些类别的零件在销售特性上各有不同。快速更换类零件大约占销售额的 17%，维修服务类零件占 32%，而车身机械类零件占 37%。具体分析显示，60%至 80%的备件品种年销量在 0 至 12%之间，其中 40%的备件品种占库存总额的 6%，而 8%的库存品种占库存总额的 25%。

数据表明，5%的备件编号占销售额的 85%和库存总额的 46%；另外 9%的备件编号占销售额的 11%和库存总额的 19%。因此，14%的备件编号合计占销售额的 96%和库存总额的 65%，这部分备件应成为管理工作的重点。

2. 建立完整的订货台账

构建详尽的订货记录系统，实时更新关键数据（如销售数据、日期、备件编号等）。实施日常的库存流水账制度，以记录入库、出库和结余情况，为订货决策提供依据。定期进行库存盘点，确保库存数据的准确性。监控区域内汽车保有量及车辆使用状况。计算备件的供货周期，以确定合理的订货频率。准确预测交货时间、品种和数量可能出现的偏差。

（三）影响备件订货的因素

影响备件订货的因素主要如下。

1. 备件的生命周期及其在不同阶段的特点

每个备件都经历一个特定的生命周期，该周期可划分为四个阶段：新车型推出期、活跃期、存活期和老车型淘汰期。在备件订购过程中，需要特别关注新上市车型和停产车型的备件。对于新上市车型，应通过技术评估确定适量的库存，以平衡需求并尽量减少新产生的库存积压。若在新车型推出期间备件订购出现问题，可能会导致市场上的维修备件供应不足。

2. 备件销售历史、需求预测和趋向系数

备件的销售历史和根据销售历史绘制的销售趋势图对备件订货工作有着极为重要的参考价值。尤其新能源汽车售后服务企业应十分注意保存备件的需求历史数据，根据需求历史数据可以画出需求趋势图，并能预测趋向系数 Q。

最简单的趋向系数公式如下：

$$Q=（前6个月的销量\times 2）/（前12个月的销量）$$

$Q<1$，说明该零件销售量呈下降趋势；$Q=1$，说明该零件销售量呈平稳趋势；$Q>1$，说明该零件销售量呈上升趋势。

从依据零件需求历史数据画出的需求趋势图上可以看出：

（1）备件的需求趋势及需求量的大小。

（2）备件的需求与季节的关系。

（3）促销阶段的促销方法与促销手段产生的效果。

（4）车辆保有量与备件销量之间的关系。

3. 备件订货周期及订货方式

由于交货周期存在差异，备件中心库对常规和紧急订货采取不同的备货和发运策略，进而导致两种订单的定价机制不同。为了满足需求的同时最小化订货成本，备件计划员需要精确控制备件的订货周

期。通常，高销量备件（即常用件）采用定期订货方式，而紧急订货则主要针对不常用品种，并受到行数和数量的限制，其金额通常为常规订货的10%至20%。常规订货应于固定日期发出，并力求在行数和数量上保持均衡，以便备件仓库能够有效组织备货，并确保订货者能够享受到中心库的优质服务。

4. 销售段和单价段对订货的影响

在进行库存盘点时，应构建一个销售分析框架，该框架旨在展示每个零件的年度销售频率。通过此框架，我们可以观察到不同销售频次的零件种类数量。分析结果通常显示，60%至80%的备件种类每年的销售量处于0至12%的范围内。这一关键比例经常被忽视，导致基于主观判断的决策容易产生误差。同时，库存积压问题也多发生在这个销售频次区间内。

5. 季节性零件及促销件的订货

某些零件的需求具有显著的季节性特征。例如，在夏季，空调系统的备件销量较高；而在冬季，暖风系统和制动系统的备件则更为畅销。此外，在特定备件促销期间，销量也会经历显著增长。鉴于此，对于这些季节性或促销相关的备件，应在订货卡片上进行特别标记，并提前规划订货策略。具体而言，应在销售旺季到来之前完成备件的库存补充，确保及时到货。

6. 盘点库存清单

备件订货工作的另一个方面是提出积压件、滞销件或销量下降件的处理意见，这就要参考年底的盘点库存清单。事实上，盘点库存清单不仅是一张金额的统计表，还应该对其认真分析，以便提高经营质量和用户服务质量，压缩库存量。库存储备情况及说明见表3-8。

表3-8　库存储备情况及说明

库存储备情况	说明
库存<12个月销量的1/2	正常状态
库存>12个月销量的1/2	不正常状态
2年没有销售历史	沉睡库存
3年没有销售历史	“死”库存

需要明确的是，若货位中的零件因技术问题、技术限制或库存积压严重而滞销，例如年销量极低（例如一两年仅售出一两个），而库存量却高达300个，此时建议考虑提前报废。在这种情况下，建议保留10个单位作为备件，其余290个单位则应报废处理。

7. 库存结构合理

汽车备件根据其维修用量、换件频率，即月均需求量可分为快流件（A类备件）、一般件（B类备件）、慢流件（C类备件）和超慢流件（D类备件）四类，见表3-9。

表3-9　汽车备件根据月均需求量的分类

类型	A类备件	B类备件	C类备件	D类备件
月均需求量/个	≥8	≥4且<8	≥0.2且<4	<0.2

A类备件通常包括常用、易损和易耗的零部件，这些备件的维修需求量大，更换频率高，库存周期短，拥有广泛的用户基础和稳定的购买力，因此它们是业务运营中的关键品种。对于这类备件，应订购多一些并保持较高的库存比例，确保在任何情况下都能满足供应。在仓库管理方面，应实施特别的策略，对A类备件进行重点监控和管理，选择最佳的进货渠道，并尽量缩短进货周期，以实现快速的库存周转。

B类备件则接受常规管理，管理策略应确保进货与销售的平衡，以避免库存积压。

C类备件的订购是根据客户的具体需求进行的，客户需在备件订购单上签字并支付相应的订金。

在一般维修企业中，库存量的建议分配比例为：A 类备件占 70%，B 类备件占 25%，C 类备件占 5%。然而，鉴于新能源汽车维修尚处于起步阶段，与传统燃油汽车共用的备件可以遵循这一比例，但对于新能源汽车专用备件，由于缺乏足够的数据和经验，需要进一步收集信息和分析，以确定适当的库存量比例。

D 类备件是指在车辆维修过程中使用频率极低的备件，其销售量和销售频次都非常有限。因此，维修企业的库存通常只保留 1 个这样的备件，或者将其作为 C 类备件进行订购和管理。

（四）备件订货价格的确定

不论是备件供货方、维修企业还是客户，价格都是一个敏感话题。合理、稳定的价格体系无论对企业利润还是对客户满意度都有重要影响，因此，汽车企业都需要对备件价格做出明确规定。

1. DNP

DNP（Dealer Net Price），意思是经销商净价。DNP 是指备件供货方销售给维修企业的包含运输保险费的价格。

DNP 计算方法为：

$$DNP = SRP \times（1-折扣率）$$

2. SRP

SRP（Suggested Relai Pice），意思是建议零售价。SRP 是指汽车企业建议维修企业销售给最终客户的价格。

为了规范化管理，汽车企业的备件部门往往会有对维修企业的考评制度，维修企业上个季度的得分将决定其在本季度的折扣率。

三、新能源汽车备件库房管理

新能源汽车备件库房管理主要包括备件的入库管理、库存管理和发货管理。

（一）备件的入库管理

汽车备件入库是物资存储活动的开始，也是仓库业务管理的重要阶段，这一阶段主要包括：到货接运、备件验收和备件入库。新能源汽车备件因为涉及高压电安全，因此在库房存储时要严格注意存储条件的限定。

1. 到货接运

对照货物运单接货，做到交接手续清楚、证件资料齐全，为验收工作创造条件。材料进库后，在进货待检区放置，准备验收，避免将已发生损失或差错的备件带入仓库。

2. 备件验收

备件验收是按照一定的程序和手续对备件的数量和质量进行检查，以验证它是否符合订货合同的一项工作。备件到库后首先要在待检区进行开箱验收，并检查备件清单是否与货物的品名、型号、数量相符。随时填写验收记录，不合格品由备件主管进行处理，及时填写来货记录。备件验收程序如下。

（1）验收准备

准备验收凭证及有关订货资料，确定存货地点，准备装卸设备、工具及人力。

（2）核对资料

入库的备件应有的资料包括：入库通知单，供货单位提供的质量证明书、发货明细表、装箱单，承运单位提供的运单及必要的证件。

（3）实物检验

填写开箱验收单，检验备件质量和数目。汽车备件进仓库实行质量检查员、备件仓库管理员、备件计划员联合作业，对备件质量、数量进行严格检查，把好汽车备件进仓库质量关。汽车备件验收的依据主要是进货发票，进货合同、运货单、装箱单等都可以作为备件验收的参考依据。汽车备件验收的内容主要是备件的品种、数量和质量，见表 3-10。

表 3-10　汽车备件验收的内容

验收内容	具体工作
品种验收	根据进货发票，逐项验收备件品种、规格、型号等，检查是否有货单和货物不相符的情况；易碎件、液体类物品，应检查有无破碎渗漏情况
点验数量	对照进货发票，先验收大件，再检查备件包装及其标识是否与发票相符。一般来说，整箱整件先点件数后抽查细数；零星散装备件点细数；贵重备件逐一点数；原包装备件有异议的，应开箱开包装点验
质量验收	质量验收方法：一是仪器验收，二是感观验收。主要检验汽车备件证件是否齐全，如有无合格证、保修证、标签或使用说明等；汽车备件是否符合质量要求，如有无变质、潮湿、污染、机械损伤等

3. 备件入库

验收完成后，对于质量合格且数量无误的备件，应立即填写并提交“汽车备件验收入库单”，并执行备件入库程序。对于验收过程中发现的问题，包括数量、品种、规格不符，包装标签与实物不一致，备件污染或损坏，以及质量不达标等情况，必须详细记录并确定责任方，随后与供应商沟通以解决问题。对于外包装损坏的备件，在运输和押运人员在场的情况下应打开检查，确认货物数量和损坏情况。若发现装箱单与实物不符或货物损坏，应立即记录情况，并请运输或押运人员签字确认，之后交由相关部门处理。

（二）备件的库存管理

备件的库存管理是备件管理的重要环节，对备件的及时供应、成本控制有着重要影响，直接关系到维修作业的及时性。

1. 备件库的设施与布置

备件库的设施与布置主要包括备件库的基本设施要求和备件库的布置原则。

（1）对备件库的基本设施要求

对备件库的基本设施要求见表 3-11。

表 3-11　对备件库的基本设施要求

序号	要求
1	备件库应有足够的面积和高度，保证多层货架的安装，保证进货及发货通道的畅通。备件库面积应该根据备件周转量的大小和企业业务量的多少确定，备件库库房面积一般应为 200~500 m^2
2	备件库地面应能承受 0.5 t/m^2 重压，表面涂以树脂，以防清扫时起灰尘
3	配备专用的备件搬运工具，一定数量的货架、货筐等，以及必要的通风、照明及防火器材
4	宜采用可调式货架，便于调整和节约空间；货架颜色统一，一般中货架和专用货架必须采用钢质材料，小货架不限，但必须保证安全耐用
5	备件库应有足够的通风设施，保证光线明亮、充足、分布均匀，避免潮湿、高温、阳光直射

（2）备件库的布置原则

备件库的布置原则见表 3-12。

表 3-12　备件库的布置原则

序号	要求
1	备件库各工作区域应有明显的标牌，如收发货区、车间领料出货口、备货区、危险品库房等

表3-12(续)

序号	要求
2	有效利用空间，根据库房大小及库存量，按大、中、小型及长型进行分类放置，以便节省空间；用纸盒来保存中、小型备件，用适当尺寸的货架及纸盒将不常用的备件放在一起保管；留出存放新车型备件的空间，无用备件要及时报废
3	货架的摆放要整齐划一，库房的每一个过道要有明显的标志，货架应标有位置码，货位要有备件号和备件名称
4	防止出库时发生错误，将备件号完全相同的备件放在同一纸盒内，不要将备件放在过道上或货架的顶端；备件号接近、备件外观接近的备件不宜相邻存放
5	为避免备件锈蚀及磕碰，必须保持原包装完好；易燃、易爆物品应与其他备件严格分开管理，对于易燃、易爆物品要重点保管，如空调制冷剂、安全气囊本体、清洗剂、润滑液等，存放时要考虑防火、通风等问题，库房内应有明显的防火标志

知识拓展

备件库的管理规定

库存备件和材料应根据其性质和类别分别存放。汽车备件根据其维修用量、换件频率摆放，例如，维修用量小、换件频率低的备件放置在离收发区较远的区域，或放置在货架的最高层。备件摆放做到库容整齐、堆放整齐、货架整齐、标识整齐。

备件库管理要达到库容清洁、物资清洁、货架清洁、料区清洁。备件库内禁止吸烟，须放置灭火器，并定期检查和更换。

库存材料和备件要根据季节及气候勤检查、勤盘点、定期保养，及时掌握库存量变动情况，避免库存积压、浪费和丢失，保持账、卡、物相符，对塑料、橡胶制品的备件要做到定期核查和调位。

库存材料和备件要做到账物相符，严禁相同品名、不同规格和产地的备件混放在一起。

库内不允许有账外物品，非仓库人员不得随便入内，备件库内不得摆放私人物品，索赔备件必须单独存放。

危险品库管理要达到无渗漏、无锈蚀、无油污、无事故隐患。

严禁发出有质量问题的备件，因日常管理、保养不到位及工作失误造成物资报废或亏损的，应视其损失程度追究赔偿责任。

2. 备件的管理

新能源汽车备件的库存管理涉及两个主要方面：一是备件的记录和账目管理，二是库存的盘点管理。多数汽车制造商都开发了各自的备件管理系统，这些系统通常能够满足国际汽车零部件贸易的需求。针对不同的售后服务提供商，这些系统还提供了更为细致的功能和内容定制选项。

（1）管理库存盘点

为了确保库存备件的准确性和完整性，防止备件短缺、丢失或过剩，必须定期进行库存盘点。盘点的主要目的是核实实际库存数量与账目记录是否一致，以及检查收发过程中是否存在错误，并识别是否存在备件过剩、损坏或变质等问题。对于在盘点过程中发现的问题，应立即进行复查、分析原因并采取相应措施进行处理。

盘点方法包括永续盘点、循环盘点、定期盘点和重点盘点。永续盘点要求保管员每天对发生收发变动的备件进行盘点，以便及时发现并纠正错误；循环盘点是指备件管理员根据物资的重要性和紧急程度制订月度盘点计划，并按计划逐日进行盘点；定期盘点则是指按月度、季度或年度组织专门的盘点小组，对库存进行全面清查，并编制库存清单；重点盘点则是根据季节变化或特定工作需求，对仓库中的特定物资进行有针对性的盘点和检查。

库内备件管理还应该注意以下问题。

① 合理损耗

对容易挥发、潮解、溶解、风化的物资，允许有一定的储耗。凡在合理储耗标准以内的，由备件管理员填报“合理储耗单”，经批准后，即可转财务部门核销。

储耗的计算一般一个季度进行一次，计算公式如下：

合理储耗量=保管期平均库存量×合理储耗率

实际储耗量=账存数量-实存数量

储耗率=（保管期内实际储耗量/保管期内平均库存量）×100%

实际储耗量超过合理储耗部分做盘亏处理，凡因人为因素造成物资丢失或损坏的，不得计入储耗内。由于被盗、火灾、水灾、地震等原因及仓库有关人员失职，备件数量和质量受到损失的，应作为事故向有关部门报告。

② 盈亏报告

当盘点中发生盘盈或盘亏时，应反复落实、查明原因、明确责任，由备件管理员填制“库存物资盘盈盘亏报告单”，经备件经理审签后，按规定处理。

在盘点过程中，还应清查有无本企业多余或暂时不用的备件，以便及时把这些备件调剂给其他需用单位。

③ 报废削价

由于保管不善而霉烂、变质、锈蚀等的备件，在收发、保管过程中已损坏并已失去部分或全部使用价值的备件，因技术淘汰需要报废或者削价处理的备件等，由备件管理员填制“物资报废单”或“汽车备件削价报告单”，报经审批。

（2）新能源汽车高压电安全备件管理

随着新能源汽车产业的迅猛发展，核心部件如电池动力总成、智能舱和智能驾驶系统的采购、运输和存储为汽车制造商和维修服务提供商带来了新的挑战。特别是动力蓄电池作为危险品，其采购周期长、成本比重较大，因此确保电池供应链的高效协同和物流过程的安全性成为新能源汽车售后服务企业面临的关键问题。

动力蓄电池在不完全充电状态下，一般在5~30 ℃范围内贮存，如超过30 ℃，则必须低于40 ℃且存储时间不得超过10天，存放地点应避免阳光直射或雨淋。

① 新能源汽车高压电备件存储管理

新能源汽车高压电备件存储管理的类型见表3-13。

表3-13　新能源汽车高压电备件存储管理的类型

类型	要求
地面存储	新能源汽车高压电备件存储要距离其他存储材料超过2.5 m处（或者建立一堵不易燃的隔离墙，比相邻存货高至少1 m）。局部存储区域最大75 m^2；存储高度最高1.6m，地板涂覆环氧树脂防静电涂层，没有地漏
货架存储	存储在距离仓库其他材料超过2.5 m处（或者建立一堵不易燃的隔离墙，比相邻存货高至少1 m），存储在受保护的支架上，地板涂覆环氧树脂防静电涂层，没有地漏
集装箱存储	集装箱开口必须确保叉车能够插入，存储在距离建筑物或易燃材料超过5 m处，具备防渗底板、衬底或滴水盘。用预警系统监测仪器时，遵守国家相关法律法规

② 新能源汽车高压电备件库房管理

所有电池包在入库前必须进行详细登记，并记录其入库时的环境温湿度。同时，应建立并维护电池包的库存时间与存储环境温湿度之间的追踪记录。每日巡检人员负责执行检查任务，并确保检查结果的准确性。此外，应在相关区域明显位置设置安全警示标识。为确保安全，现场应准备必要的应急物资和设备，包括但不限于灭火作战服、水基灭火器和正压式空气呼吸器等。

（三）备件的发货管理

仓库发货必须以正式的单据为凭，所以第一步就是审核汽车备件出库单据。主要审核汽车备件调拨单或提货单，核对名称有无错误，必要的印鉴是否齐全和相符，备件品名、规格、等级、牌号、数量等有无填错，填写字迹是否清楚，有无涂改痕迹，提货单据是否超过了规定的提货有效日期。如发现问题，应立即退回，不许含糊不清地先行发货。

1. 凭单记账

出库凭单经审核无误，备件管理员即可根据凭单所列各项记入备件管理系统，并将汽车备件存放的货区库房、货位，以及发货后应有的结存数量等批注在汽车备件出库凭证上，核对配货。

2. 据单配货

备件管理员依据出库凭单所列项目进行配货。对于自提出库的汽车备件，无论何种情况，备件管理员必须确保货物齐全，并在复核后逐项交付给取货人，确保当面交接。对于需要送货的汽车备件，若为整件出库，则根据分工规定，备件管理员需在包装上标注或粘贴必要的发运标志，随后集中待运。对于必须拆装取零拼箱的备件，应从货架提取或拆箱取零（确保箱内余数清晰），并送至包装场所进行编配装箱。

汽车备件管理采用条形码管理系统，利用条形码自动识别技术，在无线作业环境下，实时记录并追踪从成品入库、出库到销售的整个物流过程，为成品销售管理及客户服务提供支持，从而提升仓库管理及销售的质量和效率。

入库时，首先通过条形码采集终端记录外包装箱上的条形码信息，并选择相应的采购信息、仓库及货位信息，然后批量传输数据至条形码管理系统，系统自动更新库存信息，并记录产品名称、描述、生产及采购日期。在零部件入库上架过程中，系统与采集终端自动校对和传输数据，实现自动化作业流程控制，如自动生成拣货单、自动比对拣货数量、自动传送拣货信息至后台系统，极大提高了入库工作效率。

盘库作业作为仓库管理的关键环节，应定期进行，以确保库存准确无误，防止资产流失。条形码管理系统使得盘库作业变得简便。条形码数据采集终端主要功能之一是进行盘点作业，因此也被称为盘点机。在盘点管理过程中，系统生成盘点单，根据仓库规模大小，选择全仓位或分仓位盘点，准确计算理论库存与实际库存的差异，并精确定位差错产品的条形码，有效追踪单品及责任单位。

项目小结

本项目系统地介绍了新能源汽车配件与备件管理的核心内容。首先介绍了配件的分类、订货、采购、库存和出库管理相关知识；其次介绍了备件管理的岗位职责以及订货计划的制订策略；最后介绍了库房管理的相关知识。通过本项目的学习，学习者能够掌握新能源汽车配件与备件管理的先进理念和实用技能，提升管理效率，优化库存结构，降低运营成本。

项目工单

学习完本项目的内容后，请完成如下的项目实训，见表 3-14。

表 3-14　实训表

任务名称	备件库存管理与发货操作实训				
姓名		班级		学号	
学时			日期		
所需设备	多层货架、货架搬运工具（如手动或电动叉车）、条形码扫描器和管理系统、计算机及库存管理软件、相关备件样品（用于模拟库存）、安全警示标识和应急物资（如灭火器、安全服装等）				
任务目的	理解备件库存管理的重要性及其对维修作业及时性的影响；掌握备件库的设施要求、布置原则和管理规定；学习备件的记录和账目管理、库存盘点管理以及发货管理；培养团队合作能力和解决实际问题的能力				

一、任务描述

设计并布置一个模拟备件库，确保满足基本设施要求和布置原则。利用条形码管理系统对模拟备件进行入库、存储和出库操作。完成一次模拟的库存盘点，并处理盘点中发现的问题。模拟备件的发货管理，包括审核单据、配货、发货等流程。

二、分组讨论

全班学生以 3~6 人为一组，选出各自的组长，组长对组员进行任务分工并将分工情况记录在任务分工表（表 3-15）中。

表 3-15　任务分工表

小组成员	姓名	学号	任务分工
组长			
组员			

问题 1：如何根据备件的周转量和企业业务量合理规划备件库的面积和高度？

问题 2：在备件库布置中，如何有效利用空间并确保备件的安全和易于管理？

问题 3：针对新能源汽车高压电备件的特殊存储要求，应如何设计库房和管理流程？

三、实施过程

在实际操作过程中，将操作内容及实施过程中遇到的问题和解决办法记录在表 3-16 中。

表 3-16　遇到的问题和解决办法记录表

序号	操作内容	遇到的问题	解决办法
1			
2			
3			
4			
5			
6			

四、实训评价

请各组选出一名代表展示实施的成果，并配合指导老师完成表 3-17 的实训评价。

表 3-17　实训评价

项目名称	评价内容	分值	评价分数		
			自评	互评	师评
职业素养考核项目（50%）	遵守实训安全规则，正确使用安全设备和标识	15 分			
	认真执行任务，对发现的问题及时汇报并处理	15 分			
	与小组成员有效沟通，共同完成实训任务	20 分			
专业能力考核项目（50%）	能够合理规划备件库布局，高效管理库存	15 分			
	熟练使用条形码管理系统进行备件的入库、存储和出库操作	15 分			
	能够准确识别库存问题并提出解决方案	20 分			
合计：综合分数	自评（20%）+互评（20%）+师评（60%）	100 分			
综合评估		教师（签名）：			

课 后 练 习

一、填空题

1. 在汽车服务行业中，新车投入使用后的维护和修理过程中所需的所有零部件和耗材统称为________。

2. 在对汽车进行二级维护、总成大修和整车大修时，易损坏且消耗量大的配件称为________。

3. 汽车售后服务企业必须重视备件管理，建立和完善包括采购、仓储和使用等环节的质量管理体系，以减少________、降低成本，并持续优化管理方法，以提升企业信誉和经济效益。

二、简答题

1. 汽车配件进货的原则有哪些？

2. 汽车配件出库的类型有哪些？

3. 影响备件订货的因素有哪些？

项目四 新能源汽车维修与保险管理

项目导读

随着新能源汽车产业的蓬勃发展，对专业维修与保险管理人才的需求日益增长。新能源汽车维修管理涉及多个关键领域，包括维修人员的作业要求、专用维修设备的使用、维修过程中的安全与质量标准、日常维护以及关键部件的保养。这些内容对于确保新能源汽车的性能和延长其使用寿命至关重要。同时，新能源事故车的救援处理也是维修管理中不可或缺的一部分。

新能源汽车保险不仅涉及传统汽车保险的基本原理，还包括针对新能源汽车特性的保险种类和覆盖范围。了解如何根据新能源汽车的特性选择合适的保险产品，对于保障车主利益、降低潜在风险具有重要意义。

学习目标

知识目标

1. 掌握新能源汽车的结构原理和工作原理。
2. 熟悉新能源汽车维修作业的安全规范和质量标准。
3. 了解新能源汽车保险的种类和理赔流程。

技能目标

1. 能够使用专用维修设备进行新能源汽车的检测和维修。
2. 能够独立完成新能源汽车的日常维护和关键部件保养。
3. 能够处理新能源汽车事故车的救援和保险理赔。

素质目标

1. 培养对新能源汽车维修工作的安全意识和质量意识。
2. 增强新能源汽车保险知识的应用能力和服务意识。
3. 提升解决新能源汽车维修和保险问题的创新思维和实践能力。

思政目标

1. 强化职业道德和责任感，确保新能源汽车维修和保险服务的质量。
2. 培养环保意识，理解新能源汽车对可持续发展的贡献。
3. 增强团队合作精神，提高新能源汽车维修和保险管理的协作效率。

任务一　新能源汽车维修管理

任务描述

你是一名获得高压电技师资质的新能源汽车维修技师，某事故车的动力蓄电池在碰撞后受损，需要进行一系列检测和评估，以确定后续的修复或更换方案。你将对该事故车进行哪些相关处置？

任务分析

为确保本任务的顺利完成，建议遵循以下流程：对事故车进行外观检查，包括箱体、固定件、冷却管路接口、维修开关、平衡阀、高压电线束及插接器等部位的松动、变形、破损、渗漏或锈蚀情况；执行绝缘检测，确保高压电零部件绝缘阻值符合 GB/T 31498—2021 标准；进行动力蓄电池气密性检测，确保结果符合车辆维修手册要求；执行漏液检测，确保电解液挥发气体浓度满足相关企业要求；进行动力蓄电池诊断检测，确保符合要求；评估动力蓄电池健康状态；检查动力蓄电池冷却系统，确保冷却液高度符合要求、管路固定和连接处无渗漏；进行动力蓄电池内部检查；根据检测结果和维修手册制定修复和更换方案，确保操作符合安全标准和规范。

任务实施

新能源汽车在运行过程中，由于汽车内部运行状态的变化和外界各种条件的影响，车辆常规系统和零件会逐渐产生不同程度的自然松动和机械损伤，高压系统可能会出现电击烧蚀、线路老化剥落等故障或故障隐患。如果不及时进行维修，汽车的动力性、机构的功能及机件的安全可靠性必然受到影响，甚至会发生意想不到的损坏或事故。因此，必须定期对车辆进行维修，防止车辆损坏或安全事故的发生。

一、新能源汽车维修人员作业要求

新能源汽车维修人员在作业时应遵循以下作业要求。

（一）新能源汽车维修技师的岗位要求

新能源汽车维修服务人员的资质要求分为国家层面和企业层面。首先，从事新能源汽车维修的人员必须通过中华人民共和国应急管理部（以下简称“应急管理部”）的考核，并获得特种作业操作证，该证件是从事 1 000 V 以下低压电工作业的必需证件，如图 4-1 所示。对于涉及高压电维修操作的技师，他们需要在从事相关工作前额外考取相应的资格。

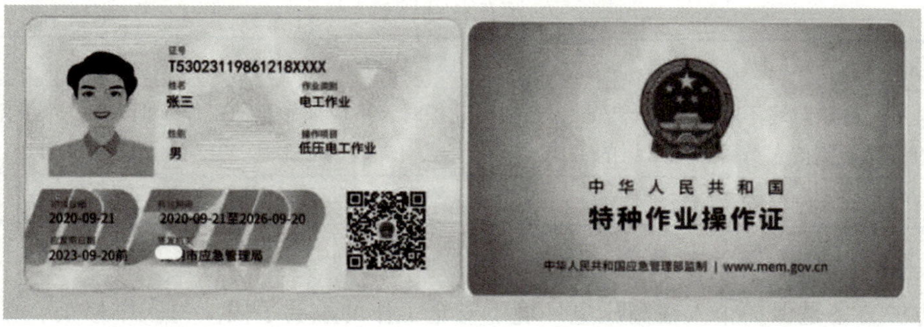

图 4-1　低压电工特种作业操作证

在企业层面，新能源汽车维修服务企业必须至少拥有两名获得认证的高压电技师（HVT）。对于专门从事电池维修的中心，则要求至少有一名获得认证的高压电专家（HVE）。EIP（一般电气接触人员）、HVT、HVE 认证之间存在递进关系，其中 HVT 和 HVE 在参加认证之前，必须已经持有特种作业操作证。

1. 新能源汽车维修技师的资质要求

新能源汽车维修技师的资质要求具体如下。

（1）经过培训、考核并取得应急管理部颁发的“特种作业操作证”。特种作业操作证——低压电工证，这是从事新能源汽车维修的必需证件。

（2）经过汽车企业新能源汽车结构原理与维修技术培训并通过考核。

（3）新能源汽车维修必须由两名持证的维修人员同时进行，其中一名人员作为维修监护人员。

2. 新能源汽车维修监护和操作人员的岗位职责

新能源汽车维修监护和操作人员岗位职责具体如下。

（1）监护人员

引导车辆进入新能源汽车专用维修工位；监督并协调具有维修资质的人员维修车辆；监督维修操作人员规范操作流程。

（2）操作人员

在新能源汽车专用维修工位设置醒目的高压警告标识；严格按照规定要求检查并正确穿戴个人安全防护装备；在进行高电压系统维修之前，必须先执行高压电的切断与检验程序。

3. 新能源汽车维修监护人员的监护内容

新能源汽车维修监护人员的技术技能等级应高于操作人员，且具有丰富的实际工作经验并熟悉现场及设备情况。新能源汽车维修监护人员监护内容具体见表 4-1。

表 4-1　新能源汽车维修监护人员监护内容

序号	监护内容
1	进行高压电切断时，监护所有操作人员的活动范围，使其与带电设备保持规定的安全距离
2	带电作业时，监护所有操作人员的活动范围，使其与高压电部件保持规定的安全距离
3	监护操作人员的工具使用是否正确、工作位置是否安全，以及操作方法是否正确等
4	工作中监护人员因故离开工作现场时，必须另行指派了解有关安全措施的人员接替监护并告知操作人员，使监护工作不致间断
5	监护人员发现操作人员中有不正确的动作或违反规程的行为时，应及时提出纠正，必要时可令其停止工作，并立即上报
6	所有操作人员不准单独留在维修保养中的专用工位区域内，以免发生意外触电或电弧灼伤

表4-1(续)

序号	监护内容
7	监护人员应自始至终不间断地进行监护，在执行监护时，不应兼做其他工作。但在动力蓄电池与新能源汽车断开的情况下监护人员可参加班组的工作
8	其他新能源汽车维修安全监督工作

4. 新能源汽车维修个人防护要求

穿戴个人防护装备是保护个人在高压电环境下安全工作的重要手段。每次维修前，维修技师均需要检查个人防护装备的完好性并正确穿戴，才能进行维修工作。关于个人防护用品的注意事项如下。

（1）进行高压电操作时，必须穿戴个人防护装备。

（2）穿戴前检查防护装备是否完好，如防护手套是否有破损、安全帽是否破裂等。

（3）维修动力蓄电池时必须铺设绝缘垫，穿着工作鞋，保护自身安全。

（4）防护手套为橡胶制品，注意定期更换。

知识拓展

低压电工特种作业操作证的考取流程

低压电工特种作业操作证的考取流程如下。

1. 报考条件

（1）年龄要求

年满 18 周岁，且未达退休年龄。

（2）学历要求

具有初中及以上文化程度。

（3）健康状况

身体健康，无妨碍特种作业的疾病和生理缺陷，如器质性心脏病、癫痫病、梅尼埃病、眩晕症、癔病、震颤麻痹症、精神病、痴呆症等。

2. 报名材料

（1）身份证正反面复印件。

（2）毕业证书复印件。

（3）2 寸白底证件照。

3. 报名方式

（1）在当地职业学校、培训机构或网上培训机构报名。

（2）自 2024 年起，可通过所在省应急管理厅（局）官方网站报名。

4. 培训与考试

（1）理论培训

理论培训涵盖安全基本知识、电工仪表及测量等内容，培训时间为 3.5 天。

（2）实操培训

实操培训包括电工仪表安全使用、安全操作技术等实操技能，培训时间为 7.5 天。

（3）理论考试

理论考试为上机考试，包括选择题和判断题，满分 100 分，部分地区 60 分及格，部分地区需达到 80 分以上。

(4) 实操考试

现场实际操作考试，满分 100 分，需达到 80 分以上。

5. 拿证

考试结束后一周内，即可获得电子证书，全国通用。证书有效期 6 年，每三年复审一次，全国各地均可复审、换证。

注意，具体报名时间、考试时间和费用可能因地区而异，考生需密切关注所在省应急管理厅（局）的官方网站或相关授权站点的通知。

（二）新能源汽车维修技师的作业内容

汽车制造商通常会根据技能水平对从事新能源汽车维修的技术人员进行分级认证。这些认证等级通常分为三个层次：一般电气接触人员（EIP）、高压电技师（HVT）和高压电专家（HVE），每个等级对应不同的工作职责和技能要求。

1. 一般电气接触人员（EIP）的作业内容

一般电气接触人员（EIP）指的是在接受了充分作业指导后，有足够的能力在带高压电系统的电动车辆上从事一定作业项目的人员，需要掌握作业项目、不当作业时的潜在危险以及必要的防护装置和安全措施。对于电动汽车，一般的保养工作不需要进行高压电系统断电。所有从事电动车辆操作的人员（如服务顾问或 PDI 人员）都必须至少具有 EIP 资质。

对一般电气接触人员的要求如下。

(1) 从事任何保养工作，并在断电的高压电系统上进行作业。

(2) 针对高压电车辆的所有作业，EIP 是最低认证要求。

(3) 无认证的人员不得在电动车辆上执行任何作业。

2. 高压电技师（HVT）的作业内容

高压电技师在 EIP 的基础上，还可以完成以下工作。

(1) 执行标准化的高压电断电程序。

(2) 识别动力蓄电池的安全等级。

(3) 更换整个动力蓄电池系统。

3. 高压电专家（HVE）的作业内容

高压电专家在 HVT 的基础上，还可以完成以下工作。

(1) 维修动力蓄电池。

(2) 使用多种技术手段断开高压电。

(3) 在一定范围内为不同经销商提供技术支持

通过这样的分级认证体系，汽车售后服务企业能够确保新能源汽车维修人员具备适当的知识和技能，从而安全有效地完成各自的工作职责。

4. 钣金维修技师的作业内容

钣金维修技师的工作职责包括对损坏的汽车零部件进行修理或更换，确保车辆恢复至出厂标准。他们必须能够使用各种机械和手动工具执行包括站立、弯曲、下蹲、旋转、抬起和移动在内的操作，并能够承受至少 50 磅的重量。此外，他们需要具备汽车专业知识、防腐蚀保护和恢复技术相关知识。通过汽车企业钣金技师认证是基本要求，具备丰富修理技术和工具知识、能够完成重大事故车车身修理以及持有焊工证的技师将被优先考虑。

钣金维修技师的具体工作内容包括：

（1）对事故车进行拆解、报价，并根据车型技术标准制定维修方案。

（2）按照出厂技术规格矫正车身和纵梁，修复车辆外覆件和线路造型。

（3）协助理赔顾问完成事故车的定损和复勘工作。

（4）拆卸和安装车身各部位，包括悬架、电路和气囊等。

（5）喷漆后重新装配、调整前照灯，并进行车辆交付前的最终校准和调整。

（6）熟悉系统功能、线路、部件和装配总成，能够系统化地进行综合维修、装配和基础系统修复。

（7）能够操作或快速学习使用所有设备和系统，正确使用钣金工具和设备，并进行日常清洁和维护，以及在设备发生故障时进行故障排查。

（8）检查车辆以确保其在交付前达到出厂标准。

（9）严格遵守安全操作规程，做好个人职业卫生防护，佩戴适当的个人防护用品和用具。

（10）增强安全生产意识，保持工作场地的清洁卫生。

5. 喷漆维修技师的作业内容

喷漆维修技师主要负责破损车辆车身的修补和修复，确保车身漆面恢复至出厂标准。他们应熟练操作所有钣金和喷漆工具及设备，并进行日常清洁和维护。

新势力汽车企业会优先考虑了解喷绘涂料品牌以及具备色彩搭配知识、修复技术和工具知识的技师，或持有国家喷漆中级技术等级证书的技师，以确保其能独立完成车身喷漆工作。

喷漆维修技师的任职条件具体包括：

（1）具备汽车喷漆维修领域的系统知识。

（2）熟悉汽车新的喷漆工艺。

（3）能够操作喷漆设备和系统，并维护设备的清洁和维修状态。

（4）能够在设备出现故障时区分是系统故障还是操作不当，并按照设备制造商的要求进行维护。

（5）严格遵守安全操作规程，做好个人职业卫生防护，佩戴适当的个人防护装备和用具。

（6）加强防火意识，妥善保管易燃物品和危险废物。

（7）能够通过技术信息和操作手册快速熟悉并掌握新系统和设备的操作。

知识拓展

喷漆维修技师工作注意事项

喷漆维修技师在工作中要注意以下事项。

（1）电动汽车的涂装工作可由一般电气接触人员执行，不需要高压电系统断电。

（2）过度的干燥温度存在损坏动力蓄电池单元的危险。

（3）在干燥温度80℃时，持续烘烤时间不超过30分钟；在干燥温度60℃时，持续烘烤时间不超过45分钟。

（4）当红外线干燥时，务必防止所有高压电元件直接被红外线辐射。

（5）如超过上述条件，必须拆下动力蓄电池，将动力蓄电池与整车分离。

二、新能源汽车专用维修设备要求

新能源汽车维修车间涉及高压电安全风险，因此其场地设施必须遵循严格的安全管理规范和相关标准。除了满足普通维修车间的安全要求，高压电维修车间还应建立特定的管理制度，以强化安全措施，预防触电和火灾等潜在安全事故。

（一）新能源汽车专用维修车间的要求

新能源汽车高压专用维修车间有特殊的场地要求和工位要求。

1. 工位数量、设备及面积

具备两三个标准工位（大小约为 7 m×4 m），至少具备一台双柱龙门举升机。

2. 采光

注意光的方向性，应避免对工作产生遮挡和不利的阴影。对于需要识别颜色的场所，应采用不改变自然光光色的采光材料。

3. 照明

当天然光线不足时，应配置人工照明，人工照明光源应选择接近天然光色温的光源。

4. 干燥

高压电维修车间必须保持干燥，场地应避免积水或漏雨的情况发生。保持干燥是为了降低维修人员的触电风险。

5. 通风

高压电维修车间保持通风有利于在维修车辆期间产生的有害物排出，并且在发生触电事故的情况下，通风的环境能够更加有利于伤者呼吸到更多氧气。

6. 卫生

应符合《生产过程安全卫生要求总则》（CB/T 12801—2008）的有关要求。

（二）新能源汽车专用维修工位的要求

新能源汽车专用维修工位要求可以确保维修作业的安全、高效进行，同时满足新能源汽车的特殊技术需求。

1. 新能源汽车维修工位分类

造车新势力的服务中心或者是获得新能源汽车企业授权的独立售后维修企业的维修工位可以分为以下三类。

（1）新能源汽车一般维修的工作区域

一般电气接触人员在一般维修工作区域开展与高压电无关的保养和一般维修。工作场所面积 7.8 m×4.5 m。按照所需开展的作业内容配备所需的工具、设备和设施等。

（2）新能源汽车高压电维修的工作区域

在高压电维修的工作区域主要完成：在由高压电技师断电后的高压电车辆上开展的作业：在配备可诊断性动力蓄电池和高压电系统断电状态下的高压电车辆上开展的作业。工作场所面积为 7.8 m×4.5 m；副区面积为 1.2 m×4.5 m，作为平台剪叉式升降机、发动机吊车和动力蓄电池更换横梁的储物区。操作车间充电电缆需使用 380 V/16 A 不间断电源（推荐）。

（3）新能源汽车动力蓄电池维修的工作区域

新能源汽车动力蓄电池的维修通常可以在常规车间环境中进行（例如，常规工作区域+副区）。必须对工作区域进行标识并对环境进行划分（例如，使用屏障带、高压电警告牌，以防止无关人员擅自进入）。拆卸动力蓄电池的工作空间须与其他设备保持至少 1 m 的安全距离，以作为两名维修技师的行动区域。维修车间充电电缆需使用 380 V/16 A 不间断电源（推荐）。

2. 传统汽车企业的 4S 店

为适应新能源汽车的维修需求，传统汽车企业的 4S 店维修车间通常会设置两个专门的工位。这些工位会通过特定的标记与普通工位区分开来，并配备水基灭火器以确保安全。

维修新能源汽车时需注意以下几点。

（1）工位配置应遵循专车专用原则，确保符合特定要求。

（2）确保专用工位周围不停车辆，以防止意外。

（3）避免在工位周边存放易燃易爆物品，并为每个工位配备水基灭火器。

（4）将电池举升机和专用维修工具放置在便于取用的位置。

（5）安全标识应遵守《安全标志及其使用导则》（GB 2894—2008）和《图形符号安全色和安全标志第5部分：安全标志使用原则与要求》（GB 2893.5—2020）的相关规定。在高电压车辆维修期间，应设置明显的警告标识，防止未授权人员进入高电压区域，从而避免危险。

此外，高压电维修车间应配备充电桩，并确保电气线路满足生产用电标准，保证接线正确无误，电缆规格适当且无破损或老化现象。

（三）新能源汽车维修资料的管理

为确保新能源整车厂的售后服务质量，必须对经销商进行有效管理，这主要通过提供各类维修技术和管理文件资料来实现。整车厂向经销商提供包括维修技术文件、管理手册、索赔员工作手册以及自学手册等在内的资料，旨在授权服务商的服务人员能够学习和参考，从而提升其技术水平和管理能力，进而为客户提供更高效、满意的服务。

1. 资料的发放流程

授权服务商与整车厂签订意向性合作协议后，就可以到整车厂的售后服务部门领取资料。随着新技术和新车型的增加，售后服务部门将随时为各个授权服务商邮寄补发新增加的资料。资料发放一般为2份，一份用于维修服务人员借阅，一份存档备查。

2. 资料的管理要求

授权服务商需对所接收的资料进行严格管理，建立专门的资料室或在工具间内设立资料专柜，并指定专人负责。参加整车厂培训的人员应负责内部培训工作，并确保收回所有资料以便统一管理，供其他员工学习和查阅。管理类和技术类资料应分开存放，并进行编码和明细记录。技术文件资料应保持完整、可随时借阅，并配备必要的阅读设备。

维修技术资料应得到充分利用，技术经理应定期抽查维修项目，确保维修人员能够熟练查阅和应用维修技术资料。维修技术资料应存放在固定位置，由技术经理指定专人管理，并建立借阅档案。

资料借用时，管理人员应认真登记，并实行损坏或丢失赔偿制度，明确责任。若资料因长期使用而损坏严重，授权服务商应向整车厂售后服务部门申请更新。更新申请需提交书面材料，由授权服务商负责人签字并加盖业务专用章，经售后服务部门现场代表审核签字后传真给售后服务部门。审核通过后，售后服务部门将免费更新资料。

若因授权服务商管理不善导致资料损坏或丢失，应及时向售后服务部门申请补发。补发申请同样需提交书面材料，由授权服务商负责人签字并加盖业务专用章后传真给售后服务部门。审核通过后，售后服务部门将补发资料，但需收取资料成本费，并额外收取100%成本费作为罚金。

（四）新能源汽车维修工具设备的管理

新能源汽车维修所需工具和设备是指在汽车维修过程中长期使用的机械和仪器，这些设备在使用期间能够保持其基本形态不变。作为生产活动中的关键物质资源，工具和设备的管理基于生产经营目标，通过一系列技术、经济和组织手段，对它们的设计、制造、采购、安装、使用、维护、修理、改造、更新直至报废的整个生命周期进行综合管理。管理的核心目标是实现成本效益最大化，即以最低的成本获得最佳的投资回报。因此，必须实施一系列措施，确保工具和设备始终处于良好的技术状态，充分发挥其性能，以保障维修工作的质量，确保工具和设备的安全运行，促进企业的持续和健康发展，并提高企业的经济效益和社会效益。

1. 工具设备管理在新能源汽车维修生产中的作用

工具设备管理在新能源汽车维修生产中的作用主要体现在以下方面。

(1) 管理是以充分利用维修工具设备，提高维修质量和生产效率，获得最大经济效益为前提的。

(2) 管理是为保证工具设备具有良好的技术状况，以保证新能源汽车维修生产正常进行。

(3) 管理是通过不断改善工具设备技术状况和提高工具设备的技术性能来为优质、低耗、安全运行创造条件的，由此促进生产的发展，提高企业的经济效益。

2. 工具设备管理工作的内容

加强工具设备管理，对保证企业生产的正常进行，促进维修技术进步，提高经济效益具有重要意义。工具设备管理工作主要有以下内容。

(1) 建立工具设备管理机构，设立专职、兼职工具设备管理人员，加强操作人员技术培训，提高其技术素质，保证合理使用工具设备，精心维护工具设备，发挥工具设备在生产中的作用。

(2) 根据新能源汽车维修工具设备的性能及维修工艺要求，正确合理地使用工具设备，禁止违章操作和超负荷使用，防止非正常磨损，杜绝工具设备事故发生，保持工具设备良好的技术状况和应有的精度，充分发挥工具设备的作用。

(3) 认真贯彻执行工具设备维护修理制度，制订工具设备维修计划，并认真组织实施减少维修停机时间，以便及时恢复工具设备良好的技术状况和效能。

(4) 做好汽车维修工具设备的日常维护工作，使工具设备处于良好的润滑状态，减轻磨损，延长工具设备的使用寿命。

(5) 做好汽车维修工具设备的日常维护工作，包括工具设备的调入、调出登记，建档立账，维修保管，报废及事故处理等，保证工具设备完好，不断提高工具设备的利用率。

(6) 做好汽车维修工具设备的改造更新工作，以适应新型车辆的维修工作，但必须考虑该工具设备技术上的先进性与经济上的合理性，做到全面考虑，权衡利弊，以提高工具设备改造更新的经济效益。

(7) 做好引进汽车维修工具设备、检测工具设备工作。引进国外先进工具设备是促进技术进步的重要手段，但事前必须做好一系列的行业调查与分析研究工作，保证引进的工具设备能发挥其应有的效能。

新能源汽车售后服务机构的维修车间专注于提供保养、故障诊断、事故车辆维修、拆解、钣金喷漆修复以及动力蓄电池的维修服务。该车间的工作人员在执行任务时需紧密合作，确保维修效率和质量。鉴于新能源汽车维修过程中可能需要进行高压断电等高风险操作，因此，车间的安全管理措施显得尤为关键。

知识拓展

新能源汽车维修企业的类别

目前有三种不同类别的新能源汽车维修企业，通常将它们分为普通维修企业、授权新能源汽车维修企业和动力蓄电池维修中心三类。这三类服务企业分别具备不同的功能，被授权允许开展不同的新能源汽车维修业务。新能源汽车维修企业维修业务范围见表4-2，不允许越级维修。

表4-2　新能源汽车维修企业维修业务范围

业务范围类型	普通维修企业	授权新能源汽车维修企业	动力蓄电池维修中心
服务/检验	允许	允许	允许
标准维修和诊断（无须高压电系统断电）	允许	允许	允许

表 4-2（续）

业务范围类型	普通维修企业	授权新能源汽车维修企业	动力蓄电池维修中心
高压电系统断电	不允许	允许	允许
高压电维修、动力蓄电池更换	不允许	允许	允许
动力蓄电池维修	不允许	不允许	允许
特殊情况/支持	不允许（需要高压电专家提供维修支持）	不允许（需要高压电专家提供维修支持）	允许

三、新能源汽车维修安全、质量要求

新能源汽车维修安全、质量要求的意义在于确保维修过程的安全性，提升维修维护质量，从而保障新能源汽车的安全可靠运行，增强消费者信心，推动新能源汽车产业的健康发展。

（一）新能源汽车维修安全要求

严格遵循新能源汽车维修安全要求可以有效降低新能源汽车维修过程中的安全风险，保障维修人员和车辆的安全。

1. 新能源汽车维修安全管理制度

新能源汽车维修应遵循如下安全管理制度。

（1）在维修过程中，所有高压电部件必须立即贴上明显的“高压勿动”警示标签，并确保这些部件在无人监管的情况下不得放置。

（2）充电状态下的车辆禁止进行高压电部件的拆卸或维修工作。

（3）未接受高压电安全培训并获得相应特种作业操作证（如低压电工证）的维修技师，不得执行高压电部件的拆卸或维修任务。

（4）在拆卸或维修高压电部件前，维修技师必须检查并正确穿戴个人防护装备，并使用绝缘工具进行操作。

（5）维修技师在拆卸或维修高压电部件时，不得携带手表、金属笔等金属物品。

（6）在拆卸或维修高压电部件前，必须执行高压电终止操作，包括切断低压电源和拆卸高压电维修开关，并确认相关部件无高压电存在。

（7）在进行车身焊接前，应清除周围易燃物品，做好车身保护措施，防止飞溅火花引发火灾，并严格遵守焊接及钣金维修工艺规程。

（8）维修完成后，在重新上电前，应确保车辆周围无人操作。

（9）更换高压电部件后，必须按照标准力矩拧紧高压电缆接口，并检查线路绝缘性能是否正常。

（10）在车辆维修期间，必须至少有两名持有上岗证的维修技师同时工作，其中一名作为监护人，负责监督整个维修过程。一旦发生触电事故，监护人应立即采取有效措施进行急救。

（11）若发生火灾，应保持冷静，采取正确方法灭火。首先切断电源，迅速离开车辆并站在上风处。在采取灭火措施的同时，立即拨打紧急电话（电话号码：119、110）。

（12）每日检查车间灭火器是否处于固定位置且在有效期内，并确保充分了解所有消防设备的性质和正确使用方法。

2. 操作高压电系统需要遵循的事项

在操作高压电系统时，必须严格遵守以下安全准则。

（1）所有橙色电缆均携带致命的高压电流，因此在操作过程中应予以特别注意。

（2）禁止使用喷射水管或高压清洁器直接对准高压电组件，以避免造成短路或电击。

（3）避免让润滑油、油脂或触点喷剂等物质接触高压电接头，以防损坏或引发危险。

（4）在靠近带电高压组件进行操作前，务必切断系统电源，以确保安全。

（5）在进行焊接作业前，必须确保车辆已经断电。

（6）防止灰尘和湿气污染所有未连接的高压电连接装置，以免造成安全隐患。

此外，还应遵循以下规定。

（1）一旦发现电缆受损，必须立即更换，以保证系统的安全运行。

（2）任何佩戴电子或医疗生命维持设备（如起搏器）的人员不得参与高压电系统的操作，包括点火系统。

（3）所有使用的测量仪器必须是适当且经过认证的，以确保测量结果的准确性和操作的安全性。

（4）在潮湿条件下操作高压电系统时需格外小心，特别是当组件沾有道路用盐时，因为这可能导致严重的安全风险。

3. 新能源汽车维修安全标识使用规范

新能源汽车警告及禁止标识能够提醒其他人当前的危险状态以及禁止的操作。请在维修过程中规范使用。新能源汽车维修安全标识使用注意事项如下。

（1）高压电维修必须使用安全标识，以提醒其他人危险状态及禁止的操作。

（2）断电过程中按照提示规范使用安全标识，断电成功后，一定要使用安全锁上锁。

（3）隔离危险车辆及动力蓄电池时，请使用警戒线及危险警告标识，如图 4-2 所示。

（4）安全标识务必保证干净整洁，脏污破损后要及时更换。

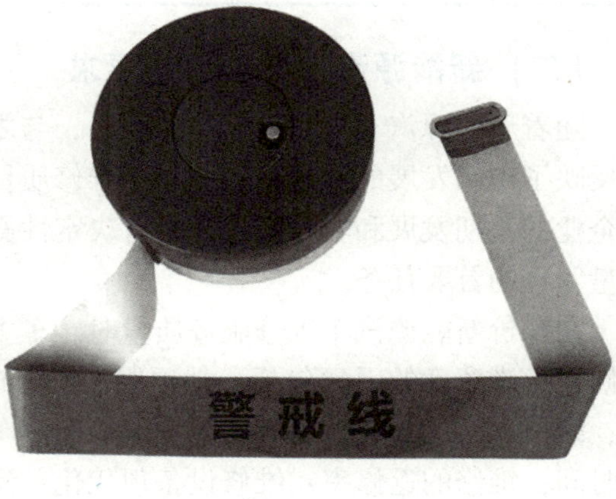

图 4-2　警戒线

4. 新能源汽车充电安全

不当的新能源汽车充电操作、忽略安全防护措施、使用不合规或损坏的充电设备、通过不适宜的电气设施充电，以及错误处理动力蓄电池，均可能引发短路、电击、爆炸、火灾、严重烧伤和人身伤害甚至死亡事故。因此，充电时必须遵循正确的操作程序。

新能源汽车充电安全指南具体如下。

（1）务必遵循既定的操作规程，确保在断开充电插头之前完成充电过程。

（2）务必采取防水、防潮措施，并确保插头连接处得到妥善保护，防止水雾、湿气或其他液体渗入。

（3）务必使用经过安全认证的充电电缆，如图 4-3 所示。

（4）务必确保为每辆车提供独立的安全充电回路，切勿在单一熔丝的插座上同时为多辆车充电，为其他车辆充电时应使用不同的安全回路。

（5）务必检查插头和充电电缆无损坏，并定期由合格的专业人员进行检查。

图 4-3　使用经过安全认证的充电电缆

知识拓展

新能源汽车触电事故急救

在处理新能源汽车触电事故时，首要任务是确保车辆的电气系统已经完全断电。具体操作包括拔出点火钥匙以及从动力蓄电池配电箱中移除维护插接器。

在救助受伤人员时，应使用绝缘材料（例如木制品）将伤者与裸露的带电电缆分离，以避免触电风险。同时，应保持安全距离，因为存在电弧产生的危险，并警告周围人员不要接触带电部件，必要时应设置警戒线。

若伤者失去意识，应立即关闭电流并采取措施恢复其呼吸和血液循环。如有必要，应立即执行心肺复苏术，并针对心室颤动采取除颤措施。若伤者仍有意识，应对其灼伤部位进行冷却处理，并用无菌、无绒的布料覆盖伤口。即便伤者感觉良好，也应持续观察其状况。最后，应立即联系紧急救援服务。

（二）新能源汽车维修质量要求

随着新能源汽车市场保有量的增长，与之相关的维修和保养投诉也随之增加，这一现象在某种程度上反映了市场发展的必然趋势。汽车维修质量的高低直接体现了新能源汽车售后服务企业的管理水平，对企业的长期发展和客户满意度具有决定性影响。因此，持续提升维修质量是新能源汽车售后服务企业质量管理的首要任务。

在评价新能源汽车维修服务质量时，车主的满意度应作为核心指标。根据研究，影响新能源车主对维修服务满意度的因素包括：救援服务的及时性和方便性；维修服务环境优化；维修故障判断的准确性；维修项目的专业性和客观性；新能源汽车配件的质量和价格；拖车价格、维修工时价格；维修的停驶时间；维修的返修率；维修设备现代化；汽车维护竣工质量承诺；维修作业文明生产、维修代用车服务；汽车维修延伸服务；等等。

1. 新能源汽车维修质量管理概述

新能源汽车维修质量是指维修企业对新能源汽车完好技术状况和工作能力维持或恢复的程度。从服务角度讲，维修质量是指客户对维修服务的态度、水平、及时性、周到性及收费等方面的满意程度。因此，质量管理是汽车售后服务企业生产经营管理中的重要环节。

各新能源汽车售后服务企业在汽车企业的帮助指导下，必须建立健全内部质量管理制度，通过新能源汽车维修质量的提高来提升一次维修率，进而提高客户满意度。

（1）质量检查员岗位

在传统汽车制造商的4S店中，通常会设立专门的质量检查员职位，负责对维修完成的新能源汽车进行最终质量检验和反馈，确保维修质量达到标准，力求一次性修复，减少返修情况。而在新兴的汽车制造企业中，售后服务中心往往不设立专门的质量检查员，而是让维修技师直接对维修质量负责，并致力于提高车间的一次修复率。

质量检查员岗位职责见表4-3。

表4-3　质量检查员岗位职责

序号	岗位职责
1	对维修完成的车辆执行质量检验（终检）并提供反馈，确保维修质量符合标准，努力实现一次性修复，尽量避免返修
2	监督和检查返修质量，确保返修工作也达到质量要求

表4-3(续)

序号	岗位职责
3	对质量检验结果进行统计和分析，对内部和外部返修情况进行详细统计，并基于此提出改进措施
4	参与重大或复杂故障的分析和鉴定工作

质量检查员的任职条件见表4-4。

表4-4　质量检查员的任职条件

序号	任职条件
1	应具有大专及以上学历，优先考虑新能源汽车或汽车检测与维修相关专业的毕业生
2	需掌握基础计算机操作知识
3	应具备丰富的新能源汽车维修知识和扎实的理论基础，且在新能源汽车维修领域拥有至少3年的工作经验
4	能够熟练地驾驶汽车
5	需要有较强的工作责任心、主动性和较好的执行力，以及良好的服务意识

（2）新能源汽车售后服务企业的质量管理制度

新能源汽车售后服务企业的质量管理制度确保了服务标准的统一性、提升了客户满意度，并促进了企业的可持续发展。新能源汽车售后服务企业的质量管理制度具体如下。

① 做好维修车辆的内部检验工作

对于进店维修的新能源车辆，具有维修资质的维修技师对于维修完成的车辆要进行自检、互检，质量检查员进行车辆的最终质量检验工作。新能源汽车服务企业通过“三检”制度，保证新能源汽车维修质量。

② 做好新能源汽车备件入库检验工作

汽车售后服务企业的备件员对新购入的备件，在入库前必须逐件进行检查验收。尤其现在的汽车备件市场进一步开放，以次充好、假冒伪劣备件依然存在，作为非专业维修人员的备件采购人员，很难进行细致有效的鉴定，所以更有必要完善与加强验收手段。在维修用件时维修技师要认真填写“领料单”，注明备件的规格、型号、材质、产地、数量，并由领发人员分别签字盖章。

③ 做好高压电计量器具和检测设备的管理和使用工作

计量器具和检测设备的管理工作是新能源汽车维修质量保证体系链中的重要环节，是保证维修质量的重要手段。因此，必须加强计量器具和检测设备的管理。明确专人保管、使用和鉴定，确保高压电计量器具和检测设备的精度。

④ 建立健全岗位责任制度

新能源汽车的维修质量是靠每个岗位的工作人员来实现的，因此，必须建立严格的岗位责任制度，只有这样才能增强每位员工的质量意识。制定新能源汽车维修技师的岗位责任制度和安全制度，监护人员和操作人员要遵照执行，从而保证车辆的维修质量。

2. 新能源汽车维修质量的控制

新能源汽车维修质量的控制对于确保车辆安全、延长使用寿命、提升用户体验以及促进新能源汽车产业的健康发展具有重要意义，它有助于减少故障率、提高维修效率、保障维修人员和用户的双重安全，并且有助于维护新能源汽车制造商的品牌信誉。

为确保新能源汽车维修质量，以下控制措施应被实施：

（1）专用工具的使用

新能源汽车维修人员必须使用指定的专用工具进行维修。技术经理或培训人员负责监督维修人员在维修过程中是否正确使用这些专用工具。

（2）维修流程的管理

维修技师在遵循新能源汽车维修流程完成工作后，应进行自我检查并签字确认。随后，维修班长将对经过维修技师自检的车辆进行交叉检查，并签字确认。质量检查员将对经过自检和交叉检查的车辆进行最终检查，确认无问题或在用户同意的情况下忽略某些问题后，签字确认并交付给用户使用。此外，应每月对维修过程中出现的质量问题进行汇总、统计和分析，以识别问题根源，并制定相应的解决策略，指定专人负责跟踪问题的解决过程。

（三）新能源汽车维修质量的检验

新能源汽车维修质量检验可以按检验方式和维修检验过程分类。

1. 按检验方式分类

新能源汽车按检验方式分为三类，见表 4-5。

表 4-5　新能源汽车按检验方式分为三类

类型	含义
自检	自检指新能源汽车维修技师对自己维修的车辆，对照各车型维修手册的要求，自己进行质量评定。自检是汽车维修中最直接、最基本、最全面的检验。自检中维修人员对维修质量进行自我评定，坚持实事求是的态度是自检的关键，这一环节保证了汽车维修质量
互检	互检一般由班组长或者相邻工位的维修技师进行。对于新能源汽车，可以由监护人员进行互检。互检重点是对关键维修部位的维修质量进行抽检把关，以免给后续维修工序的工作，甚至维护竣工车辆造成不必要的后患、故障和返工
终检	终检指对汽车维修过程中的关键点（维修质量控制点）进行预防性检验及整车维护竣工出厂的把关性检验，严把汽车维修质量关

2. 新能源汽车按维修检验过程分类

新能源汽车按维修检验过程可分为如下类型。

（1）新能源汽车进厂检验

新能源汽车进厂检验会在进店初期，按照新能源汽车售后服务核心流程的要求进行检验。根据鉴定结果有针对性地安排不同资质的维修技师维修，以保证维修安全和维修质量。

（2）新能源汽车维修过程检验

新能源汽车维修过程检验一般由维修技师自检和互检，汽车售后服务企业应根据实际情况确定必要的维修质量控制点，由专职检验员进行强制性检验。二级维护及增项维修过程节点始终贯穿过程检验，4S 店由质量检查员完成并签字确认。过程检验项目的技术要求应满足新能源汽车维修手册的要求，要求规定不明确的，则以国家、行业及地方标准相关要求为准。

（3）新能源汽车维护竣工出厂检验

在电动汽车完成常规和高压电系统的二级维护作业后，必须执行竣工检验。专职汽车维修质量检查员负责出厂检验，该检验通常安排在维修工作完成且车辆准备交付前进行。汽车维修质量检查员将依据维修质量技术标准对车辆进行全面检查，并测试相关性能参数。完成二级维护后，应由具有相应资质的检查员执行高压电系统的竣工检验。

竣工检验合格后，检查员会填写电动汽车维护竣工出厂合格证并向客户交付有关技术资料，汽车方可出厂。汽车维修竣工出厂后在质量保证期内发生故障或损坏，维修企业和客户按有关规定“划分和承担相应的责任”。

竣工检验时各项目参数应符合产品使用说明书，如使用说明书不明确时，应以国家标准、行业标准及地方标准为准。竣工检验不合格的车辆应进行进一步的检验、诊断和维护，直至达到维护竣工技术要求为止。其中：

① 常规系统二级维护竣工技术要求应按《汽车维护、检测、诊断技术规范》（GB/T 18344—2016）规定执行。

② 电动汽车高压电系统二级维护竣工检验应在整车高压上电情况下检查和检测。电动系统专用装置二级维护竣工检验项目和要求见表 4-6。

表 4-6　电动系统专用装置二级维护竣工检验项目和要求

序号	检验项目	检验要求
1	故障码	使用诊断仪进行故障诊断，应无故障信息
2	仪表和信号指示装置	仪表和信号指示装置的功能应正常，且无异常信息
3	灭火装置	灭火装置应无警告信号，压力值在正常范围内，产品装置在有效期内
4	充电状态	充电连接应配合正常，充电保护应有效
5	外观	高压电系统部件应干燥干净，无异物、积尘、变形、破损； 线束、插接器应无积尘、破损和老化； 高压电警告标记应齐全、规范、清晰且固定完好
6	固定情况	高压电系统部件应安装牢固，线束固定可靠，插接器应锁紧可靠
7	冷却（散热）系统	动力蓄电池系统、驱动电机系统等系统冷却功能应正常有效
8	密封性	无漏油、漏液、漏气
9	路试检查	车辆应启动正常，起步、加速平稳且无明显冲击，动力传输应无异响； 转向应轻便，无卡滞现象；行车制动过程中制动能量回收功能正常

（4）新能源汽车的返修鉴定

返修是对维修质量不合格汽车的补救和纠正措施。新能源汽车返修的检测、判断工作应由质量检查员负责。检查员通过检验和鉴定，分清责任，组织、协调和实施返修，并登记。

四、新能源汽车的日常维护

汽车维护与修理涵盖了对汽车进行保养和修复的全部活动。维护工作旨在保持或提升汽车的技术性能和操作能力，而修理工作则专注于恢复汽车的技术性能和操作能力，或延长其使用寿命。在新能源汽车领域，由于修理需求的减少，维护工作变得尤为重要。实际上，整车大修的需求已被总成大修所取代，导致汽车维修的焦点转向了车辆维护，强调维护的重要性超过修理。

对于新能源汽车的高压系统，需要进行特定的检查，包括但不限于检查高压线缆的外观、插接器的连接紧固性，以及车载充电机、高压控制盒、DC/DC 电源变换器、电机控制器、驱动电机、动力蓄电池、空调压缩机、PTC 等高压组件的外观。此外，还需测试这些组件的绝缘性能。对于车辆的各个模块，如整车控制模块、动力蓄电池管理模块等，也需要进行相应的软件升级。通过定期的检查和维护，可以及时发现并解决潜在的问题和故障，防止更严重的故障发生。目前，新能源汽车的维护级别主要分为日常维护、一级维护、二级维护、诊断和修理。

（一）日常维护

为保障新能源汽车的正常运行，日常维护是不可或缺的环节。这一过程不仅能够提高汽车的运行效率，减少交通事故，节约维修成本，降低能耗，还能延长汽车的使用寿命。因此，驾驶者在使用新能源汽车前后都应进行必要的维护工作。通常，这些维护工作是根据汽车的累计行驶里程来安排的。以北汽新能源汽车为例，每行驶 10 000 公里需进行 A 级维护，而每行驶 20 000 公里则需执行 B 级维护。

根据《纯电动汽车维护、检测、诊断技术规范》（JT/T 1344—2020），纯电动汽车的电动系统专用装置的日常维护作业项目和要求见表 4-7。

表 4-7　纯电动汽车电动系统专用装置的日常维护作业项目和要求

序号	作业项目	作业要求
1	仪表、信号指示装置	检查仪表外观及指示功能，仪表应完好有效，指示功能应正常； 检查信号指示装置，信号指示应无异常声光报警和故障提醒
2	驱动电机系统	检查运行工作状况，运行应平稳，且无异常振动和噪声； 检查系统外观及连接管路，表面应清洁，管路应无渗漏现象
3	冷却系统	检查风冷过滤网外观，过滤网应洁净、无破损； 检查运行工作状况，运行过程中应无异常噪声和渗漏现象； 检查冷却液液面高度，液面高度应符合车辆维修维护手册的规定
4	充电插孔	检查充电插孔外观，插孔应无烧蚀、异物，插座应清洁、干燥； 检查防护盖，防护盖应锁闭完好
5	电器舱、电池舱	检查电器舱舱门和电池舱舱门的关闭状态，舱门锁闭应完好有效； 鼻嗅检查，舱体周围应无刺激性或烧焦等气味

而《混合动力电动汽车维护技术规范》（JT/T 1029—2016）标准则规定了混合动力电动汽车的日常维护项目和要求，具体包括：

（1）电动系统专用装置的日常维护应包括出车前、行车中和收车后的检查。

（2）在每次出车前、行车中和收车后，驾驶者应检查仪表显示屏主界面，一旦发现故障报警信息，应立即进行报修。

（3）对于插电式混合动力电动汽车，在出车前和收车后，驾驶者还应检查动力蓄电池组（或超级电容组）的剩余电量，并在电量不足时及时充电。

（4）收车后，驾驶者还应检查设备舱门锁是否完好且有效。

通过遵循这些维护标准和要求，驾驶者可以确保新能源汽车的安全、高效运行。

上述标准主要针对商用车，乘用车通常可参考其技术文件中的要求完成相关作业。

（二）一级维护

新能源汽车一级维护主要以清洁、润滑、紧固、调整和仪器检测为主，应由新能源汽车服务企业负责执行。一级维护的内容主要包括如下方面。

1. 检查驱动电机

检查冷却液的液位和浓度，必要时添加冷却液和校准冷却液冰点；检查驱动电机外观与安装支架，确保驱动电机外观无裂纹、无破损，安装支架无歪斜开裂等故障。

2. 检查动力蓄电池

检查、拆卸、清洁电池系统冷却风道滤网，清除积尘或更换滤网；检查动力蓄电池系统状态，对单体电池一致性进行维护；检查动力蓄电池，确保表面无划伤、裂缝、变形、色差、表面涂镀层气泡脱落，安装支架无歪斜开裂等隐患；检查高压线束的外观和连接端子的腐蚀情况等。

3. 检查高压控制系统

用专用诊断仪检查高压系统是否报故障，并排除相关故障；检查高压线束插接器是否紧固、确保接触面无过热、烧蚀等现象；检查绝缘防护完整性，确保高压线束绝缘防护层完整，无老化、无破损。

4. 检查高压附件系统

检查电动空压机、电动真空助力器、充电系统、空调等高压附件系统是否安全可靠，符合标准。

在《混合动力电动汽车维护技术规范》（JT/T 1029—2016）中，混合动力电动汽车电动系统专用装置一级维护作业项目和要求见表 4-8。

表 4-8 混合动力电动汽车电动系统专用装置一级维护作业项目和要求

序号	作业项目		作业内容	作业要求
1	仪表		检查仪表工作状态	仪表工作正常，字迹清晰或指示正确； 信号装置报警功能正常
2	驱动电机离合器		检查离合器工作状况； 检查离合器电控系统	离合器应分离彻底，不发抖，不打滑； 离合器电控系统表面清洁，线路插件应连接良好
3	动力蓄电池组或超级电容组	壳体	检查离合器电控系统； 检查紧固情况	壳体应清洁，干燥，完好，无损坏； 壳体固定支架应牢固，无松动
		散热系统	检查风扇工作状况； 检查进风软管状况及固定情况； 清洁防尘网	风扇应工作正常，无老化、损坏； 壳体进风软管应无破损、凹痕、卡箍应牢固； 防尘网应清洁无杂物
		管理系统	检查模块插件固定情况； 检查系统工作状况	模块插件应插接牢固、无腐蚀； 管理系统数据显示应正常
4	低压电器控制系统	低压电器控制器	检查工作状况； 检查固定情况； 用风枪或毛刷进行清洁	控制器应正常工作； 控制器应连接规范，安装牢固； 散热器、电源插头等应清洁、干燥
		冷却风扇	检查线路连接情况； 检查固定情况； 清洁外观	线路插件应连接良好； 风扇机体应牢固； 风扇表面应保持清洁
5	高压电器控制系统	驱动电机	清洁外观； 检查线路连接情况； 检查固定情况； 检查工作状况； 检查冷却系统	电动机表面应清洁、干燥； 线路插件应连接良好； 电动机安装支架及减震垫应完好，牢固； 电动机运行时应无异常振动和噪声； 电动机冷却系统应工作正常，无泄漏，冷却液充足
		发动机	清洁外观； 检查线路连接情况； 检查固定情况； 检查工作状况； 检查冷却系统； 检查传动带工作状况	发电机表面应清洁、干燥； 线路插件应连接良好； 发电机安装支架及减震垫应完好、牢固； 发电机运行时应无异常振动和噪声； 发电机冷却系统应工作正常，无异常温度变化； 发电机传动带应无松弛、老化现象
		高压电器控制器	检查工作状况； 检查固定情况并紧固； 用风枪或毛刷进行清洁	控制器应正常工作； 控制器应连接规范，安装牢固，接地良好，插头紧固； 散热器、电线插头应清洁、干燥，控制器舱进、出风道应保持通畅
		主开关	检查工作状况	主开关功能正常，通、断状态良好
		断路器	检查断路器规格； 检查固定情况	断路器规格应符合要求； 断路器应接线牢固，无松动
		变频器	检查固定情况； 清洁外观	变频器应接线牢固，无松动； 变频器应保持清洁、干燥

表4-8(续)

序号	作业项目	作业内容	作业要求
6	线束及充电插孔	检查工作状况； 检查固定情况； 清洁充电插孔	电线、电缆应无松散、破损、老化现象，且绝缘性能良好； 线束捆扎合理，安装牢固； 充电插头应清洁，并接插牢固
7	车辆标志	检查外观	车辆标志应符合 GB/T 19751—2005

（三）二级维护

新能源汽车的二级维护工作主要涉及对车辆的检查和调整，这包括在完成一级维护的基础上，进一步对易磨损或变形的安全组件进行检查和调整。此外，还需对常规系统和高压系统进行故障诊断，目的是排除新能源汽车潜在的故障问题，恢复车辆至标准技术状态。这一过程确保了汽车各部件正常运作及整车性能正常，通常由专业的维修企业来执行。维护的主要内容包括如下内容。

1. 常规系统检查

检查制动性能、制动力，转向轮定位，前轮定位角和转向盘自由转动量，车轮动平衡，前照灯，操纵稳定性，传动轴有无泄漏、异响、松脱、裂纹等。

2. 驱动电机系统检查

检查驱动电机、电机控制器电机接线有无电击、烧蚀现象，电机端三相接线柱螺栓、逆变器输出端三相接线柱螺栓是否紧固无松动；车体绝缘检查；冷却检查，检查电机通风是否正常、电机冷却风扇工作是否正常、电机冷却液泵工作是否正常、冷却液位是否在规定范围内、冷却管路接头是否渗漏、冷却管路是否有破损。

3. 高压附件系统检查

检查电动转向是否工作正常，是否符合产品说明书要求；电动空压机高压上电状态下是否正常工作，输入、输出电压是否符合产品说明书要求；电动真空助力器高压上电状态下是否正常工作，输入、输出电压是否符合产品说明书要求；充电系统高压上电状态下是否正常工作，输入、输出电压是否符合产品说明书要求；电动空调压缩机在空调制冷状态下是否正常工作；暖气制热系统在暖气制热状态下是否正常工作；各附件系统的高压线束连接是否可靠、无破损，各高压系统输入、输出是否对车体绝缘等。

《混合动力电动汽车维护技术规范》（JT/T 1029—2016）标准规定：混合动力电动汽车二级维护除完成一级维护作业项目外，还增加了作业项目和要求，见表4-9。

表 4-9　混合动力电动汽车电动系统专用装置二级维护增加的作业项目和要求

序号	作业项目		作业内容	作业要求
1	驱动电机离合器		调整离合器自由行程	离合器间隙应符合使用要求
2	动力蓄电池组或超级电容组	电压特性	检查电池模块或电容的电压； 视情况更换电池组或电容	电压特性应符合产品说明书要求
		绝缘特性	测量壳体绝缘电阻	壳体绝缘特性应符合 GB/T 18384

表4-9(续)

序号	作业项目		作业内容	作业要求
3	高压电气控制系统	驱动电机	冲刷水垢； 补充润滑脂； 检查轴承径向间隙，视情况更换； 测量绝缘电阻	电动机冷却系统内部应无水垢； 电动机润滑脂应充足； 轴承径向间隙应符合产品说明书要求； 电动机绝缘特性应符合 GB/T 18384
		发电机	测量绝缘电阻； 修复绝缘电阻故障	发电机绝缘特性应符合 GB/T 18384
		驱动电机控制器	测量绝缘电阻； 修复绝缘故障	驱动电机控制器绝缘特性应符合 CB/T 18384
4	整车绝缘特性		测量绝缘电阻； 修复绝缘故障	整车绝缘特性应符合 GB/T 18384

混合动力电动汽车二级维护竣工检验如下。

(1) 检验要求

混合动力电动汽车常规车辆和天然气专用装置的二级维护竣工检验按 GB/T 18344—2016、CB/T 27876—2011 和 JT/T 1009—2015 进行。混合动力电动汽车电动系统专用装置二级维护竣工检验应符合紧固程度、绝缘性能、安全标志和路试等检验要求。

(2) 紧固检验

动力蓄电池组（超级电容组）、驱动电机、电动机冷却系统、电气控制系统、电路及其他专用装置等主要部件的安装，应符合整车厂相关维护技术要求，卡箍应位置合理、固定牢固。

(3) 绝缘特性检验

动力蓄电池组（超级电容组）、驱动电机、动力发电机、电动机控制器输入/输出端、空调电动机绝缘特性以及整车绝缘特性，应符合整车厂相关维护技术要求。

(4) 车辆标志检验

混合动力电动汽车车辆标志应符合 CB/T 19751—2016。

(5) 路试检验

在车辆通电后，首先检查仪表显示屏主界面，确保没有故障报警信息，并且动力蓄电池组（或超级电容组）的剩余电量符合要求。接着启动车辆，在行驶过程中应满足以下几点：车辆启动平稳，电气系统工作正常；加速平稳，无明显冲击感；能量回收过程中制动和滑行均匀、平稳；行驶过程中，仪表显示屏工作正常。

(四) 诊断和修理

新能源汽车故障诊断旨在排除问题并恢复车辆至标准技术状态。它主要涉及二级维护中识别的常规和高压系统故障，以及客户报告的系统问题。

1. 新能源汽车故障诊断

诊断流程包括：

(1) 审查技术档案，包括车辆的运行、维修和检测记录。

(2) 询问客户关于车辆过往的技术状况，包括动力性能、异常声响、转向和制动系统、动力电池状况以及润滑油消耗情况。

(3) 利用专业设备进行现场检测，并根据需要进行道路测试。

2. 新能源汽车故障修理

修理工作旨在解决车辆故障和潜在问题，恢复其正常技术状况或功能。修理包括对损坏的零部件、高压系统和总成进行修复或更换。其目标是补偿和修复部件损伤，以延长汽车使用寿命。修理内容涵盖常规部件的修复和更换，以及高压系统总成部件的更换（例如控制模块、高压空调压缩机）。

目前，动力蓄电池的维修仅限于内部独立部件的更换（如高压蓄电池模组）。高压系统部件若出现外观损坏或变形，则不允许维修，必须报告给相应的主机厂。具体的修理项目和作业要求应参照二级维护的相关内容。

知识拓展

服务衍生品的销售技巧

向客户销售服务衍生品是增加产值的最有效方法，但过度推销会影响客户的满意度，甚至会导致客户流失，因此必须抓住客户的困惑点，在合适的时机运用专业推销话术，才能有效提升车辆维修产值，还能确保客户满意。

1. 空调系统杀菌除臭剂

空调系统杀菌除臭剂的作用：清除空调管路的灰尘、霉菌等微生物；消除车内各种异味，防止病菌滋生；使车内空气清新自然、清爽宜人。

时机：需要使用空调前。

话术示例：天气（热、冷）了，您肯定会使用到空调的冷、暖风，在使用前需要做一次清洗杀菌维护。由于气候的变化，空调蒸发器及管路中会产生大量的细菌和霉菌，若不及时杀菌，会影响您的身体健康，可能会感到眩晕、眼睛灼烧或头痛。若用香水或空气清新剂，只是掩盖了异味，并没有根除产生异味的细菌、霉菌。所以您这次应该做空调系统杀菌项目。

2. 清洗制动系统、制动降噪项目

制动件清洁剂的作用：清洁污垢锈蚀，改善散热性能；易挥发，干燥后不留残余物。

轮缸导向销润滑脂的作用：润滑轮缸活塞及导向销；防止卡滞，确保制动安全。

制动轮毂防锈润滑剂的作用：防止轮毂烧结和锈蚀；持久润滑，确保轮胎便于拆卸。

耐高温制动消声剂的作用：避免制动异响。

时机：正常维护时（每 4 万公里）。

话术示例：车辆制动系统的正常工作非常重要，因此一定要定期维护。这次您应该做制动系统的清洁和降噪项目了。

3. 散热器清洗剂及保护剂

散热器清洗剂的作用：迅速、有效地清除冷却系统中的铁锈和水垢，避免因冷却系统锈垢而导致发动机“过热”，恢复冷却系统的散热功能。

散热器保护剂的作用：防止冷却系统中铁锈和水垢的生成；防止金属部件锈蚀，延长散热器寿命；有效润滑水泵和节温器，防止渗漏。

时机：正常维护时（每 4 万公里）。

话术示例：散热器长时间使用会产生水锈、水垢及腐蚀物，若不清洗会很快污染新的冷却液，影响散热效果，使得高温时散热器易“开锅”。清洗散热器后再做冷却系统防酸化项目，可以让冷却液保持酸碱平衡，防止冷却液酸碱值失衡而腐蚀散热器，使散热器保持良好的散热性，延长冷却系统的使用寿命。

4. 线束线缆保护及保护剂

线束线缆保护的作用：迅速、有效地清除线束线缆上的污染物，并形成保护膜。

线束线缆保护剂的作用：防止线束线缆保护老化，从而防止短路、接触不实等故障发生，进而防止车辆因短路而造成的“火灾”。

时机：正常维护时（每4万公里）。

话术示例：线束线缆保护长时间处于温度变化和环境湿度变化的环境中，易发生老化，严重的可能导致线路短路从而引发火灾。使用线束线缆保护剂后，可防止此类事故发生。同时，由于线束线缆始终如新，还可以增加二手车转让销售时的残值。

五、新能源汽车关键部件的维护

动力蓄电池系统、驱动电机、动力转向系统以及制动系统的性能关乎新能源汽车的应用性能及安全性能。这些关键部件的维护可有效延长新能源汽车使用寿命，提高使用性能。

（一）动力蓄电池系统的维护

动力蓄电池系统由电池单元、电池箱体以及电池管理系统组成，它作为车辆的主要动力来源，对整车性能有着显著的影响。鉴于动力蓄电池组的高电压和大电流特性，对其进行定期的保护和检查是至关重要的。一些商用车制造商规定，电池单元的电压应每三个月或每行驶5 000公里进行一次检测；在更换电池时，必须检查连接器是否存在磨损、松动或烧蚀等问题；每行驶10 000公里，应对电池箱进行清洁，并检查箱体及其组件的完整性；对于液冷式动力蓄电池，还需定期检查冷却液的液位。

1. 动力蓄电池箱体的检查

动力蓄电池箱体的检查内容具体如下。

（1）检查、维护外箱。在安装内箱之前，要检查极柱座橡胶护套是否齐全；检查极柱是否氧化，氧化面要使用1 500目的砂纸轻轻打磨，或使用棉布用力擦，将氧化层去掉；要定期（一般为一个月）清理外箱灰尘。

（2）极柱拉弧或打火烧蚀，要及时更换。

（3）如果通信不可靠或12 V/24 V供电电源不可靠，要检查CAN线插接器、24 V连接插头。

（4）检查内箱。检查极柱座是否连接可靠，高压有无打火烧蚀，要定期吸尘清洁。

2. 电池快速更换导轨检查（商用车和换电车型）

电池快速更换导轨的检查项目具体如下：

（1）核查快速更换箱体导轨轴承是否存在缺失情况。

（2）核查各轴承滚动是否顺畅，若发现异常应立即更换轴承。

（3）核查导轨是否存在变形现象。

3. 机械锁检查（商用车和换电车型）

机械锁采用手动解锁装置，由解锁把手、解锁杆和锁口组成。机械锁检查的内容具体如下。

（1）检查解锁把手转动是否平稳。

（2）按下解锁把手，检查锁是否可以卡到正确的位置。

（3）检查开锁、上锁是否平顺。

4. 冷却液液位检查

冷却液液位必须定期检查，需要注意以下问题。

（1）补注冷却液时，应注意避免冷却液从备用散热器向外溢出。

（2）冷却液液位应在电机降温后检查。

（3）未经鉴定合格的用于增加冷却效果的防腐剂或添加剂，不得在冷却系统内使用。

（4）用户应添加与车辆使用地区外界气温相对应的防冻液，防止冷却液冻结。

（5）补注和更换冷却液时，应使用与原厂规格相同的冷却液。若无法买到规定牌号的冷却液，可使用软水和纯水。

（6）补注和更换冷却液时，应使用正品冷却液。假冒伪劣的冷却液往往不含防腐剂，可能导致冷却系统零部件腐蚀。

（7）如果冷却液的浓度超过 60%，其比热特性就会降低，从而有可能引起电机过热现象。此外，如果浓度降至 20% 以下，其防腐特性就会降低。因此，应根据具体工况将冷却液浓度调节在 20%～60% 的范围内。

（二）驱动电机的维护

为了确保驱动电机的正常运行和延长其使用寿命，除了对冷却液进行恰当的管理之外，还需要进行一系列的维护工作。

首先，定期清理电机外壳是至关重要的，这包括清除附着在电机外壳上的污垢和灰尘，特别是散热片区域，以确保散热片没有被灰尘堵塞，从而保持电机良好的散热性能。

其次，检查电机的连接线束也是维护工作中的一个关键步骤，如图 4-4 所示，需要确保所有的连接线束没有破损、老化现象，连接点牢固可靠，以防止由于接触不良而引起电机工作异常。

图 4-4　检查电机的连接线束

此外，定期检测电机的绝缘电阻同样不容忽视，这有助于确保电机的绝缘性能保持在安全的范围内，从而避免因绝缘性能下降而引发短路等潜在故障。

对于那些长时间未被使用的电机，进行适当的防潮处理是十分必要的，这可以有效防止电机内部受潮，进而避免因受潮导致的性能下降和可能的损坏。

知识拓展

对绕组进行干燥处理的方法

对绕组进行干燥处理可采用下列方法之一。

用接近 80℃的热空气干燥电机，将热空气吹过静止、不通电的电机。或者将转子堵住，给定子绕组施加 7～8 V 的 50 Hz 电压。允许逐步增加电流直至定子绕组温度达到 90℃，但不允许超过这一温度，不允许增加电压到足以使转子旋转。在转子旋转过程中加热时，要极其小心以免损伤转子，维持温度为 90℃直到绝缘电阻稳定不变。

要特别注意，开始时缓慢加热是很重要的，这样可使水蒸气自然地通过绝缘层逸出。快速加热很可能使局部水蒸气压力过高，使水蒸气强行通过绝缘层逸出，这样会使绝缘层遭到永久破坏。一般需要花 15～20 h 使温度上升到所需温度。经过 2～3 h 后，重新测量绝缘电阻。

考虑到温度对绝缘电阻的影响，若绝缘电阻已达到 5 MΩ，则可以结束电机的干燥过程。

（三）动力转向系统的维护

转向系统是汽车操纵的重要部件，特别是商用车的动力转向系统，应经常注意检查维护。否则一旦失灵，将会造成车毁人亡的事故。商用车动力转向系统维护的内容如下。

1. 定期检查转向间隙

转向盘转动 30 mm 弧长时，车轮必须转动，否则必须进行调整。

2. 定期更换转向器润滑油（转向液压油）

更换转向器润滑油的步骤如下。

（1）顶起前桥至前轮离开地面。

（2）旋出转向机的放油螺栓，取下油罐盖，启动电机并保持空转，使系统中的油在泵的驱动下从转向机放油螺栓孔中排出，经转向盘左、右两个极限位置的多次转动，直到油液排净为止，然后重新装上放油螺栓并拧紧。

（3）将注油罐注满油液，然后启动电机向系统内充油，同时向油罐中继续补充油液，直到油罐中无气泡上升，并且油面稳定在测试刻度以上 1~2 cm，然后旋紧油罐盖。

3. 检查转向油罐的油位和管路接头

在换季维护和行驶 10 000 公里时，要检查转向油罐的油位和管路接头的密封。

4. 检查助力转向系统

助力转向系统在出厂时已经调好，调整螺钉不得擅自改动。若发现转向时转向盘明显沉重，应送维修站调整。乘用车动力转向系统的维护主要针对转向器、转向臂和拉杆。

（四）制动系统的维护

制动系统的维护主要包括如下内容。

1. 密封性检查

对于采用气动制动系统的电动汽车，密封性检查十分重要。对于多日没有使用的车辆，在开车之前也必须检查密封性。具体检查方法如下：

（1）气路系统的密封性

启动压缩机，使储气压力达到 0.81 MPa；关闭压缩机，观察双针压力表，在 10 分钟内压力下降不得超过 0.01 MPa，如果超过则说明密封性不好，应进一步检查具体原因。

（2）制动系统的密封性

电机关闭，踏下制动踏板保持 3 分钟，气压表的白针指示压力保持不变，说明密封性良好。

2. 维护

应定期对制动管路进行密封性检查，确保其处于最佳工作状态。若发现管路出现弯曲、磨损或压扁等损坏情况，必须立即进行更换。同时，应定期排出储气筒内的冷凝水。操作时，拉动储气筒下方排水阀的拉环即可。若排水阀发生堵塞，需先排空筒内压缩空气，再旋出并清理或更换堵塞的排水阀，以避免操作时发生危险。对于采用电动真空助力的乘用车，除了检查气路密封性外，还应重点检查和维护真空泵系统。智能制动系统的检验则应遵循技术手册进行。

六、新能源事故车的救援处理

新能源汽车的动力蓄电池在碰撞或事故中受损后存在起火隐患，为了保证相关人员和设备安全，各新能源汽车企业都会制定受损新能源汽车的处置流程，指导现场人员安全地处置出现损坏或发生事故的新能源车辆。

（一）新能源事故车外出救援服务

外出救援服务指客户车辆因突发故障导致不能正常行驶时，向客户提供的紧急救助服务。其经营主体是提供汽车救援服务的企业、机构或个人，通常是汽车服务企业或汽车生产商，救援服务通常只是业务的一个项目。

1. 新能源汽车外出救援服务的内容

新能源汽车外出救援服务的内容有：动力蓄电池或低压蓄电池电量耗尽、紧急汽车搭电、汽车换胎、高压绝缘故障导致的车辆无法行驶、水淹现场施救、高速拖车（针对不能现场排除的故障）、高速维修等因车辆故障导致停车的现场故障诊断和抢修服务（针对易排除故障和常见小故障），以及交通事故报案和协助公安交通管理机关处理交通事故（针对交通肇事）等。

新能源整车厂通常设立全年 365 天、每天 24 小时的紧急救援服务热线，作为新能源汽车企业授权的服务企业也要有自己的救援热线。当客户的车辆出现故障，并且无法自行处理时，可方便客户及时联系获得帮助。服务企业应在最短的时间内，派救援队伍实施救援服务。保修索赔范围的车辆救援服务，为不限次数、不限里程的免费救援（含出车费、拖车费）。

2. 新能源汽车外出救援的类型

新能源汽车外出救援的类型如下。

（1）由客户发起的救援

服务企业或整车企业客服代表初步判断故障类型（是否涉及高压电系统的车辆维修）。

不涉及高压电系统的一般车辆维修，如动力蓄电池电量耗尽（需拖车）、更换轮胎、更换非高压零部件等。服务企业可派出救援团队，对客户车辆进行现场维修或拖运至最近充电站、店内或客户住所。

涉及高压电系统的车辆维修，如更换动力蓄电池等，应及时与技术专家取得联系并派出救援团队进行救援。如果动力蓄电池损坏或者疑似损坏，必须在与整车厂技术专家协商之后方可诊断维修。

（2）由整车厂发起的救援

新能源汽车实时监控系统发出一级警告时，虽然不影响车辆使用，但建议客户保持关注。无须主动联系客服。

若出现实时监控系统二级警告，表明车辆性能受到一定影响，客户行驶受限。此时，客服应主动联系客户，询问是否需要救援服务。若客户请求救援，服务提供商需迅速派遣救援团队以排除故障。若客户暂时不需要救援，客服应在一个月后进行后续跟进。

对于实时监控系统三级警告，客服必须立即与客户取得联系，指导客户安全停车，并详细说明问题的严重性。客服应建议客户接受救援，并协助客户安全撤离至安全区域。若客户同意接受救援，客服应立即通知服务商或专家团队，派遣专业人员进行现场维修、拖车或寻求更高级别的技术支持。若客户拒绝救援，客服应在一小时后重新联系客户。

（二）新能源事故车救援服务规范

新能源汽车服务企业救援部门应遵循如下运作规范，以确保能够高效、及时地为客户提供必要的救援服务。

1. 救援服务热线保障

新能源汽车服务企业的救援部门需确保 24 小时全天候的救援服务热线畅通无阻。这意味着无论何时，客户都能通过电话获得帮助。在夜间，固定电话应自动转接至值班人员的手机，以保证电话的及时响应，确保客户在遇到紧急情况时能够迅速得到专业的救援指导和帮助。

2. 接线员操作流程

值班接线员在接到救援电话时，应使用标准化话术询问客户遇到的具体故障和问题，并根据情况安排相应的外出救援工作。接线员需要具备良好的沟通技巧和专业知识，以便准确判断问题的严重性，并迅速做出反应，确保救援工作的顺利进行。

3. 事故处理流程

一旦客户发生事故，接线员应立即将情况转交给事故车定损员。优先联系事故车定损员 1，若无法联系，则联系事故车定损员 2。接到电话的定损员需在安抚客户的同时，让客户简述车辆损失情况及事故经过，并及时拨打 122 报警。同时，记录客户的相关信息，并指导客户拨打车辆投保的保险公司报案电话，要求派救援车辆将车辆运送到企业指定地点或拖回，以确保车辆和人员的安全。

4. 客户沟通与信息记录

在接到客户来电时，应立即接听并准确记录客户信息。使用便条纸详细记录客户信息，并在信息不准确时提出疑问。向客户保证救援流程将立即启动，并说明救援情况及预计到达时间，要求客户耐心等待。若无法立即开始救援，应提供一个可行的救援时间，避免不必要的拖延，确保客户能够得到及时的救援服务。

5. 外出救援服务规范

新能源整车厂可根据自身实际情况，对以下外出救援服务规范进行调整，以适应不同地区和不同情况下的救援需求。

（1）救援服务人员资质

外出救援服务人员应具备相应的修理经验，并且由于新能源车高压系统的特殊性，技术人员必须持有低压电工证。这确保了救援人员具备处理新能源汽车故障的专业能力。

（2）响应时间

服务人员需在 200 公里以内 24 小时内赶到现场，200 公里以上 48 小时内赶到现场。这一规定保证了救援服务的及时性，无论客户身处何地，都能在合理的时间内获得救援。

（3）服务标准执行

外出救援服务必须严格遵守相关服务标准，并填写外出救援服务登记表。这有助于规范救援流程，确保服务质量，同时为后续的服务评估和改进提供依据。

（4）费用审批与结算

若救援服务金额超过 1 000 元（具体金额视整车厂规定而定），需经过整车厂售后服务部门批准。若故障属于索赔范围，则差旅费按售后服务部规定的标准报销；若为正常修理，则按经销商当地费用标准执行，整车厂不承担费用。这有助于明确费用责任，避免不必要的纠纷。

（5）申报方法与要求

外出服务费用应以索赔申请单形式填报，并录入索赔软件管理系统。这有助于提高费用申报的效率和准确性，同时便于整车厂对救援服务费用进行管理和监控。

（三）新能源事故车救援现场维修流程

对新能源事故车进行现场维修时需要严格按照布置警示、风险评估、整车断电、确认安全、拖走车辆或现场维修、确认修复流程进行，详细的现场维修流程如下。

1. 通知授权维修企业

在接收损坏或发生了事故的新能源汽车时，必须及时通知授权维修企业的高压电技师。这是为了确保在处理过程中能够遵循正确的安全程序，并且由专业人员进行必要的检查和维修工作。

2. 安全隔离停放

将新能源事故车停放在室外隔离场地中，并进行观察。这样做是为了防止任何可能的电击风险，并确保其他车辆和人员的安全。隔离停放的场地应远离人群和易燃物品，以降低潜在的火灾风险。

3. 反馈信息

通过车辆信息反馈系统向汽车企业的售后服务部门反馈。这一过程是至关重要的，因为它确保了汽车企业能够及时了解车辆的状况，并提供必要的支持和指导。

4. 动力蓄电池分级检测

执行用于动力蓄电池分级的引导型故障查询检测程序。这个检测程序是根据动力蓄电池评估标准来对动力蓄电池进行分级的，它能够帮助技术人员了解电池的健康状况，并决定是否需要进一步维修或更换。

5. 动力蓄电池状态评估

如果动力蓄电池的分级结果显示其处于需采取额外措施的状态，即属于警告或临界危险状态，则需要将动力蓄电池保留在车内，通知高压电专家，并准备回收动力蓄电池用的包装箱。这一措施是为了在处理高风险电池时能够确保安全，防止可能发生的危险。

6. 观察与监测

在汽车内观察动力蓄电池 5 天，定期用合适的温度测量装置检查动力蓄电池的温度，并定期向高压电专家通报动力蓄电池的状态。这一过程对于监控电池的稳定性至关重要，可以及时发现任何异常情况，并采取相应的预防措施。

7. 延长隔离时间

当动力蓄电池的状态显示出不稳定迹象时，为了确保安全，建议将隔离时间进一步延长，具体来说，就是在原有的基础上增加 5 天的隔离期，以便进行更加彻底的检查和评估。

8. 高压电专家拆卸

一旦动力蓄电池的状态被确认为稳定，那么可以由具备相应资质和经验的高压电专家来进行拆卸。这些专家将遵循严格的安全程序和标准操作流程，以确保整个拆卸过程的安全性和可靠性。

知识拓展

动力蓄电池认知

新能源事故车处置的关键环节是对动力蓄电池的状态进行准确的判断，并在此基础上进行下一步工作。现在新能源汽车使用的动力蓄电池大都是锂离子电池，由于锂离子电池的材料特性，存储和维护不当可能会导致电池损坏，甚至引起火灾、爆炸等。因此，在日常的维修和诊断中，维修技师（HVT/HVE）对动力蓄电池的分类与存储必须有一个清晰的概念。

动力蓄电池的分类主要基于动力蓄电池各种状态，如通过外观/目视、功能检测以及温度测量进行评估。动力蓄电池分类，即电池故障风险级别评估。只有准确实时地对电池性能完成分类测试后，才能有针对性地执行后续维修方案，以及存储、包装、运输等。根据《车用动力电池回收利用管理规范 第 1 部分：包装运输》（GB/T 38698. 1—2020）的规定，按照处置流程，对动力蓄电池的分级要综合考虑电池的外观、功能和发热，在此基础上将电池分为 A 类“正常”、B 类“警告”和 C 类“危险”三个级别。

A 类蓄电池：结构功能完好、按表 4-10 检测所有项目检验结果均为“否”，或经防护处理后重新检测所有项目检验结果均为“否”的退役动力蓄电池。

B 类蓄电池：按表 4-10 检测所有项目检验结果有一项或者一项以上为“是”、且国家法律法规对其包装运输没有特殊规定的退役动力蓄电池。

C 类蓄电池：除 A 类蓄电池与 B 类蓄电池以外，符合国家法律法规对危险废物或其他特殊规定的退役动力蓄电池。

表 4-10　退役动力蓄电池安全判定检测项目

检测员				
编号				
动力蓄电池类型	□单体　　□模组　　□包（组）			
序号	检测项目	检验结果		推荐处理防护措施
		是	否	
1	是否漏电或存在绝缘失效			进行绝缘或者放电处理
2	电解液是否泄漏			收集电解液并采用防泄漏专用包装箱或者采用有效的防泄漏措施解除风险
3	外壳变形、破损或腐蚀是否超出厂家规定的安全限制条件			诊断并解除风险
4	是否起过火，或有起火痕迹			
5	是否冒烟			隔离放置，待危险解除后进行包装运输或者开包检查、解除风险
6	是否存在浸水痕迹			判别浸水的安全风险程度并进行风险解除或者风干去除水分
7	电池温度、电压等关键参数是否超出厂家规定的安全限制条件			隔离放置，待危险解除后进行包装运输或者开包检查、解除风险
检测结果	动力蓄电池分类：□A 类　　□B 类			

注：1. 收货人与托运人可根据实际情况确定退役动力蓄电池检测项目和处理防护措施。
2. B 类蓄电池可在采取防护措施后静置至少 24 h。
3. B 类蓄电池经过防护处理后可重新进行检测和判定。

动力蓄电池风险评估必须由获得 HVT/HVE 资质的技师执行，分类结果不同，处理方式也有所不同，分类错误可能会导致判断错误，进而造成安全操作风险。新能源车辆在进厂时和维修过程中，HVT/HVE 需要对车辆整体做风险分类评估。例如，某台新能源车辆碰撞导致动力蓄电池损伤，被拖车进厂时，需要 HVT/HVE 对车辆进行损伤评估，解除安全隐患，不建议直接进车间维修。

（四）新能源事故车处置措施

新能源事故车处置措施分为如下几种情况。

1. 有人员伤亡情况处置

如有人员伤亡，须立即进行以下处置。

（1）迅速切断电源，或用绝缘钩、干木棍等不导电物体将电源与触电者分开。

（2）将事故车辆隔离，禁止 HVE 资质以下人员接近事故车。

（3）将受害人员仰面平躺，确保呼吸道通畅，坚持就地正确抢救，并拨打急救电话。

（4）触电者停止呼吸后应采用心肺复苏法进行急救。

（5）通知具有资质的救援人员到场。

2. 动力蓄电池相关情况的处置

（1）检查项目与检查指标

新能源事故车动力蓄电池检查项目与检查指标具体如下。

① 外观检查

在检查动力蓄电池外观时，应关注以下几点。

首先，检查动力蓄电池箱体是否有异味。其次，观察箱体表面是否有变形、破损、渗漏或锈蚀现象。再次，检查固定件、冷却管路接口、维修开关、平衡阀、高压电线束及插接器是否存在松动、变形、破损、渗漏或锈蚀痕迹。最后，检查动力蓄电池外部高低压电接口是否有内部水迹、烧蚀痕迹以及低压通信接口端子是否变形或松动。

② 绝缘检测

使用绝缘电阻检测仪测量高压电零部件的绝缘阻值，应符合《电动汽车碰撞后安全要求》（CB/T 31498—2021）的绝缘电阻要求。

③ 气密性检测

动力蓄电池气密性检测内容见表 4-11。

表 4-11　动力蓄电池气密性检测内容

序号	检测内容
1	使用气密性检测仪完成动力电池、冷却系统检测，检测结果应符合车辆维修手册要求。如果检测结果不符合要求，应进行以下两项检查
2	检测动力蓄电池内部灰尘、微小颗粒及雨水等液体浸蚀痕迹
3	检测动力蓄电池箱体结构和密封圈

④ 漏液检测

拆包检测或使用漏液检测仪检测动力蓄电池箱体内电解液挥发气体浓度应满足动力蓄电池生产企业或汽车生产企业要求的浓度。

⑤ 诊断检测

动力蓄电池诊断方式包括车载自动诊断系统诊断、动力蓄电池管理系统诊断、上位机诊断，具体检测内容见表 4-12。

表 4-12　动力蓄电池诊断内容

检测类别	诊断内容
电池参数检测	总电压、总电流、电芯电压及压差、温度、温差、绝缘电阻等
故障诊断检测	传感器故障、通信故障、电池故障、电池过充或过放、过流、过温、绝缘故障等

⑥ 健康状态检测

动力蓄电池健康状态检测内容包括：使用容量检测设备或通过后台检测数据、检测动力蓄电池实际容量、评估动力蓄电池的健康状态，以及检测动力蓄电池管理系统异常情况，充电状态充电电量的线性变化。

⑦冷却系统检查

动力蓄电池冷却系统检查内容包括：检查冷却液高度，液面高度应符合厂家要求；检查冷却管路固定情况、管路连接处渗漏情况。

⑧动力蓄电池内部检查

动力蓄电池内部模组、单体蓄电池、内部冷却组件、线束、高压盒、高低压线束插接器等部件检查内容见表4-13。

表4-13　动力蓄电池内部检查内容

序号	检查内容
1	检查模组或单体蓄电池外观变形、损坏、存在水渍的情况
2	检查内部冷却组件变形破损情况
3	检查线束外观破损、通断情况
4	检查高压盒外观变形破损和内外固定螺栓松动情况
5	检查高低压线束插接器的破损及退针状况
6	检查散热器或冷却装置的外观受损情况、管路泄漏情况

（2）动力蓄电池损伤级别判断

根据动力蓄电池损伤范围及程度，结合事故类型，将动力蓄电池损伤程度划分为四级，详见表4-14。

表4-14　动力蓄电池损伤程度划分

损伤级别	事故类型	损伤范围
一级	轻微托底事故、水淹事故	外观检查发现箱体有划伤，但未伤及冷却板、无故障报警。除外观检查外，无其他检测项目异常
二级	碰撞事故、托底事故	外观检查发现箱体变形（模组、单体蓄电池、冷却板未损伤）、固定支架损伤、插接器损伤，有故障报警信号，动力蓄电池检查发现内部熔丝或继电器等控制模块损坏。无其他检测项目异常
三级	水淹事故、严重碰撞事故、托底事故	外观检查发现箱体严重变形、固定支架损伤、插接器损伤，诊断检查有故障报警，气密性检测异常，模组或单体蓄电池损坏，冷却管路损坏，冷却液泄漏，动力蓄电池平衡阀进水，插接器进水
四级	水淹事故、严重碰撞事故、托底事故、火灾事故	动力蓄电池箱体的高压电线束、模组或单体蓄电池裸露或破损，温度异常，冒烟，起火，有过火痕迹，安全检测异常，模组长期浸泡水淹导致蓄电池模组或单体蓄电池大面积损坏

（3）动力蓄电池修复与更换

根据检测结果，结合汽车生产企业维修手册和实际情况制定修复和更换方案。

动力蓄电池发生一级损伤时，通过检测结果确认电池参数均正常，可以仅进行外部涂层和钣金修复。

因碰撞、托底事故导致动力蓄电池发生二级和三级损伤时，通过检测确认电池系统未受影响，应选择修复或更换动力蓄电池箱体和外部涂层。如果检测后确认模组或单体蓄电池受损，应根据实际情况修复或更换模组和损伤零部件。如果检测后确认动力蓄电池的损伤已不可维修，可更换动力蓄电池总成。

因水淹事故导致的动力蓄电池一级、二级和三级损伤，可烘干后检测确定损伤级别。根据实际情况清洁、修复损伤零部件，必要时更换模组和相关零部件或动力蓄电池总成。

动力蓄电池发生四级损伤时，可更换动力蓄电池总成。

报废或拆解的动力蓄电池应遵循国家相关规范进行残余物回收处理。

知识拓展

动力蓄电池风险级别

查勘人员应按照事故场景与损伤情况确定动力蓄电池的风险级别，在保证安全的前提下，按照查勘实务要求开展作业。事故后动力蓄电池风险级别及作业要求详见表4-15。

表4-15 事故后动力蓄电池风险级别及作业要求

风险级别	事故场景与损伤情况	作业要求
一级	动力蓄电池未遭受碰撞或动力蓄电池箱体轻微变形；无故障报警	无须穿戴专业防护设备开展作业
二级	动力蓄电池遭受碰撞，箱体有一定变形；安全气囊起爆；水淹事故，插接口有水渍；高电压已断电；有故障报警；漏液	如果需要触碰车辆，作业过程中应穿戴护目镜、绝缘手套、防酸碱手套、绝缘鞋、绝缘服等防护设备
三级	动力蓄电池遭受碰撞，箱体变形、模组或电芯外露或破损、高电压线裸露；动力蓄电池温度异常、有异味、烟雾、有过火迹象；水淹事故且车辆长期浸泡；有故障报警	需要专业救援人员开展作业

3. 与充电设备相关情况的处置

新能源事故车与充电设备相关情况的处置措施如下。

（1）如果有可能，将充电电缆与充电站/插座或车辆断开，或者如有可能，请切断充电站插座的电源。

（2）在断开之前，检查电缆和接头是否存在可见的损坏迹象，切勿触摸任何损坏的部位。

（3）切断电源之后，关闭车辆的高压电系统。

（4）在上述情况中，充电站的技术设施将确保安全，且充电站的电源一般将被切断，如不能切断，请立即通知充电站的工作人员。

（5）如果充电电缆或接头损坏，切勿使用该充电电缆/接头，并对其进行锁闭，以防止未经授权的人员使用，立即通知充电站的工作人员。

4. 车辆着火相关情况处置

新能源事故车着火相关情况的处置措施如下。

（1）如果车辆着火，请立即报火警，同时疏散人员，组织人员迅速撤离火灾现场，并撤离到安全区域。

（2）当发生其他突发事件时，启动相应处置方案

（3）如果在工作中可能接触上述烟雾，必须佩戴自给式呼吸器。事先洒水以清除空气中的蒸汽和其他气体。

（4）当着火时，消防人员首先进行灭火，并快速对动力蓄电池进行降温。

（5）水是首选的灭火剂，因为水还能对动力蓄电池进行冷却。灭火和冷却需要大量的水（大约200升/分钟）。

5. 水淹车的处置

电池包在设计制造时符合防水设计，同时电池自身有保护保险，所以高压电系统浸没在水中并不会增加触电风险。对于进水车辆，断电之后，判断动力蓄电池处于正常状态后，首先需要使用绝缘设备将

车辆脱离水环境并排干水后再进行诊断、分析。

（1）新能源水淹车查勘拍照流程

新能源汽车水淹等级共分五级：一级轮芯、车内无水；二级门槛、地毯有水；三级座椅垫平面、中控台有水；四级仪表台顶、内室均有水；五级没顶，整车涉水。

新能源水淹车查勘拍照流程具体如下。

① 打开前机舱，拍摄水淹位置及相关部件，包含：电机控制器、DC/DC 电源变换器、车载充电器、电加热器、电动空调泵、熔丝盒、各个车载电脑板、高压充电接口的水淹情况、插头进水情况、部件厂牌标签、固定螺栓、带易碎贴的贴标照。

② 打开驾驶舱拍摄地毯、中控台、杂物箱、导航组件、组合仪表涉水情况。

③ 打开行李舱拍摄备胎槽、电器模块、高压电组件进水情况。

④ 举升车辆，对高压电池进行拍摄，包括高压电池整体外观、插头连接、固定螺钉、出厂铭牌、易碎贴贴标照，观察高压电池有无外伤破损，对损伤处拍摄细目照。

⑤ 举升车辆，对高压电机进行拍摄，包括高压电机整体外观、插头连接、固定螺钉、出厂铭牌、易碎贴贴标照，对差速器放油，使用干净容器盛接，拍摄有无进水、观察高压电机有无外伤破损，对损伤处拍摄细目照。

（2）新能源水淹车现场查勘流程

查勘人员必须穿戴防护设备后再接触车辆，否则不得触碰车辆。查勘人员对水淹程度较轻的车辆进行现场处理时，可按照图 4-5 所示流程检查事故车辆仪表信息，并断开车辆电源。

6. 新能源事故车拖车处置

新能源事故车的拖车处置措施如下。

（1）损坏的车辆应该利用平板拖车，如图 4-6 所示。

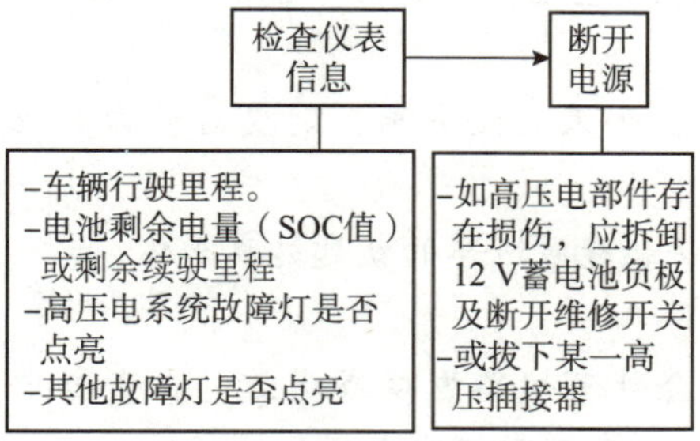

图 4-5　水淹程度较轻的车辆现场处理流程

图 4-6　利用平板拖车

（2）如果必须利用牵引杆绳将汽车从危险区域（如公路施工现场）拖离，需要以步行速度将车辆从危险区域拖出。

（3）严重事故之后，在装车前，高压电系统必须关闭（例如，关闭点火开关，利用现存适用的断点，或断开 12 V 蓄电池）。

（4）如果车辆交给专门运输部门或公司，需要告知车辆的驱动类型和消防人员已经采取的措施（例如，高压电系统已被关闭等）。必须向上述人员告知损坏或与水接触的高压电部件可能造成的危险（例如，动力蓄电池导致的触电或火灾风险）。

（5）使用起重机或千斤顶吊起或顶起车辆、利用其他工具开展工作、将车辆装上拖车时，务必确保不得损害任何高压电部件。

7. 新能源事故车运输处置

通过采取相应的措施并考虑损坏的严重程度，车辆运输人员及车辆必须符合国家相关法律法规要求。注意损坏的高压电部件可能造成的风险（例如，动力蓄电池导致的触电或火灾风险），每隔一段时

间需要对车辆状态进行检查并记录

8. 新能源事故车停放处置

和常规车辆一样，出于消防安全原因，发生事故的新能源汽车应该停放在露天停车场的受限区域内，并与其他车辆、建筑物、可燃物品和可燃表面保持足够的距离。注意事项如下：

（1）不建议将高压电系统已经损坏的新能源汽车停放在封闭的场所内。

（2）发生事故的新能源汽车如果在停放时其高压电部件直接暴露在外，则应该采用防水帆布进行覆盖。

（3）车辆应该有明显的安全警示标志。

知识拓展

新能源事故车施救停放及查勘规范

1. 新能源事故车施救及停放规范

（1）新能源汽车发生事故，在动力蓄电池、高压电部件损失不明或动力蓄电池漏液、起火冒烟等情况下，应远离车辆，等待专业救援机构救援。

（2）查勘人员遇到需要施救的新能源汽车，必须做好对客户的服务告知，采取合理的施救方式。

（3）拖运车辆前，需关闭点火开关，并等待 10 分钟以上。

（4）救援时须佩戴电绝缘手套，断开 12 V 蓄电池负极和维修开关。

（5）拖运车辆需要使用平板拖车，切勿使用钳式拖车，避免车轮旋转给车辆造成不必要的损失。

（6）水淹现场实施救援时，应穿戴绝缘防护服，疏散人群远离水域。

（7）应尽量将新能源汽车拖运至室外场地停放并进行遮盖，与其他车辆和建筑保持 15 m 以上的距离。

（8）应注意将动力蓄电池与新能源汽车分离放置，如果无法分离，则要对动力电池进行气密性检测，必要时将动力蓄电池放电至安全电量范围内。

（9）停放完毕后要在车辆四周设立警示标志，并将新能源汽车的钥匙远离车体。

2. 新能源事故车查勘规范

（1）动力蓄电池遭穿刺、挤压或者变形后，一般会伴有短路燃烧或爆炸，在查勘中需要时刻留意车辆的异常情况。若发现冒烟、起火等危险情况，应参照现场安全须知处理。

（2）2 级以上水淹事故中车辆被淹后停止一切上电、运行、充电等操作，等待厂家检测后再行处理。

（3）新能源汽车长时间完全水淹后若水面陆续有气泡冒出，则应远离车辆，待到水位退去后再行处理。

（4）水淹数小时后无明显故障现象，拆除电池时注意观察，若有冒烟或异响，先行撤离。

（5）在没有专业维修人员指导允许下，勿触碰橙色动力线及带有高压电标志的部件。

（6）查勘人员禁止触摸涉电高压系统，操作人员需要经过专门培训。

（7）操作人员手部及腕部不能佩戴任何金属饰品。

（8）操作人员应严格按照指引操作，接触带电部件时，人员之间不准相互碰触。

（9）在电池储存时注意防止短路。

（10）操作过程中对电池不施加任何压力，不要弯曲电池。

（11）电池安装过程中维修开关保持断开状态。

（12）应配备试电笔、绝缘检测仪、护目镜、绝缘手套、防酸碱手套、绝缘鞋、绝缘服、绝缘拆装工具等，工具必须为高压电安全工具，或者经过绝缘处理。

（13）常备灭火材料（二氧化碳灭火器、干粉或泡沫灭火器）。

（14）准备应对不同事故的应急措施（接触电解液等时的急救措施）。

任务二　新能源汽车保险管理

任务描述

你是一家新能源汽车售后服务企业的理赔专员，某客户投保的新能源汽车在行驶过程中发生碰撞事故，导致车上新增加的设备（如导航系统、音响设备等）直接损毁。你将如何处理这起保险理赔案件。

任务分析

为确保本任务的顺利完成，建议遵循以下流程：登录公司系统，查询客户的保险单，确认其是否投保了新增加设备损失险。联系客户，了解新增加设备的购置时间和价格，计算折旧金额，确定实际价值。安排与客户会面，收集事故现场的照片、视频等证据材料，并记录客户的事故经过陈述。通知保险公司理赔员进行现场勘查，并协调其对新增加设备进行专业检查和定损。根据定损结果和保险条款，计算应赔付金额，与客户协商确定赔偿方式。完成赔付手续，确保客户收到赔款。指导客户办理车辆修复手续，协助其向保险公司提供修理费用的发票和维修证明。确保整个理赔过程符合公司和保险公司的规定，及时解决客户在理赔过程中遇到的任何问题，提高客户满意度。

任务实施

一、新能源汽车保险概述

推广新能源汽车保险对于促进新能源汽车产业的稳健发展具有积极作用。通过提供周全的保险保障，能够降低客户在使用新能源汽车时所面临的风险与顾虑，进而提升消费者对新能源汽车的接纳程度和购买意愿。

（一）我国汽车保险的发展趋势

掌握我国汽车保险的发展趋势对于消费者而言，有助于挑选更为适宜的保险产品；对于保险公司，则有助于改善产品设计与服务；同时，此趋势分析亦可为政策制定者提供数据支撑，以便制定更为合理的监管政策与行业标准。

1. 汽车保险在国内的发展

中国汽车保险行业的发展历程经历了多个阶段。鸦片战争后，汽车保险开始传入中国，但由于当时中国保险市场被外国公司主导，加之国内工业基础薄弱，汽车保险的发展受到限制，其功能和重要性并未得到充分发挥。

新中国成立后，中国人民保险公司于1950年推出了汽车保险业务。然而，由于宣传不足和认识上的偏差，汽车保险及其相关的第三者责任保险引发了争议，有人担心这会助长交通事故的发生。因此，

1955 年，中国人民保险公司暂停了汽车保险业务。直到 20 世纪 70 年代中期，为了满足外国驻华使领馆等机构的汽车保险需求，才重新开始办理以涉外为主的汽车保险业务。

1980 年，随着中国保险业的恢复，中国人民保险公司逐步恢复了中断了 25 年的汽车保险业务，以满足国内企业和单位的需求，并适应公路交通运输业的快速发展和事故频发的现实。尽管当时汽车保险在财产保险市场中的份额仅为 2%，但随着改革开放和社会经济的快速发展，机动车辆保险业务迅速增长。1983 年，汽车保险更名为机动车辆保险，以适应更广泛的市场需求。在此后的近 20 年里，机动车辆保险在中国保险市场，尤其是财产保险市场中占据了重要地位。1988 年，汽车保险保费收入超过 20 亿元，占财产保险市场份额的 37.6%，首次超过企业财产保险的 35.99%。此后，汽车保险一直保持为财产保险中最大的险种，并持续高速增长，标志着中国汽车保险业务进入了一个高速发展期。

2014 年上半年，中国人民保险公司财产险车险营业额达到 907.75 亿元，同比增长 14.4%。同时，机动车辆保险条款、费率和管理逐渐完善。特别是中国保险监督管理委员会的成立，进一步规范了机动车辆保险条款，加强了对费率、保险单证和保险人经营活动的监管，促进了机动车辆保险中介市场的建设，对规范市场和推动业务发展起到了积极作用。

在过去 20 年中，汽车保险业务的保费收入每年均以较快速度增长。在国内保险公司中，汽车保险业务的保费收入占财产保险业务总保费收入的 50%以上，部分公司甚至超过 60%。2024 年，62 家经营机动车交通事故责任强制保险（交强险）业务的保险公司共承保机动车数量达到 3.5 亿辆，交强险保费收入增长至 2 600 亿元，赔付成本为 1 900 亿元，管理与服务成本为 600 亿元（含救助基金 6.5 亿元）。交强险业务整体实现盈利，盈利额达到 60 亿元。

2. 新能源车险的发展趋势

随着新能源汽车行业的发展，车险市场正经历着显著的变革。以下是新能源车险市场的主要发展趋势：

（1）保险公司与汽车制造商的深度合作

保险公司与汽车制造商之间的合作正日益加深，以推动车险产品的定制化、差异化和智能化。对于汽车制造商来说，与保险公司合作可以增加销售收益，并完善服务生态，从而提升用户体验。对保险公司而言，这种合作有助于完善风险控制模型，实现更合理和差异化的定价策略，同时推出创新的附加险种以满足消费者多样化的需求，并通过深入新能源汽车生态链来增强客户忠诚度。

（2）渠道线上化趋势加强

随着车险自主定价政策的逐步实施，渠道成本有望进一步降低，这将使车险代理人的积极性减弱，而直销和网络销售的比例将上升。新能源汽客户主群体年轻化，且对线上操作的接受度较高，加之车载系统和配套应用程序的深度整合，这些因素共同推动了线上车险服务的普及。

（3）整车制造商在汽车后市场中的影响力增强

新能源汽车制造商正致力于构建一个产销一体化的生态系统，从掌握核心零部件、一体化生产整车，到直接控制销售渠道，再到扩展包括车险在内的汽车后市场服务。例如，理想汽车在 2022 年 6 月收购了银建保险经纪公司，获得了保险经纪牌照。比亚迪财险的成立也为新能源车险业务带来了新的发展机遇。汽车企业的正式进入可能会通过产品创新来改变车险经营的理念，并为整个车险产业链注入新的活力。

（4）市场总体规模扩大，技术成熟度提高，风险趋于稳定

随着新能源汽车保有量的快速增长，市场逐渐成熟，基础数据的积累使得定价和风险识别能力得到提升。新能源汽车在运营车辆中的比例将逐渐降低，客户对新能源汽车的驾驶习惯逐渐适应，驾驶经验的积累以及三电系统技术的成熟，都有助于降低事故率并使其趋于稳定。随着新能源汽车市场的进一步发展，客户的维修需求将增加，这将促使制造商加大对新能源汽车维修培训的投入，减少维修人员的缺口，并有助于降低维修成本。此外，随着中低价位品牌车型的保有量增加，零配件生产技术的成熟和产量的提升，也将有助于降低平均赔付成本。

知识拓展

汽车保险的起源

汽车保险起源于19世纪中后期。当时，随着汽车在欧洲一些国家的出现与发展，由交通事故所导致的意外伤害和财产损失也随之增加。尽管各国都采取了一些管制办法和措施，但汽车的使用仍对人们的生命和财产安全构成了严重威胁，这引起了一些精明的保险人士对汽车保险的关注。

1896年11月，由英国的苏格兰雇主保险公司发行的一份保险情报单中，刊载了为庆祝“1896年公路机动车辆法令”的顺利通过，而于11月14日举办伦敦至布莱顿的大规模汽车赛的消息。在这份保险情报单中，还刊登了“汽车保险费年率”。最早开发汽车保险业务的是英国的法律意外保险有限公司，1898年该公司率先推出了汽车第三者责任保险，并可附加汽车火险。到1901年，保险公司提供的汽车保险单已初步具备了现代综合责任险的条件，保险责任也扩大到了汽车的失窃。

（二）新能源汽车保险的作用

新能源汽车保险旨在为新能源汽车提供全面的风险保障，包括车辆本身、车主及乘客、第三方责任等多个方面。其主要作用体现在以下几个方面。

1. 保障车辆损失

新能源汽车保险中的车辆损失险可以保障车辆在自然灾害或意外事故中造成的损失，包括碰撞、火灾、爆炸、雷击、暴风、暴雨、洪水、地陷、冰雹、雪崩、泥石流、崖崩、滑坡等。这对于价值较高的新能源汽车来说尤为重要，可以有效降低车主的经济损失。同时，新能源汽车保险还涵盖了针对新能源汽车特有的三电系统的保障，确保这些核心部件在受损时能够得到及时修复或更换。

2. 保障第三方责任

第三者责任险是新能源汽车保险中的重要组成部分，用于赔偿因交通事故对第三方造成的人身伤亡和财产损失。这一险种可以确保在发生严重事故时，车主有足够的资金来赔偿对方的损失，从而避免陷入经济困境。

3. 保障车主及乘客安全

车上人员责任险是专为车主和乘客设计的保障险种，用于赔偿在交通事故中车内乘客的医疗费用。此外，新能源汽车保险还提供了外部电网故障损失险和自用充电桩损失险等附加险种，以应对新能源汽车在充电过程中可能遇到的外部电网故障或充电桩损坏等风险。

4. 提供个性化保障方案

由于新能源汽车与传统燃油车在动力系统和结构上存在较大差异，因此新能源汽车保险提供了更加个性化的保障方案。保险公司可以根据车主的实际需求和车辆特点，为其量身定制合适的保险产品，以满足不同车主的保障需求。

综上所述，新能源汽车保险在保障车辆损失、第三方责任、车主及乘客安全以及提供个性化保障方案等方面发挥着重要作用。车主在购买新能源汽车时，应充分了解相关保险产品，并根据自身需求选择适合的保障方案。

（三）新能源汽车专属保险的特点

随着新能源汽车拥有量的持续上升，对新能源车险的需求亦呈现出迅猛增长的态势。传统车险产品已无法充分满足新能源汽车的保障需求。鉴于新能源汽车的快速发展，保险公司面临缺乏相关数据的挑战，这进一步增加了产品精确定价和设计的难度。相较于传统燃油车险，新能源车险在多个方面展现出显著差异。

1. 成本结构

新能源汽车的核心动力系统（三电系统）由电池、电机和电控组成，替代了传统燃油汽车的发动机、变速器等装置，占整车成本的50%左右，其中，电池占三电系统成本的76%左右，成本结构发生了很大的变化。因此，传统燃油车险关于核心部件的保障已不适配新能源汽车。

2. 风险特征

新能源汽车在使用性质、能源类型和地区等特征上与传统燃油汽车相比存在差异，会影响风险因素考量，且传统车险条款中的责任范围无法覆盖新能源汽车面临的特定风险因素，如电池故障、充电故障责任等，因此在发生风险后新能源车主难以索赔。

3. 费率厘定

据中国银行保险信息技术管理有限公司统计，2021 年新能源车险的单均保费比传统燃油汽车高21%左右，但整体在出险率、案均赔款上均高于传统燃油汽车，仍导致赔付成本增加。

新能源汽车在成本结构、风险特征上存在较大变化，沿用传统车险产品长期来看将不利于车险行业的良性发展。2021 年 12 月 14 日，中国保险行业协会发布《新能源汽车商业保险专属条款（试行）》，中国精算师协会发布《新能源汽车商业保险基准纯风险保费表（试行）》，给予了新能源汽车更为独立的、差异化的定价体系，使新能源汽车险业务迎来更为规范化的发展空间。随后，上海保险交易所正式上线新能源车险交易平台，首批挂牌人保财险、平安财险、太保财险等 12 家财险公司的新能源汽车专属保险产品。截至 2024 年，中国已有超过 20 家财产保险公司推出了针对新能源汽车的专属车险产品。这些产品旨在更好地满足新能源汽车在保险需求上的特殊性，如电池损坏、充电安全等问题。随着新能源汽车市场的快速增长，越来越多的保险公司开始重视这一领域，以期在竞争中占据有利位置。

二、新能源汽车保险的内容

汽车保险按实施形式可以分为强制险（机动车交通事故责任强制保险）和商业险。机动车交通事故责任强制保险是国家规定强制购买的保险，凡是在我国境内行驶上路的机动车都必须投保机动车交通事故责任强制保险。商业险是非强制购买的保险，客户可以根据自身的情况进行选择性投保。

（一）机动车交通事故责任强制保险

汽车交强险

机动车交通事故责任强制保险，简称交强险，是中国法律规定机动车必须投保的保险。其主要目的是保障交通事故受害人能够及时获得赔偿，减轻客户因交通事故造成的经济负担。交强险覆盖范围包括对第三方造成的人身伤亡和财产损失，但不包括车辆本身的损失和驾驶员及乘客的伤亡。保险金额根据车辆类型和使用性质有所不同，赔偿限额分为死亡伤残赔偿限额、医疗费用赔偿限额和财产损失赔偿限额。交强险由保险公司经营，客户在购买时需提供车辆行驶证、身份证等相关证件。

1. 合同中的名词解释

机动车交通事故责任强制保险合同中的被保险人是指投保人及其允许的合法驾驶人。

投保人是指与保险人订立机动车交通事故责任强制保险合同，并按照合同负有支付保险费义务的机动车的所有人、管理人。

机动车交通事故责任强制保险合同中的受害人是指因被保险机动车发生交通事故遭受人身伤亡或者财产损失的人，但不包括被保险机动车本车车上人员和被保险人。

机动车交通事故责任强制保险合同中的责任限额是指被保险机动车发生交通事故，保险人对每次保险事故所有受害人的人身伤亡和财产损失承担的最高赔偿金额。责任限额分为死亡伤残赔偿限额、医疗费用赔偿限额、财产损失赔偿限额，以及被保险人在道路交通事故中无责任的赔偿限额。其中无责任的赔偿限额分为无责任死亡伤残赔偿限额、无责任医疗费用赔偿限额，以及无责任财产损失赔偿限额。

2. 保险责任

在中华人民共和国境内（不含香港、澳门、台湾地区），被保险人在使用被保险机动车过程中发生交通事故，致使受害人遭受人身伤亡或者财产损失，依法应当由被保险人承担损害赔偿责任，保险人按照机动车交通事故责任强制保险合同的约定对每次事故在下列赔偿限额内负责赔偿：

（1）死亡伤残赔偿限额为 18 万元。

（2）医疗费用赔偿限额为 1.8 万元

（3）财产损失赔偿限额为 2 000 元。

（4）被保险人无责任时，无责任死亡伤残赔偿限额为 1.8 万元；无责任医疗费用赔偿限额为 1 800 元；无责任财产损失赔偿限额为 100 元。

死亡伤残赔偿限额和无责任死亡伤残赔偿限额项下负责赔偿丧葬费、死亡补偿费、受害人亲属办理丧葬事宜支出的交通费用、残疾赔偿金、残疾辅助器具费、护理费、康复费、交通费及被扶养人生活费、住宿费、误工费，被保险人依照法院判决或者调解承担的精神损害抚慰金。

医疗费用赔偿限额和无责任医疗费用赔偿限额项下负责赔偿医药费、诊疗费、住院费、住院伙食补助费，以及必要的、合理的后续治疗费、整容费、营养费。

（二）新能源汽车损失保险

新能源汽车损失保险是一种专门针对新能源汽车设计的保险产品，旨在为新能源汽车提供全面的损失保障。它覆盖了因自然灾害（如雷击、暴风、暴雨、洪水等，不包括地震）或意外事故（如碰撞、倾覆等）造成的车辆本身损失，以及相关的施救费用。与传统的车辆损失险类似，新能源汽车损失保险的计算公式为：

车损险保费=（基础保费+车辆购置价×费率）×优惠系数

此外，由于新能源汽车具有特殊性，该保险还可能涵盖一些特定的风险，例如电池损坏、电机损坏等特殊部件的额外保障。一些保险公司还提供更为综合的保险方案，如外部电网故障损失险、自用充电桩损失保险及责任保险、智能辅助驾驶软件损失补偿险、火灾事故限额翻倍险等，以确保客户在驾驶、停车、充电，乃至使用智能辅助驾驶时的全面保障。

购买新能源汽车损失保险可以为广大新能源汽车客户提供额外的安全保障，有效减少客户因车辆受损而承担的经济压力。

（三）新能源汽车第三者责任保险

新能源汽车第三者责任保险是指客户在使用新能源汽车过程中，若因意外事故（含起火燃烧）导致第三方（非本车人员）遭受人身伤亡或财产直接损毁，依法应当对第三者承担的损害赔偿责任，由保险公司进行赔偿的保险。这种保险是车辆保险的一个基本险种，旨在增加客户的保障额度，以应对可能发生的重大事故赔偿需求。

购买新能源汽车第三者责任保险时，客户可以根据自己的需求和预算选择合适的保额，常见的保额有 5 万元、10 万元、20 万元、30 万元、50 万元及 200 万元等。具体保费因车辆类型、保险公司和地区等因素而有所不同，一般来说，保费范围在几百元到几千元不等。

此外，新能源汽车第三者责任保险的保障范围不仅限于车辆行驶过程中，还包括停放、充电及作业等使用场景，为客户提供了全方位的保障。因此，在购买新能源汽车时，建议客户同时购买第三者责任保险，以确保在意外发生时能够获得足够的赔偿。

（四）新能源汽车车上人员责任保险

新能源汽车车上人员责任保险是专为新能源汽车设计的一种保险，旨在保障在使用被保险新能源汽车过程中，因意外事故导致车上人员遭受人身伤亡时，依法应当对车上人员承担的损害赔偿责任。该险种的使用场景包括行驶、停放、充电及作业等各个环节。

具体来说，当被保险人或其允许的驾驶人在使用新能源汽车时，如果发生意外事故，如交通事故、车辆起火燃烧等，导致车上人员受伤或死亡，且不属于免责范围，保险公司将按照保险合同的约定，对车上人员进行赔偿。赔偿范围通常包括伤亡赔偿、抢救费、丧葬费、医药费、误工费等。

新能源汽车车上人员责任保险是新能源车险的三个主险之一，另外两个主险分别是新能源汽车损失保险和新能源汽车第三者责任保险。此外，新能源车险还包括多个附加险种，如附加外部电网故障损失险、附加自用充电桩损失保险、附加自用充电桩责任保险等，以提供更全面的保障。

需要注意的是，新能源汽车车上人员责任保险的保障范围并不包括所有情况。例如，司机无故紧急刹车导致的车内人员受伤、车上人员在车外时所受的人身伤亡、投保座位外人员的伤亡等情况，都不在保障范围之内。因此，在购买保险时，客户应仔细阅读保险合同中的条款，了解保险的具体内容和要求。

（五）附加险

附加险是针对新能源汽车特点而设计的保险产品，这些附加险种能够为新能源汽车提供更全面的风险保障，满足客户的多样化需求。

新能源汽车商业险中包含 13 个附加险，其中附加外部电网故障损失险、附加自用充电桩损失险、附加自用充电桩责任险是特别为新能源汽车设计的专属车险，以满足新能源汽车客户的保险需求。

1. 附加外部电网故障损失险

投保了新能源汽车损失保险的新能源汽车，可投保附加外部电网故障损失险。

保险期间内，投保了本附加险的被保险新能源汽车在充电期间，因外部电网故障导致被保险新能源汽车的直接损失，且不属于免除保险人责任的范围，保险人依照保险合同的约定负责赔偿。

发生保险事故时，被保险人为防止或者减少被保险新能源汽车的损失支付的必要的、合理的施救费用，由保险人承担；施救费用数额在被保险新能源汽车损失赔偿金额以外另行计算，最高不超过主险保险金额。

2. 附加自用充电桩损失险

投保了新能源汽车损失保险的新能源汽车，可投保附加自用充电桩损失险。保险期间内，保险单载明地址的，被保险人的符合充电设备技术条件、安装标准的自用充电桩，因自然灾害、意外事故、被盗窃或遭他人损坏导致的充电桩自身损失，保险人在保险单载明的附加险的保险金额内，按照实际损失计算赔偿金额。

3. 附加自用充电桩责任险

投保了新能源汽车第三者责任保险的新能源汽车，可投保附加自用充电桩责任险。

保险期间内，保险单载明地址的，被保险人的符合充电设备技术条件、安装标准的自用充电桩造成第三者人身伤亡或财产损失，依法应由被保险人承担的损害赔偿责任，保险人负责赔偿。

4. 附加绝对免赔率特约条款

绝对免赔率为 5%、10%、15%、20%，由投保人和保险人在投保时协商确定，具体以保险单载明为准。

被保险新能源汽车发生主险约定的保险事故，保险人按照主险的约定计算赔款后，扣减本特约条款约定的免赔，即：

主险实际赔款 = 按主险约定计算的赔款×（1−绝对免赔率）

5. 附加车轮单独损失险

投保了新能源汽车损失保险的新能源汽车，可投保附加车轮单独损失险。

保险期间内，被保险人或被保险新能源汽车驾驶人在使用被保险新能源汽车过程中，因自然灾害、意外事故，导致被保险新能源汽车未发生其他部位的损失，仅有车轮（含轮胎、轮毂、轮毂罩）单独的直接损失，且不属于免除保险人责任的范围，保险人依照附加险合同的约定负责赔偿。

6. 附加新增加设备损失险

投保了新能源汽车损失保险的新能源汽车，可投保附加新增加设备损失险。

保险期间内，投保了附加险的被保险新能源汽车因发生新能源汽车损失保险责任范围内的事故，造成车上新增加设备的直接损毁，保险人在保险单载明的附加险的保险金额内，按照实际损失计算赔偿。

保险金额根据新增加设备投保时的实际价值确定。新增加设备的实际价值是指新增加设备的购置价减去折旧金额后的金额。

发生保险事故后，保险人依据本条款约定在保险责任范围内承担赔偿责任。赔偿方式由保险人与被保险人协商确定，赔款计算方式如下：

赔款=实际修复费用-被保险人已从第三方获得的赔偿金额

7. 附加车身划痕损失险

投保了新能源汽车损失保险的新能源汽车，可投保附加车身划痕损失险。

保险期间内，被保险新能源汽车在被保险人或被保险新能源汽车驾驶人使用过程中，发生无明显碰撞痕迹的车身划痕损失，保险人按照保险合同约定负责赔偿。

保险金额为 2 000 元、5 000 元、10 000 元或 20 000 元，由投保人和保险人在投保时协商确定。

8. 附加修理期间费用补偿险

投保了新能源汽车损失保险的新能源汽车，可投保附加修理期间费用补偿险。

保险期间内，投保了本险种的新能源汽车在使用过程中，发生新能源汽车损失保险责任范围内的事故，造成车身损毁，致使被保险新能源汽车停驶，保险人按保险合同约定，在保险金额内向被保险人补偿修理期间费用，作为代步车费用或弥补停驶损失。

本附加险保险金额=补偿天数×日补偿金额。补偿天数及日补偿金额由投保人与保险人协商确定并在保险合同中载明，保险期间内约定的补偿天数最高不超过 90 天。

9. 附加车上货物责任险

投保了新能源汽车第三者责任保险的营业货车，可投保附加车上货物责任险。

保险期间内，发生意外事故致使被保险新能源汽车所载货物遭受直接损毁，依法应由被保险人承担的损害赔偿责任，保险人负责赔偿。

10. 附加精神损害抚慰金责任险

投保了新能源汽车第三者责任保险或新能源汽车车上人员责任保险的新能源汽车，可投保附加精神损害抚慰金责任险。

在投保人仅投保新能源汽车第三者责任保险的基础上附加本附加险时，保险人只负责赔偿第三者的精神损害抚慰金；在投保人仅投保新能源汽车车上人员责任保险的基础上附加本附加险时，保险人只负责赔偿车上人员的精神损害抚慰金。

保险期间内，被保险人或其允许的驾驶人在使用被保险新能源汽车的过程中，发生投保的主险约定的保险责任内的事故，造成第三者或车上人员的人身伤亡，受害人据此提出精神损害赔偿请求，保险人依据法院判决及保险合同约定，对应由被保险人或被保险新能源汽车驾驶人支付的精神损害抚慰金，在扣除机动车交通事故责任强制保险应当支付的赔款后，在本保险赔偿限额内负责赔偿。

11. 附加法定节假日限额翻倍险

投保了新能源汽车第三者责任保险的家庭自用汽车，可投保附加法定节假日限额翻倍险。

保险期间内，被保险人或其允许的驾驶人在法定节假日期间使用被保险新能源汽车发生新能源汽车第三者责任保险范围内的事故，并经公安部门或保险人查勘确认的，被保险新能源汽车第三者责任保险适用的责任限额在保险单载明的基础上增加一倍。

12. 附加医保外医疗费用责任险

投保了新能源汽车第三者责任保险或新能源汽车车上人员责任保险的新能源汽车，可投保附加医保医疗费用责任险。

保险期间内，被保险人或其允许的驾驶人在使用被保险新能源汽车的过程中，发生主险保险事故，对于被保险人依照中华人民共和国法律（不含香港、澳门、台湾地区法律）应对第三者或车上人员承担的医疗费用，保险人对超出《道路交通事故受伤人员临床诊疗指南》和国家基本医疗保险同类医疗费用标准的部分负责赔偿。

13. 附加新能源汽车增值服务特约条款

投保了新能源汽车保险后，可投保附加新能源汽车增值服务特约条款。本特约条款包括道路救援服务特约条款、车辆安全检测特约条款、代为驾驶服务特约条款、代为送检服务特约条款共四个独立的特约条款，投保人可以选择投保全部特约条款，也可以选择投保其中部分特约条款。保险人依照保险合同的约定，按照承保特约条款分别提供增值服务。

三、新能源汽车的续保与理赔

新能源汽车的续保是指客户在保险合同即将到期时，向保险公司申请继续投保，以延续原有的保险保障。对于新能源汽车而言，续保的保费可能会受到多种因素的影响。客户在续保时，应仔细比较不同保险公司的报价和条件，选择适合自己的保险方案。

理赔则是指在保险期间内，若新能源汽车发生保险事故，如碰撞、自然灾害等造成的损失，客户可以向保险公司提出索赔申请，以获得相应的经济补偿。总的来说，新能源汽车的续保与理赔是客户在使用新能源汽车过程中不可或缺的两个环节。客户应了解并熟悉这两个概念，以便在需要时能够顺利续保并获得相应的理赔服务。

（一）新能源汽车车险的续保管理

续保能力是新能源汽车服务企业保险部门核心竞争力的重要体现。在当前日趋激烈的车险市场竞争环境下，能否不断提升车险业务续保能力、提高续保率，成为能源汽车服务企业保险部门参与车险市场竞争的成败关键，也是为后续提供保险事故修复的重要保障，是新能源汽车服务企业的重要业务。

客户主动呼入要求续保的，保险部门应记录相关信息，并持续进行跟进；对未达成续保意向的客户，应进行多次电话沟通找到未续保原因，并寻求解决办法；如与客户达成续保意向，应记录相关信息，确定续保项目和签约时间。

专职保险管理员要对可续保业务的客户信息保密，不得私自泄露。一旦发现泄露客户信息，应追究责任人相关责任。

1. 操作流程

新能源汽车车险续保的操作流程具体如下。

（1）必须指定一名续保业务专职管理员负责续保日常管理工作，专职管理员负责每月定期从系统中提取下月即将到期的可续保清单。

（2）可续保清单提取后，由续保专职管理员安排团队人员每月定期向各业务单位分发可续保业务清单，开始追踪续保项目。

（3）应注意留存客户的重点续保项目资料，包括客户名称、业务经办人、可续保件数和可续保保费、保单起止日期等，便于后期进行续保需求反馈及未续保原因统计分析。

(4) 业务经办人员在接到可续保清单后，应依照核保指引及核保细则，及时执行续保相关工作。在续保过程中，若业务经办人员遇到任何疑难问题或需要资源支持，应积极向专职管理员或相关部门提出需求，以便获得必要的协助。

(5) 应将续保工作作为每月经营分析的一部分内容进行统计分析并上报相关部门。

2. 客户主动续保

在续保保护期内，客户主动联系业务人员要求续保的业务，若客户为非原业务承保单位，则受理人应及时通知上报专职管理员或相关部门。

对于客户主动呼入的，客服须主动了解客户上年投保情况，并请客户提供车辆信息在业务系统中进行查询，经查实是原投保客户，直接接入专职管理员安排下一步续保工作；如是新投保客户，则应留存客户联系方式并及时将相关信息转交给续保业务专职管理员，由专职管理员安排及时跟进，完成续保工作。

(二) 新能源汽车的理赔

新能源汽车售后服务企业在处理理赔流程时，需要遵循一系列标准化的步骤，以确保高效和客户满意度。这些步骤是根据新能源汽车的特殊性质和需求量身定制的，旨在为客户提供一个清晰、顺畅的理赔体验。以下是结合新能源汽车特点的理赔流程和注意事项，以帮助客户和售后服务企业更好地理解和执行理赔流程。

1. 理赔流程

新能源汽车的理赔流程具体如下。

(1) 报案

当新能源汽车发生事故或遭受损失时，客户应迅速采取行动，立即通知保险公司，并提供车辆的相关信息、事故的详细经过以及损失的具体情况。企业应确保客户充分认识到及时报案的重要性，并提供多种便捷的报案渠道，如电话、网络或移动应用等，以便客户能够轻松地进行报案。

(2) 理赔员勘查

保险公司理赔员将对事故现场进行实地勘查，并对车辆电池系统进行专业检查。售后服务企业应协助客户准备必要的证据材料，包括但不限于现场照片、视频记录以及其他可能有助于理赔的文件。同时，企业应确保理赔员能够迅速响应并及时到达事故现场，以便尽快开始勘查工作。

(3) 定损

保险公司将根据理赔员的勘查结果对损失进行评估，特别关注电池损失以及修复或更换电池的费用。企业应确保定损过程的透明度和专业性，必要时可能需要与第三方专业评估机构合作，以确保评估结果的公正性和准确性。

(4) 赔付

在定损完成后，保险公司将根据合同约定向客户进行赔付。企业应协助客户理解赔付的方式，包括赔付金额、赔付时间以及赔付方式等，并确保赔付的及时性和准确性，以减少客户的不便和焦虑。

(5) 索赔后续处理

客户在获得赔付后，应办理车辆修复手续，并向保险公司提供修理费用的发票和维修证明。企业应确保整个修复过程符合保险条款的要求，并协助客户与保险公司进行费用追偿或补偿，确保客户不会因事故而遭受额外的经济损失。

2. 注意事项

在处理理赔事宜时，售后服务企业还需提醒客户注意以下事项，以确保整个理赔过程的顺利进行。

(1) 确认保险范围

客户应仔细阅读并理解新能源汽车的专属保险条款，特别是关于三电系统的覆盖情况，确保在发生相关问题时能够得到保险公司的支持。

（2）了解事故处理方式

在发生冒烟、起火或涉水等特殊事故时，客户应采取正确的应对措施，并了解保险公司的具体要求和流程，以便在紧急情况下能够迅速有效地处理事故。

（3）遵循理赔流程

企业应指导客户配合调查，提供必要的文件和支持信息，确保理赔申请过程的顺利进行。这包括了解和遵守保险公司的规定，以及提供准确和完整的事故报告。

（4）注意特殊情况处理

企业应告知客户在特定情况下可能无法获得赔付，例如车辆在维修或养护期间遭遇事故等。这有助于客户在购买保险和处理理赔时做出明智的决策。

总之，新能源汽车售后服务企业在管理理赔流程时，应确保流程的透明度、高效性和客户满意度，同时提供必要的指导和协助，帮助客户顺利处理理赔事宜。通过这些措施，企业不仅能够提升自身的服务质量，还能增强客户对品牌的信任和忠诚度。

项目小结

本项目主要关注新能源汽车的维修管理和保险知识。首先介绍了新能源汽车维修作业的规范和专业设备的使用方法；其次介绍了新能源汽车维修的安全性、质量控制以及日常和关键部件的维护；最后介绍了新能源汽车保险的种类和理赔流程。通过本项目的学习，学习者将掌握新能源汽车维修和保险管理的专业技能，从而能够胜任相关行业的工作。

项目工单

学习完本项目的内容后，请完成如下的项目实训，见表 4-16。

表 4-16　实训表

任务名称	新能源汽车关键部件维护实训				
姓名		班级		学号	
学时		日期			
所需设备	新能源汽车动力蓄电池系统、驱动电机、动力转向系统和制动系统的维护工具包；电池检测仪、绝缘电阻测试仪、压力表、冷却液检测工具等专业检测设备；安全防护装备，如绝缘手套、安全眼镜、防护服等				
任务目的	掌握新能源汽车关键部件的维护流程和方法。提高对新能源汽车关键部件故障诊断和处理的能力。增强对新能源汽车维护安全意识				

一、任务描述

对新能源汽车动力蓄电池系统进行检查和维护，包括电池箱体、电池单元和电池管理系统。对驱动电机进行清理、检查连接线束、检测绝缘电阻，并对长时间未使用电机进行防潮处理。维护动力转向系统，包括检查转向间隙、更换转向器润滑油、检查油位和管路接头。对制动系统进行密封性检查和维护，确保制动系统的正常工作。

二、分组讨论

全班学生以 3~6 人为一组，选出各自的组长，组长对组员进行任务分工并将分工情况记录在任务分工表（表 4-17）中。

表 4-17　任务分工表

小组成员	姓名	学号	任务分工
组长			
组员			

问题 1：如何确保在维护新能源汽车关键部件时的安全性？

问题 2：在维护过程中，如何判断动力蓄电池系统、驱动电机、动力转向系统和制动系统是否需要更换或修理？

问题 3：新能源汽车关键部件维护中，哪些步骤是必须定期执行的，为什么？

三、实施过程

在实际操作过程中，将操作内容及实施过程中遇到的问题和解决办法记录在表 4-18 中。

表 4-18　遇到的问题和解决办法记录表

序号	操作内容	遇到的问题	解决办法
1			
2			
3			
4			
5			
6			

四、实训评价

请各组选出一名代表展示实施的成果，并配合指导老师完成表 4-19 的实训评价。

表 4-19　实训评价

项目名称	评价内容	分值	评价分数		
			自评	互评	师评
职业素养考核项目（50%）	严格遵守安全操作规程，正确使用个人防护装备	15 分			
	认真负责地完成每项维护任务，确保工作质量	15 分			
	与团队成员有效沟通，共同完成实训任务	20 分			
专业能力考核项目（50%）	能够熟练使用维护工具和检测设备，准确完成各项检查和维护工作	15 分			
	能够准确识别关键部件的潜在问题，并提出合理的解决方案	15 分			
	能够将理论知识与实际操作相结合，对新能源汽车关键部件进行有效维护	20 分			
合计：综合分数　自评（20%）+互评（20%）+师评（60%）		100 分			
综合评估		教师（签名）：			

课 后 练 习

一、填空题

1. 高压电维修车间必须保持干燥，场地应避免积水或漏雨的情况发生。保持干燥是为了降低维修人员的________。

2. 为确保新能源整车厂的售后服务质量，必须对经销商进行有效管理，这主要通过提供各类维修技术和________________来实现。

3. 新能源汽车维修质量的控制对于确保车辆安全、延长使用寿命、提升用户体验以及促进新能源汽车产业的健康发展具有重要意义，它有助于减少________、提高________、保障维修人员和用户的双重安全，并且有助于维护新能源汽车制造商的品牌信誉。

二、简答题

1. 工具设备管理在新能源汽车维修生产中的作用有哪些？

2.《混合动力电动汽车维护技术规范》（JT/T 1029—2016）所规定的混合动力电动汽车的日常维护项目和要求有哪些？

3. 新能源汽车保险的作用有哪些？

项目五

新能源汽车客户关系管理

项目导读

随着新能源汽车行业竞争的加剧，客户关系管理成为企业持续发展的关键。掌握客户关系管理的方法以及如何提升客户满意度至关重要。通过有效的客户关系管理，企业能够更好地了解客户需求，增强客户忠诚度，从而在市场中脱颖而出。

客户投诉处理是客户关系管理中的重要环节。合理地处理客户投诉可以确保客户的问题得到及时和满意的解决。

客户价值共创管理是新能源汽车行业创新服务模式的核心。掌握价值共创的分类、模式和机制，可以帮助企业在与客户的互动中创造价值，实现共赢。

学习目标

知识目标

1. 掌握客户关系管理的定义。
2. 理解并掌握客户关系管理的主要方法和策略。
3. 熟悉客户满意度评估的方法。

技能目标

1. 能够运用客户关系管理理论，制定并实施有效的客户关系管理策略。
2. 能够独立进行客户投诉处理，包括分析投诉原因、制定解决方案、实施处理流程等。
3. 能够通过数据分析，识别高价值客户，制定针对性的客户价值共创策略。

素质目标

1. 培养良好的客户服务意识，始终将客户需求放在首位。
2. 具备良好的沟通能力和协调能力，能够有效处理客户问题和矛盾。
3. 树立持续学习和创新的精神，不断提升自身的客户关系管理能力。

思政目标

1. 树立诚信为本的经营理念，遵守职业道德，为客户提供真实、高效的信息和服务。
2. 强调客户至上的价值观，培养社会责任感，关注客户利益，促进社会和谐。
3. 关注市场变化，培养敏锐的市场洞察力和创新意识，为企业和社会的发展做出贡献。

任务一　客户关系维系管理

任务描述

你作为某新能源汽车售后服务企业的售后服务部经理，需要设计并实施一个客户满意度提升计划，以确保售后服务顾问能够更好地满足客户需求，提高客户满意度，并通过激励措施鼓励售后服务顾问积极参与。你计划如何设计这个客户满意度提升计划？

任务分析

为确保本任务的顺利完成，建议遵循以下流程：与团队合作，确定评定标准和评定期限，确保所有售后服务顾问都清楚评定要素及权重；设定明确的表彰条件，如返修率低于40%的售后服务顾问，以及客户满意度排名高于40%的售后服务顾问；制定奖励等级，与售后服务顾问的月工资水平挂钩，确保奖励具有吸引力。组织服务技术竞赛，包括年度服务技术竞赛和日常工作考评中的竞赛，以提升售后服务顾问服务技术水平；定期执行客户满意度调查，包括飞行检查、电话调查、预约面访和神秘调查，确保调查结果的客观性和准确性，并将结果用作制订业务改善计划的参考。

任务实施

一、客户关系管理概述

客户关系管理是指企业利用信息技术和互联网技术，以提高核心竞争力为目的，协调与客户在销售、营销和服务方面的互动。这一过程旨在通过创新和个性化的客户交互和服务，优化企业的管理方式。客户关系管理的最终目标是建立一个定期和定量的客户满意度评价体系，以准确掌握客户对新能源产品、经销商和汽车服务站提供的销售及售后服务的满意度及其变化趋势。通过这一评价体系，企业能够持续实施改进措施，从而促进客户满意度的持续和稳步提升。

（一）客户关系管理原则

客户关系管理的核心思想是将客户作为企业的重要资源，通过收集并分析销售、市场和全面、个性化的客户资料，给客户提供快捷和周到的优质服务，从而提高客户满意度，吸引和保留更多的客户，提高利润。

企业只有做到CCPR（Convenient，Care，Personalized，Real-Time），即方便、关怀、个性化、立即响应，才能更好地维系客户关系。

1. 让客户更方便

为了让客户方便获取企业服务，很多企业设立了800/400热线电话以便解客户疑问。在信息时代，企业必须让客户自己选择电话、网站、App、E-mail 或面对面等不同沟通方式与企业接触，取得产品信息或服务。作为汽车售后服务企业，为方便客户，可以为客户提供上门取送车服务、紧急救援服务、代步车服务等。

2. 对客户更亲切

站在客户的角度为客户提供服务才能提升客户的归属感、亲切感。如果维修企业出现客户流失过多的情况，除了价格因素外，还要考虑是否对客户不够亲切。

3. 个性化

企业要把每位客户当作企业的重要资产，而不是一次交易，所以必须了解客户的喜好与习惯，并适时地提供建议。对于汽车售后服务企业，根据车辆购买日期，提醒客户保险相关事宜；根据驾驶习惯及生活习惯等，提醒客户按期保养，以这些个性化服务来留住老客户。

4. 立即响应

企业必须通过与客户的接触，了解分析客户行为并做到立即响应。汽车售后服务企业对客户行为的快速响应，让客户有被重视和被尊重的感觉，也能提升客户的亲切感。

（二）客户关系管理的分类

客户关系管理的内容可以归纳为市场营销中的客户关系管理、销售过程中的客户关系管理、客户服务过程中的客户关系管理三个方面。

1. 市场营销中的客户关系管理

客户关系管理在市场营销中发挥着重要作用，它能够协助市场人员深入分析目标客户群体的特征，包括但不限于行业分布、职业类型、年龄层次和地域分布。通过这些数据，市场人员能够实施更为精准的市场定位和投放策略。

此外，客户关系管理还能够评估市场活动的投入产出比。通过对市场活动相关的回款记录和报销单据进行分析，市场人员可以生成详尽的市场活动效果报告，从而更准确地衡量各项市场活动的成效。

2. 销售过程中的客户关系管理

销售是客户关系管理系统中的重要组成部分，主要包括潜在客户、客户、联系人、业务机会、订单、回款单、报表统计图等模块。业务员通过记录沟通内容、建立日程安排、查询预约提醒、快速浏览客户数据有效缩短了工作时间，而大额业务提醒、销售分析、业绩指标统计、业务阶段划分等功能又可以有效帮助管理人员提高整个公司的成单率、缩短销售周期，从而实现最大效益的业务增长。

3. 客户服务过程中的客户关系管理

客户服务的主要目的是快速、及时地获取客户问题信息和历史记录，以便有针对性地和高效地解决问题，从而提高客户满意度和企业形象。在客户服务过程中，客户关系管理涉及多个功能，包括客户反馈、解决方案提供和满意度调查。通过客户反馈的自动升级功能，管理者可以立即得知未解决的超期客户请求。解决方案可确保所有员工能迅速向客户提供满意的答案。满意度调查功能则使高层管理者能够持续了解客户服务的实际表现。此外，一些客户关系管理软件集成了呼叫中心系统，进一步缩短了客户服务人员的响应时间，并有效提升了客户服务水平。

（三）客户关系管理系统

随着市场的成熟，竞争日益激烈，客户的需求与期望逐渐与国际接轨，这就要求服务企业的管理与国际接轨。其中客户关系管理系统化、程序化，是更好地实现客户满意度的基本要求和技术保障。

什么是 CRM

CRM 系统（Customer Relationship Management），即客户关系管理系统，是一种通过信息化手段来自动化、规范化管理客户关系和客户数据的软件系统。它涵盖了客户信息管理、销售管理、市场营销、服务支持和数据分析等多个方面，旨在帮助企业提升客户满意度、增加客户忠诚度，从而实现业务增长与盈利能力的提高。

CRM 系统通过对企业业务流程的重组来整合客户信息资源，以更有效的方法来管理客户关系，在企业内部实现信息和资源的共享，从而降低企业运营成本，为客户提供更经济、快捷、周到的产品和服务，保持和吸引更多的客户，以求最终达到企业利润最大化的目的。服务企业层面 CRM 系统的功能见表 5-1。

表 5-1　CRM 系统的功能

项目	具体内容
客户信息管理	分类建立、编辑和检索联系人（客户）信息。为联系人添加跟踪计划，查看与联系人相关联的客户信息； 联系人管理可以为“提醒服务”查询提供信息来源，其准确程度直接影响“提醒服务”的工作质量
预约和回访管理	能进行客户的预约管理，也是客户信息收集和管理的过程； 回访是针对已经完成车辆维修的客户进行服务质量和满意度等方面的调查，查看在本店维修客户的相关信息； 系统中回访客户分为未回访客户、已回访客户、需再回访客户三类，针对不同客户进行初次回访或再次回访等。通过维修回访可以对服务质量或其他方面感到不满意的客户进行回访和跟踪，以此提高客户满意度
投诉管理	投诉回访：当经销商形成基本投诉处理方案后，由客户服务人员进行回访，并评价客户是否对处理方案满意； 投诉统计：分为销售投诉、服务投诉、其他投诉、总部下发投诉四类，为方便对客户投诉进行统计分析，可对投诉按类别、问题类型、处理结果是否满意、处理部门、车型进行统计； 查看客户投诉历史，对客户满意度情况做个整体的掌握； 当经销商形成投诉处理方案后，按处理方案与客户联系，并记录解决方案基本情况； 经销商应在投诉解决之后，对投诉产生原因、处理过程和解决方案进行改进分析，并录入系统
提醒服务	CRM 系统提供了提醒功能，提醒内容包括“生日提醒”“保险有效期提醒”“车辆年检提醒”“会员卡有效期提醒”“每月还款提醒”“行驶证有效期提醒”“驾驶证审验期提醒”“首保提醒”几个方面，同时也设置了相应的查询功能
维修历史查询	查询系统中维修客户的维修历史，包括按车牌号查询、送修日期查询。通过维修历史查询可以了解客户历次维修的具体情况
短信查看、群发、电话管理	在“短信查看”窗口中，不但可以看到成功发送的短信、未发送的短信和发送失败的短信，也可以查看到客户回复的短信，同时可以对发送失败的短信进行重发以及删除查询到的短信； 选择需要发送短信/打电话的客户点击“发短信”“打电话”按钮，弹出“发送短信”/“打电话”窗口，即可发短信/打电话
紧急救援管理	24 小时值班制度； 让客户知道救援电话； 救援回访制度

（四）客户服务中心的作用

客户服务中心是指一个组织内部的部门或团队，专门负责处理客户的问题、投诉、咨询和需求。其主要职责包括接听客户电话、回复电子邮件、处理投诉、提供产品信息、解决问题、提供售后服务等。

客户服务中心是客户关系管理系统的枢纽，建立完整的客户服务中心，是提高客户满意度的有效手段和必要保障。同时，客户服务中心担负着客户档案的建立、维护和特殊客户关系公关的作用。

汽车企业一般建立本部的客户服务中心、区域的客户服务中心，甚至有的还建立国际的客户服务中心，直接接待客户的咨询、投诉或需求。一般设有专门的客户服务部门，有 24 小时免费服务电话及完备的呼入呼出制度。

汽车企业与经销商全力合作，使客户服务中心发挥最大作用，其主要体现在以下几个方面。

首先，客户服务中心能够快速响应客户的需求和问题，提供即时的帮助和解决方案，从而提升客户的满意度和忠诚度。其次，通过客户服务中心，企业能够收集大量的客户反馈和意见，这些信息对于改进产品和服务、优化业务流程至关重要。再次，客户服务中心在维护客户档案方面发挥着关键作用，确保企业能够充分了解每一位客户的背景和需求，从而提供更加个性化的服务。最后，客户服务中心还是企业与经销商之间沟通的重要桥梁，通过协同工作，能够更好地满足客户的需求，提升整体的服务质量。

二、客户关系管理的方法

（一）新客户的开发

以客户为中心，树立为客户提供优质服务的理念，是促进企业发展的基础。企业要生存和发展，必须创造利润。企业的利润来源主要有两部分：一部分是新客户，另一部分是老客户。而开发新客户、维护老客户是汽车售后服务企业应该且必须做好的工作。

企业生存的关键在于拥有客户基础，因此维修企业纷纷寻求新客户的获取策略。服务顾问在获取销售部门的购车信息后，应采取一系列针对性的服务措施，以确保新客户的首次服务能在 4S 店进行。

新客户的开发方式主要如下。

1. 交车三日关怀

通过短信通知客户，其车辆将由本 4S 店提供后续服务，并提供预约电话、救援服务及详细地址。短信中应提醒客户首次保养的时间，并承诺将提前电话联系。

2. 交车七日问卷

通过电话回访，确认客户车辆手续是否齐全，并以问卷形式了解客户的使用体验及对车辆的评价。结束时，提醒客户注意驾驶中的关键细节，如冷却液温度表、机油警告灯、发动机指示灯等。

3. 维修后跟踪回访

通过电话回访，了解车辆维修后的使用情况，并确认更换件的状况。结束时，告知客户下次保养的时间，并承诺将提前电话联系。随后，通过短信表示感谢，并附上预约电话及救援电话。

4. 保养预约提醒

通过短信提前一天提醒客户次日的定期保养预约，并通过电话确认进店时间，之后进行跟进。这包括首次保养和根据时间推算的日常保养。

5. 四季活动关怀

通过短信提前一天通知客户即将进行的关爱活动，并通过电话确认客户进店时间，之后进行跟进。活动包括冬季温暖、夏季清凉、节假日出游及春节安全等，与其他服务项目合理安排，避免短期内重复关怀。

6. 节日短信关怀

节日关怀是客户关怀计划中的重要组成部分。在每个重要节日，比如元旦、春节、劳动节、端午节、中秋节、国庆节等，客户关系科会在节日前一个月确认客户关怀方案和费用预算。客户中心会通过 LED 电子屏、短信、条幅、媒体广告等多种综合性宣传推广方式来宣传节日关怀活动。节日关怀活动包括发送短信祝福、赠送小礼品、鲜花以及组织客户互动活动等。

7. 生日短信关怀

生日关怀是客户关怀中非常个性化的一部分。客服中心会根据客户购车时填写的出生日期，在客户生日当日发送生日祝福短信，以表达企业对客户的特别关注。生日关怀还包括短信祝福及生日蛋糕代金券的赠送等。每张生日蛋糕代金券的礼品价值不超过 100 元，发放对象为私人客户。

客户中心会以短信的形式通知用户生日蛋糕代金券的相关信息，并由新能源企业授权的服务站负责发放。服务站在发放代金券时，会向用户介绍服务项目和优惠活动，并请用户签字确认。客服中心还会根据生日蛋糕代金券的发放情况，对用户进行回访，以确认发放情况的真实性，确保客户满意度。

8. 天气突变关怀

在天气发生突变时，通过短信提醒客户，并告知如有任何问题，可拨打企业的救援电话。

9. 其他短信关怀

其他短信关怀包括政策类、祝福类以及行车关怀类，各项短信关怀的管理内容详见表 5-2，各项短信关怀的内容详见表 5-3。

表 5-2　短信关怀的管理内容

序号	短信种类	短信事项	管理内容
1	政策类	首次维护提醒	客户购车后 80 天内，由客服中心对需进行首次维护的客户发送短信提醒
2		定期维护提醒	车辆首保后，根据《用户手册》“定期维护”中的维护规范，由客服中心发送短信提醒客户
3	祝福类	生日祝福	根据客户登记信息的相关内容（生日、身份证号码），由客服中心在客户生日当日向客户发送生日祝福短信
4		节日祝福	由客服中心在放假前一天对客户发送节日祝福短信
5	行车类	夏季使用提醒	由技术支持科根据实际情况在每年 5 月初编制完成夏季纯电动汽车使用注意事项和使用常识。客服中心以短信的形式发送至客户
6		冬季使用提醒	由技术支持科根据实际情况在每年 10 月初编制完成冬季使用注意事项和使用常识。客服中心以短信的形式发送至客户
7		特殊天气提醒	关注气象局发布的特殊天气预警（蓝色、黄色、绿色、红色预警），在特殊气候警报发布 1 h 内，结合天气情况，向客户发送相关温馨提醒信息和行车注意事项
8		智能出行	短信提醒客户道路拥堵情况、顺行信息、限号变更等

表 5-3　短信关怀的内容

序号	业务类型	分类	短信内容
1	政策类	首次维护	尊敬的用户：您好！非常感谢您选购北汽新能源纯电动汽车，请您自购车之日起行驶 10 000 公里后带上维护手册、行驶证，到×××服务站进行车辆首次维护。祝生活愉快！
2		定期维护	尊敬的用户：您好！您的爱车距离上次维护已经 3 个月（或超过 5 000 公里），为保障您出行顺畅，××新能源提醒您及时进行车辆维护，服务热线 400-650-××××。祝您行车平安！
3		年检到期	尊敬的用户：您好！根据您的购车信息和国家相关政策，您的爱车需要年检了，为保障您出行顺畅，××新能源提醒您及时进行车辆年检。祝您行车平安！
4		三包到期	尊敬的用户：您好！根据您的购车信息和国家相关政策，您的爱车保修期限（里程）将到期，××新能源提醒您对车辆进行全面检修，属质量问题可享受厂家三包政策。

表5-3（续）

序号	业务类型	分类	短信内容
5	祝福类	春节	值此佳节来临之际，××新能源全体员工恭祝您及您的家人：节日快乐！阖家幸福！
6		元旦	尊敬的客户：元旦快乐！祝您在新的一年好事连连、幸福满满。××新能源感谢您对新能源事业的支持，愿幸福成功永和您相伴！
7		劳动节	值此五一佳节来临之际，××新能源全体员工恭祝您及您的家人：节日快乐！阖家幸福！
8		端午节	“端”起夏日的清凉，“午”动快乐节拍；“端”起美味的粽子，快乐随风而“午”；“端”起祝福的酒杯，喜悦满天飞“午”。××新能源全体员工祝您节日愉快，阖家欢乐！
9		中秋节	自古中秋月最明，凉风届候夜弥清。一天气象沉银汉，四海鱼龙跃水精。月到中秋分外明，又是一年团圆日。××新能源全体员工祝大家节日愉快，身体安康！
10		国庆节	一辆爱车，带来自由；一次起动，带来绿色随行；一份问候，带来秋日的关怀；一句祝福，来自心底，愿健康平安快乐幸福永远伴随身边。××新能源祝您国庆快乐！
11	行车类	夏季	××新能源温馨提示：夏季来临之际，雷雨天气较多，可能会造成雷雨灾害事故，请注意防范。××新能源提醒您：雷雨天气尽量避免车辆充电，注意行车安全！
12		冬季	温馨提示：道路结冰，空气污浊。××新能源提醒您大部分地区仍持续雾霾天气，请您注意行车安全，当心路面湿滑。如车辆出现问题，请联系 400-650-××××

（二）老客户的维护

拥有并想办法留住老客户，企业才可持续发展。为了留住老客户，企业一方面要提升核心竞争力适应客户需求的变化；另一方面以先进的管理思想为指导，采取科学的技术手段合理地处理企业与客户之间的关系。

1. 维护老客户的作用

在汽车售后服务行业的早期营销实践中，许多企业过分专注于吸引新客户，而忽略了对现有客户的维护。这种做法导致企业将管理焦点主要集中在销售前期和中期，而忽视了售后服务的完善，使得老客户面临的问题无法得到及时和有效的解决，进而导致了大量客户的流失。为了确保企业的持续运营和发展，企业不得不不断地吸引新客户，这符合所谓的“漏斗原理”。即便企业新旧客户数量保持平衡，获取新客户的成本，包括宣传和促销等，通常远高于维护老客户的成本。从投资回报的角度来看，这种做法是不经济的。因此，维护老客户对于企业的长期发展至关重要。

（1）提升企业的竞争优势

各个汽车售后服务企业的服务已经由标准化、细致入微的服务阶段发展到个性化、由客户参与服务的阶段。成功的企业和成功的服务营销，都把留住老客户作为企业发展的重要任务。留住老客户比开发新客户，甚至比市场占有率更重要。

（2）降低汽车售后服务企业的成本

开发一位新客户的投入成本是巩固一位老客户的五倍。对一位新客户进行服务营销所需费用较高的主要原因是进行一次个人服务营销访问的费用远远高于一般性客户服务营销访问的费用。因此，确保老客户的再次消费，是降低服务营销成本和节省时间的最好方法。

（3）有利于发展新客户

在汽车售后服务企业名目繁多的服务营销攻势下，一些老客户可能成为其他汽车售后服务企业的新客户。因为对于一个汽车客户来说，在购买汽车之后，对于汽车售后服务一直会进行大量的信息资料收集。其中听取亲友、同事或其他人亲身经历后的推荐往往比企业自己做的介绍更容易被相信。

（4）获取更多的客户份额

由于企业着眼于与客户长期互惠互利的合作关系，从而提高了现有客户对企业的忠诚度。忠诚的客户愿意更多地购买企业的产品和服务。忠诚客户消费，其支出是随意消费支出的二到四倍。而且随着忠诚客户年龄的增长、经济收入的提高或客户企业本身业务的增长，其需求量也将进一步增长。

2. 维护老客户的方法

维护老客户可以从以下几方面入手。

（1）细分客户，明确并积极满足客户需求

为了吸引客户，企业可以实施一系列优惠策略，包括但不限于免除工时费、提供折扣、赠送礼品以及举办店庆活动。此外，持续与客户进行沟通，维护和谐的关系至关重要。

根据“80/20”法则，汽车售后服务行业的大部分利润通常由少数客户（约占 20%）贡献，这意味着并非所有客户对企业都具有同等价值。一些客户可能为企业带来较高的利润率，而另一些则可能在战略上具有更长远的意义。因此，精明的企业会根据客户的价值和利润率进行细分，并特别关注那些高价值客户，确保他们能够享受到相应的特殊服务和待遇，从而培养他们的忠诚度。

汽车售后服务企业应主动为客户提供全面的解决方案，而不仅仅是停留在服务营销的层面。企业应更广泛地关注和支持客户的发展，增加客户进厂维修的频率和规模，或者与客户共同探索新的消费模式和需求，以此创造并推动客户的新需求。

（2）建立客户数据库，与客户建立良好的关系

在信息时代，客户反感被动推销。因此，与客户的感情交流是企业用来维系客户关系的重要方式。由于客户更愿意和与他们类似的人交往，他们希望与企业的关系超过简单的买卖关系，因此，企业需要快速地和每一个客户建立良好的互动关系，为客户提供个性化的服务，使客户在购买服务的过程中获得产品以外的良好心理体验。

（3）与客户深入沟通，防止出现误解

客户流失的一个主要原因是企业未能充分满足其需求。为了维护客户关系，企业应确保及时向客户传达其经营战略和策略的更新。此外，企业应积极收集客户对产品、服务及其他方面的反馈，并将这些信息用于持续改进工作流程。通过这种方式，企业不仅能让现有客户了解其经营方向，还能根据客户需求的变化调整服务和营销策略。企业应建立有效的投诉和售后服务沟通渠道，鼓励客户表达不满，并迅速采取行动解决问题。同时，企业应主动跟进客户情况，并实施积极的补救措施。经验表明，超过一半的客户流失是由于企业未能给予足够的关怀。

（三）流失客户分析

汽车售后服务企业将客户视为核心资产，因此，维护客户关系并确保客户忠诚度是企业的关键目标。然而，客户流失是一个普遍问题，其原因值得深入探讨。据调查，70%至 80%的客户会向亲友或通过网络表达不满，而这些反馈往往会影响潜在客户的购车及服务选择。因此，分析客户流失的原因至关重要，这需要通过适当的调研方法来识别关键因素。

在汽车售后服务领域，客户流失的定义因行业而异。通常，如果客户在半年内未返回企业进行保养或维修，可视为流失客户。具体而言，6 至 12 个月内无回访记录的客户可被视为有流失风险或短期流失客户，而超过一年未回访的客户则可被定义为流失客户或长期流失客户。

1. 客户流失原因分析

有了流失客户的统计数据，分析客户流失的原因就有了依据，但是还要有正确的分析方法，才能找到客户流失的真正原因。

（1）按车龄统计分析

根据规定，对质量担保期不少于三年的车辆进行统计分析。若发现购车时间超过三年的车辆比例较

高，则需进一步分析这些车辆中仅到店维修一次的客户所占比例。若该比例显著，则应根据客户最后一次维修的类型进行筛选。若发现以首次保养和事故维修为主的车辆比例较高，则需进一步按车辆使用性质进行排序。若最终结果显示私家车占多数，则表明服务存在问题，需对服务质量进行全面提升。

对于购车时间超过八年的车辆，若其比例较高，也应采取相同的分析方法。鉴于这个车龄段的车辆更有可能被置换，需关注二手车置换情况及其对客户流失的影响，从而评估日常管理的有效性。

（2）按最后一次到店的行驶里程统计分析

按质量担保期不低于6万公里的规定为统计起点。行驶里程不超过6万公里的车辆占比大于6万公里以上的车辆，且根据“最后一次维修类型”进行筛选，如果保养类型占比较大，则说明问题出在客户体验和日常客户关系维系方面，如预约做得不到位、客户等待时间过长、服务顾问对待客户不亲切友善等。

（3）按车型统计分析

每个品牌都有高、中、低端三种车型，在这三种车型中，根据每个车型的配置不同，又有高配置、中配置、低配置的区分。首先要对高、中、低端车型进行统计，分析各自的占比。如果统计分析中端车型占比大，就需要从服务体验、营销活动、价格策略上进行分析；如果是高端车型占比较大，就要从诚信经营、客户信任方面去分析。再分别选择中档、低档配置的车型，再按上述高、中、低三档统计分析，从中分析出客户流失的关键因素。

（4）按离店“最后一次维修类型”统计分析

为了深入分析“常规保养”类车辆的维修情况，我们需关注那些仅在本店接受过一次服务的车辆比例。若这一比例较高，可能表明我们的服务质量存在问题，导致客户体验不佳，进而转向其他维修服务提供商。

对于那些仅接受过一次服务且为事故车维修的车辆，我们必须专注于提升服务质量，并努力留住现有客户。

在追踪短期流失客户时，我们应注意到部分客户可能并非真正流失，特别是那些使用频率较低的车辆，如家庭代步车，可能在六个月内尚未达到进厂维修的里程。因此，对于统计出的短期流失客户，我们需要进行跟踪回访以确认其真实状态。

对于长期流失客户群体，企业应通过电话调查来了解客户流失的真实原因，包括他们最近一次到店的时间及未再次光顾的原因，并据此开展有针对性的活动。企业应从内部管理入手，从根本上提升服务意识和能力。

对于大多数新车主而言，选择4S店或服务中心的主要原因通常是产品手册中的规定。因此，在质量担保期内，新车主倾向于在4S店或服务中心进行维修保养，这使得客户流失率较低。然而，即便如此，仍有一些客户流失，这通常是由于客户对服务设施或服务本身不满。对于在质量担保期内流失的客户，企业应分析客户反馈的流失原因，并与自身的维修保养流程进行对比，以便进行必要的改进和提升。

2. 客户流失的解决方案

针对调查确定的客户流失原因，制订整改措施，改进自身工作中的缺陷，尽量满足客户需求，预防问题再发生。

（1）对维修质量不满意的客户

在客户信息中备注客户对维修质量不满意，安排专人或者经理亲自跟进解决，并指定班组或高级技师维修，尽最大努力挽留客户。维修企业要对维修技师进行培训及考核，建立奖励机制，提高维修水平。

（2）对服务质量不满意的客户

由服务经理亲自跟进解决，并指定资深服务顾问接待。维修企业应该吸取教训，改善服务质量，提供超出客户期望的服务。这就要求服务顾问必须识别客户的需求，确定服务方向，满足或超越客户的需求和期望。

（3）对维修价格不满意的客户

对维修价格不满意，主要是汽车配件以及工时费高于社会修理企业、路边修理店。针对这种问题，盲目降价并不可行，可以利用一些优惠措施来吸引客户。例如用赠送精品、工时优惠券等吸引客户回店；采取保内免费延保、付费延保、吸引客户预存维修款等措施。

（4）管理问题

建立客户电子档案，可以使维修企业给客户的服务更合适、更高效。客户的车辆一进入维修企业，服务顾问就能够从计算机系统中调取出客户的资料，识别该客户是老客户还是新客户，确定该车上次进行了什么样的维修，能够预测到本次应该进行什么维修保养，确定该客户是什么消费群体等。这样就能够在维修价格、维修质量、维修工期、付款方式、维修保养建议等方面与客户进行友好的沟通，让客户感受到被重视，提高服务质量。

按照系统内信息提示进行跟踪服务，使企业的经营由被动变为主动。当车辆需要进行年审、保险、换证时，维修企业送上温馨提示，拉近与客户之间的关系。

知识拓展

流失客户的处理误区

企业往往容易在一些数字面前迷失方向，一旦出现客户流失，尤其是流失客户的数量较大（即便这个数量在客户总数中占比并不大）时，企业就会如临大敌，惊慌失措，容易出现许多不理性的行为与对策。这些主要表现在以下三个方面。

1. 盲目争取挽留所有流失客户

在处理流失客户问题时，商业化的原则往往容易被忽视。首先表现在企业不估算客户流失损失而盲目争取挽留所有流失的客户。从理论上讲，客户流失的损失与客户的终身价值以及客户保持时间有关，客户的终身价值越大，则客户流失的损失越大；客户保持的时间越长，则客户流失的损失越小。在其他条件不变的情况下，客户流失损失与客户终身价值成正比，与客户保持的时间成反比。

由此可以看见，不同的客户由于其不同的终身价值、处于不同的阶段和环境，对于企业而言利润损失是不同的，企业应该竭力挽留、争取损失大的客户，损失小的客户可以自然放弃，无须花费太多的精力和财力。

2. 不择手段

忽视商业化原则的第二个表现是不区分客户流失原因和不估算挽留手段的成本与后果而极力挽留流失客户。客户除了因不满意而流失以外，还存在其他客观方面的原因，如渠道、竞争和生理原因等。而且，即便是因为不满意而流失的客户，其具体不满意的原因也有所区别，可能是对流程方面不满意，也可能是情感方面的不满意，还可能是综合原因。

不同的原因所需的对策不同，企业不能一刀切，不分清原因强加挽留。同时，不同挽留手段的成本与后果是不同的，企业经常使用的降价、促销、积分、俱乐部计划等手段的成本和所产生的效果是不同的，而且同一种手段对不同的客户所引起的成本和产生的效果也可能是不同的。

3. 典型的事后驱动

对客户流失的处理往往是在客户流失已经成为事实之后进行的，没有预防，只有补救，没有与客户的信息库有机地结合起来，企业十分被动。

三、提升客户满意度

客户满意度管理是汽车售后服务管理的核心，受到汽车和维修企业的广泛关注。它涉及对服务行业客户满意度的调查，衡量客户期望与实际体验之间的匹配程度。通过使用满意度测量、分析和评价工具，企业能够持续改进和创新其售后服务。

客户满意度，或称客户满意指数，可衡量客户对产品或服务的满意程度，是基于客户期望与实际体验的比较。客户满意度分为不满意、满意和高度满意三个层次，取决于客户的体验是否低于、等于或超过其期望。

客户的期望形成受多种因素影响，包括以往经验、他人意见、媒体宣传、企业信息及承诺等。设定合理的期望值至关重要，因为过高或过低的期望都会影响客户的满意度。因此，有效地管理客户的期望是提升客户满意度的关键。

（一）客户满意度与客户忠诚度的表现

提高客户满意度是增强汽车企业和经销商或服务中心竞争实力的一种服务管理模式。客户满意度管理的最终目标是追求客户的忠诚度，一个客户是否忠诚，往往取决于一些小事件的累加。客户满意度与客户忠诚度通常有以下四种表现。

1. 满意度为“不满意”

当客户满意度是“不满意”时，客户忠诚度为负值。客户不仅不会选择令他们感到不满意的产品和服务，还会影响周围其他人选择这种产品或者服务。

2. 满意度为“一般”

当客户满意度为“一般”时，客户忠诚度为零。客户对产品或者服务没有任何特别的深刻体会。客户会在任何同类产品或者服务中进行尝试，直到找到真正让他信任的产品或者服务为止。

3. 满意度为“基本满意”

当客户满意度为“基本满意”时，虽然客户忠诚度为正值，但他们也具有很高的转换率，随时都有可能放弃目前让其感到基本满意的产品或服务，转换到其他的品牌或者替代品。

4. 满意度为“非常满意”

当客户满意度为“非常满意”时，客户会表现出高忠诚度和低转换率，这就是汽车企业一直在追求的“客户欣喜度”，它是客户满意度的最高境界。汽车企业由于为客户提供了超出他们期望值的产品或者服务，客户会有欣喜的体验和感受，所以会表现出高度的忠诚度。各大汽车企业及其服务企业大多通过这些高忠诚度的客户来实现经济效益和社会效益。

（二）提高客户满意度的策略

为了有效地提升客户满意度并使客户感到欣喜，同时解决在客户满意度管理过程中遇到的问题，汽车制造商和经销商面临诸多挑战。了解客户满意度对汽车企业的重要性是基础，但关键在于采取以下的具体措施来实现这一目标。

1. 重视“客户资源”的价值

长期以来，人们对于“客户资源”的认识主要局限于“客户档案”。然而，随着市场环境的演变和竞争的加剧，汽车企业对“客户资源”的认识逐渐深化。这些企业不仅充分认识到“客户资源”的重要性，而且开始更加注重其有效管理和利用。为了实现这一目标，汽车企业通常会采取以下措施：

（1）建立专门的客户关系管理部门

为了确保客户关系管理工作的专业性和高效性，建议建立一个专门的客户关系管理部门。这个部门将负责集中管理所有客户的档案资料以及与客户相关的业务数据，从而确保客户信息的完整性和业务数据的准确性。

（2）重视不同渠道的客户请求和需求

在当今多元化的沟通环境中，客户可能会通过电话、电子邮件、社交媒体等多种渠道与企业进行互动。因此，企业需要对来自这些不同渠道的客户请求和需求信息给予高度重视，并确保这些信息能够被及时、准确地处理和响应，以提升客户满意度和忠诚度。

（3）加强营销机会管理以提高成功率

为了提升营销活动的效果和成功率，企业应当加强对营销机会的管理。这包括对潜在客户进行细致的分析，识别出最有价值的营销机会，并制定针对性的策略来抓住这些机会。通过这种方式，企业可以更有效地分配营销资源，从而提高整体的营销效率和投资回报率。

（4）将客户资源视为资产并挂钩绩效考核

客户资源是企业宝贵的资产之一，因此应当将其视为企业的一项重要资产进行管理。企业可以将客户资源的“利用率”与业务部门的绩效考核挂钩，通过这种方式激励业务部门更加积极地管理和利用客户资源。这不仅能够促进客户资源的更优管理与利用，还能够提升业务部门的工作积极性和整体业绩。

2. 为不同类型的客户提供不同方式的服务

为了提高客户满意度，汽车企业应该对稀缺的经营资源进行优化配置，集中力量提升高价值客户的满意度。与此同时，也应该关注潜在的高价值客户，渐进式提高他们的满意度。

为了提升高价值客户的满意度，需要对客户进行分类。客户类型的划分通常有按车龄、按车辆用途、按客户价值这三种分类方式。

3. 不断收集和研究客户需求

汽车企业要实现中长期的稳定成长和发展，必须要不断地收集和研究目标客户群的产品需求和服务需求，积极而有效地反馈并且还要融入自身的产品和营销策略中去。只有这样汽车企业才能在激烈的竞争中提高现有的客户满意度，赢得新客户。

4. 与客户建立亲善关系

现在的客户越来越理性，他们通过媒体可以获得更多更详细的产品和服务信息，不愿接受被动的推销。因此，各个汽车企业应该为客户提供个性化的服务，使客户在使用产品以及接受服务的过程中获得产品以外的良好的心理体验。服务人员在与客户的交往中，要善于听取客户的意见和建议，表现出对客户的尊重和理解，要让客户感觉到企业特别关心他们的需求。企业还应鼓励服务人员站在客户的角度思考应该提供什么样的服务，以及怎样提供服务。

5. 积极解决客户抱怨

处理客户抱怨是售后服务工作中的一项重要任务，服务顾问需要具备一定的沟通技巧和心理学知识。服务顾问需要了解抱怨客户的心理特点，并保持情绪稳定，学会倾听客户的意见，理解客户的情绪和需求，并采取相应的策略来解决问题。只有这样才能更好地满足客户的需求，提高客户满意度，增强客户的忠诚度。

提高客户满意度，为企业创造更大的利润空间，应该是各个汽车企业都十分关心的问题。只要我们信任和尊重客户，真诚地视客户为朋友，给客户以“可靠的关怀”和“贴心的帮助”，我们就可能赢得客户的满意。

（三）提高客户满意度的途径

提升新能源汽车售后服务企业的客户满意度对于构建品牌忠诚度、促进正面口碑的传播至关重要，同时也有助于增强消费者对新能源汽车技术的信心，进而推动行业的持续发展。实现客户满意度提升的途径主要如下。

1. 重视客户体验

客户体验是指在使用或考虑使用某产品或服务时，客户所经历的感受和产生的行为反应。它不仅包括产品的功能、质量、安全性和设计，还涉及服务品质、营销策略和社交影响等因素。客户体验直接影响客户的满意度、忠诚度和推荐意愿，进而影响企业的品牌形象、市场份额和盈利状况。在新能源汽车行业，客户体验尤为重要，因为新能源汽车不仅是一种交通工具，还代表了一种智能化和环保的生活方式。

市场调研显示，新能源汽车的消费者在购车时，除了价格、品牌和保值率之外，其他主要考虑因素都与客户体验相关。消费者不仅关注续航里程和充电便利性等基本功能，还重视智能化功能、动态和静态体验、安全性能等高级需求。同时，他们对全流程智能化服务、后市场服务、情感化和个性化营销等增值服务也有较高期待。因此，新能源汽车企业必须深入了解并满足客户体验需求，以吸引和留住客户，实现可持续的经济效益增长。

客户体验可以从以下三个维度来具体分析：

（1）产品体验

产品体验是指客户对新能源汽车的第一印象和长期感受，它决定了消费者的购买意愿和满意度。产品体验包括续航里程、充电便利性、智能化与网联化、动态和静态体验、安全性能以及用车成本等方面。动态体验涉及转向、底盘、操控、动力和 NVH（噪声、振动、声振粗糙度），静态体验包括外观、内饰和空间，安全体验则关注碰撞安全性，而用车成本涉及电耗和保养等。

（2）营销体验

营销体验是指客户对新能源汽车品牌的认知和好感，它影响消费者是否愿意关注和推荐该品牌，以及是否成为品牌的忠实粉丝。营销体验包括创意性情感化营销（如故事化宣传）、个性化营销（如精准推荐）和社交体验（如线上社群和线下活动），这些都有助于建立客户与品牌之间的情感联系和归属感。

（3）服务体验

服务体验是指客户对新能源汽车企业提供的增值服务的评价和信任，它影响客户是否愿意继续使用该品牌，并对品牌保持信心和忠诚。服务体验包括购车流程（如线上咨询、看车、预约下单）、交付体验（如上门试驾、交车）和后市场生态服务（如电池换电、保养维修），旨在为客户提供轻松便捷的购物体验和尊贵贴心的服务。

以 2024 年汽车企业的数字化投入为例，除了信息技术基础设施和业务支持外，大部分投资都旨在提升客户的产品体验、营销体验和服务体验。服务体验方面的投资主要集中在后市场服务上。某大型汽车企业的数字化转型也是围绕“以客户为中心”“客户运营”和“客户直连”等关键词进行的。

在售后服务评价方面，客户满意度一直是一个重要指标。然而，目前一些机构已经开始将评价标准从满意度转向体验度。体验度在满意度之上提供了进一步的改进空间。客户满意度虽然简单且易于扩展，但净推荐值（Net Promoter Score，NPS）更能反映客户在全方位体验品牌服务后，是否愿意推荐产品给他人，从而体现客户对产品的真正满意程度。

NPS 是衡量产品是否获得客户认可的关键指标，也是公司利润持续增长的重要指标。目前，国内外的汽车主机厂都将 NPS 作为重要指标引入工作环境，在确保客户满意的基础上，以客户为中心推动产品和服务的持续改进。

2. 提高一次修复率

对于售后服务企业来说，提高 FFV（Fixedat First Visit），即一次修复率，是提高客户满意度的有效途径之一。

FFV 是指服务企业在一段时间内，客户车辆首次进厂即得到满意的维修服务的车辆数 a 与进厂维修总量 b 的百分比：$FFV=a/b\times100\%$。

返修就是指客户重复因为相同的原因到服务企业处报修，它对客户满意度和售后服务量有着显著的影响，FNV（Fixed atNext Visit），即返修率，$FNV=1-FFV$。

返修既包括由于维修技术原因而导致未能排除故障造成的，又包括整个服务接待过程不当引起的客户抱怨，甚至可能是汽车企业某个环节造成客户返厂进行检测维修。因此，要想降低返修率、提高一次修复率，汽车企业需要在生产质量、服务技术及售后服务整个环节上进行优化和提高。

提升客户满意度和售后服务质量是售后服务的核心目标，这不仅涉及维护客户关系，还包括维修技术、车间管理等服务质量因素。要实现这一目标，必须采取有针对性的集中措施。良好的客户关系是实现客户满意的基础，但若返修率高，客户满意度仍难以保证。因此，降低返修率、提高一次修复率是关键。反复返修不仅会显著降低客户满意度，而且可能导致长期的客户不满。汽车服务企业应特别关注返修问题，因为显著且持续地降低返修率是提高客户满意度的有效方法。

汽车企业不仅应关注客户满意度，还应持续优化和改进服务。要降低返修率并提高一次修复率，企业需要深入了解市场特点，进行充分的市场调研，并利用客户满意度调研和销售与服务回访数据进行统计分析。通过这些分析，企业可以有针对性地调整和实施措施，并在组织机构中更有效地执行这些措施，从而提高一次修复率，最终提升客户满意度。

分析一次修复率旨在通过特定方法识别导致返修的根本原因，并确定服务流程中的相关环节，进而制定有效的改进措施以提升一次修复率。为了实现这一目标，必须对返修案例进行深入分析。返修分析可采用两种主要方法：维修过程细节分析和客户对话抽样调查。前者专注于识别导致返修的具体原因，包括合作配套厂、生产厂和服务企业的责任；后者则侧重于了解服务流程中哪些环节影响返修率，并揭示服务企业潜在的改进需求。分析的有效性很大程度上取决于样本选择的恰当性。

通过分析某传统汽车企业的 CSS，即客户满意度调研数据，可以探究服务企业返修率与客户满意度之间的关系，并识别服务环节中的返修原因，见表 5-4。

表 5-4　某服务企业返修原因

序号	返修原因
1	制造商/进口商/国家售后服务中心方面的原因
1.1	无法使用技术问题解决方案
1.2	技术问题解决方案没有以目标为导向
1.3	文献资料不正确
1.4	引导型故障查询没有以目标为导向
1.5	原装零部件供应问题
1.6	缺少原装零部件
1.7	技术服务中心维修咨询没有以目标为导向
1.8	活动
2	服务企业方面的原因
2.1	没有具体描述/了解客户保修内容
2.2	没有将保养内容完整/正确地传递给相关部门/人员
2.3	没有使用文献资料
2.4	没有使用技术问题解决方案
2.5	没有进行引导型故障查询
2.6	没有正确诊断出故障原因
2.7	没有及时订购原装零部件
2.8	维修错误
2.9	维修站装备不足
2.10	保修内容不同
3	客户的感受（包括详细的注释）

返修的原因虽然千差万别，但从整体上可以分为汽车企业的原因和非汽车企业的原因两大类，其中汽车企业的原因又可分为协作配套的零件制造商、进口商、汽车企业的区域、合作配套厂等原因，但这些与销售服务环节和客户使用环节都无关，所以定义为汽车企业方面的原因。这就需要从汽车企业环节

加以整改提高，而除此之外的原因可以从销售服务环节加以改善。

3. 增强服务意识

为了保证提升客户满意度方案的顺利有效实施，充分调动售后服务人员的工作热情，汽车企业会设计一整套的奖励激励措施，同时还对服务企业开展现场辅导工作，全面增强服务人员的服务意识，进而提高服务企业服务人员对提高客户满意度方案的理解和执行。

（1）服务满意度的奖金激励

服务满意度奖金激励旨在通过经济激励降低返修率并提升客户满意度。鉴于服务顾问对返修率的显著影响，特为服务顾问设立客户满意度奖金。此外，通过表彰少数表现最佳的服务人员，旨在提升服务顾问整体的服务能力。

为确保服务满意度正向激励的有效性，需满足以下条件和前提：确保对每个服务顾问服务质量指标的评定具有可信度，并且最佳服务顾问的评定得到广泛认可。评定过程必须透明且清晰，并能进行持续跟踪评比，以确保客观真实性。为达到此目标，建议每年每个售后服务企业至少抽样 60 次客户满意度样本。具体实施步骤如下。

① 确定评定标准和评定期限

奖励人员数量应限制在较低范围，并采用简单计算方法。生产企业可按季度评定服务企业平均满意度，并给予适当激励；服务企业则以月为周期评定服务顾问满意度，并颁发满意度优胜奖和满意度进步最快奖。评定要素及权重应关注与客户满意度和售后服务质量相关的因素，如返修率、交车时对工作的说明、深入了解客户需求、服务企业工作正确性以及客户联系指数等。

② 为限制受奖励人员数量，设定表彰条件

如接车返修率低于排名最靠前的40%的服务顾问，以及客户满意度排名高于最靠前的40%的服务顾问。同时满足这两个条件的服务顾问可视为代表性服务顾问，进入激励范围。

③ 确定奖励等级

奖金分配计划与表彰服务顾问数量（一般为30%）和最高奖金额度（月工资的50%至150%）相关。获奖服务顾问数量应确保每个服务顾问都了解奖励激励措施的存在，至少排名前30%的服务顾问应获得过奖励。奖金数量应根据服务顾问月工资水平确定，下限为月工资的50%，上限为税前月工资的150%。

④ 激励方案应客观合理，并注重经常交流

汽车企业的售后服务部门应邀请优秀经销商的服务总监参加售后服务营销年会，并在年度总结会中进行表彰激励和经验交流。定期交流服务顾问排名，包括全国、大区、小区排名及经销商内部排名，以强化竞争与激励。必要时，可定期举办区域性经验交流会，以强化物质激励与精神激励的结合。

（2）服务技术竞赛激励

这里的服务技术竞赛是广义的，既包括每年一度的服务技术竞赛，也包括日常工作考评中的服务技术竞赛。其目的都是通过竞赛的方式，正向激励少数售后服务企业及售后服务领域业绩突出的优胜者，树立标杆，促进领导重视技术、尊重人才、增强服务意识，并激发服务技术人员钻研技术、用心服务，进而为客户创造欣喜。服务技术竞赛是一种综合的激励措施，具体分为以下两种形式：

① 第一种服务技术竞赛

第一种服务技术竞赛是有针对性地激励企业所有者、服务技师、服务顾问及备件工作人员努力工作，进而降低返修率，为客户创造欣喜。近年来，各汽车企业普遍举行各种服务技术锦标赛，如一汽-大众汽车有限公司奥迪品牌每年组织服务与技术的双杯竞赛。作为竞赛的一部分，各区域都要组织经销商的服务顾问、技术精英以及备件业务人员全员参与竞赛考核，选出区域优胜选手再参加全国决赛，其中优胜者即可得到奖金或其他物质奖励。

② 第二种服务技术竞赛

第二种服务技术竞赛是指对服务企业售后服务组织与管理水平及整体运营质量定期进行综合性评

价，并评出运行良好的服务企业进行正向激励的一种常态性的服务组织与管理能力竞赛。例如，德国大众集团已在欧洲推行欧洲大众汽车售后服务质量奖。它根据 CSS 结果（或具有等同性的分析结果）奖励欧洲排名前 100 名的售后服务企业。实践证明，该措施对创造和实现客户欣喜起到了重要的作用。

（四）客户满意度调查方法

客户满意度调查是一种衡量客户对产品、服务或品牌整体满意度的方法。它通常包括一系列调查项目，旨在评估客户的满意程度、忠诚度以及他们对改进的建议。调查可以通过多种方式进行。

1. 客户满意度调查项目

客户满意度调查项目见表 5-5。

表 5-5 客户满意度调查项目

调查项目	调查对象	调查内容	调查频次	结果输出	结果发布
飞行检查	经销商、服务站	硬件设施、服务设施、流程执行等	季度	调查分析报告	调查结束
预约面访	组织客户、终端客户	SSI（Sales Satisfaction Index，即终端客户对经销商在销售各环节提供的服务的满意程度）、CSI（Customer Satisfaction Index，即终端客户对服务站在售后各环节提供的服务的满意程度）等	季度		
电话调查	终端客户	SSI、CSI、试乘试驾等	季度		
神秘调查	经销商、服务站	销售、售后服务标准流程等	季度		

2. 客户满意度调查流程

客户满意度调查流程具体如下。

（1）满意度调查的启动

根据满意度工作的相关内容，选择合适的调研方式，适时开展相关满意度调查，并在规定周期内完成满意度调查工作，输出满意度调查结果、报告，并报给相关业务部门。

（2）满意度调查项目的确定

客户关系部根据销售服务、售后服务的相关执行标准，综合业界调查内容、客户关注点等多方面内容制定相关服务满意度调查问卷，经销售管理部、服务管理部共同评审后执行。质量管理部根据车辆质量相关标准，综合业界调查内容，客户关注点等多方面内容制定相关服务满意度调查问卷。

（3）满意度结果的输出及应用

满意度调查工作完成后，由满意度调查执行部门输出满意度调查结果并报告至相关业务部门，相关业务部门根据满意度调查的结果，制订业务改善计划，并落实实施。

3. 调查对象及成绩计算方法

满意度调查的对象及成绩计算方法如下。

（1）经销商和服务站

通过飞行检查和神秘客户调查问卷，评估经销商和服务站对新能源汽车公司政策的执行情况。此评估成绩将作为改进和优化的参考，并纳入经销商和服务站的考核体系。

（2）终端客户

通过电话调查问卷，了解个人客户对经销商和服务站提供服务的满意度。此满意度成绩将作为改进和优化的参考，并纳入经销商和服务站的考核体系。

（3）组织客户

针对组织客户的特定需求，设计专用问卷，并主要通过面对面访问的方式，调查组织客户对销售、售后服务和产品的满意度。此满意度成绩将作为改进和优化的参考，但不纳入经销商和服务站的考核体系。

4. 飞行检查执行标准

飞行检查的执行标准如下。

（1）调查对象

飞行检查的对象为已正式运营（通过验收并获准营业）满三个月的新能源汽车公司经销商和服务站。

（2）调查内容

检查内容涵盖经销商和服务站在执行各项服务标准流程的过程中产生的记录，以及硬件建设、服务设施和服务环境等项目。具体检查细则依据调查问卷，并根据市场环境的变化进行适时修订。

（3）执行标准

新能源汽车公司客户关系部将组织内部人员或委托第三方人员对经销商和服务站进行飞行检查。飞行检查将采用明访形式，检查人员必须明确表明身份，而经销商和服务站有责任配合检查工作。

（4）调查频次及发布时间

飞行检查将每季度进行一次，全国范围内的调查结果将在次月公布。

5. 电话调查的执行标准

电话调查的执行标准具体如下。

（1）调查对象

第一类调查对象为新能源汽车公司已交车终端客户；第二类调查对象为 1~2 个月内有接受过新能源汽车公司服务站服务的终端客户。

（2）调查内容

新能源汽车公司经销商、服务站在销售、售后服务过程中对标准流程的落实度及客户满意度。具体细则以调查问卷为准，并根据市场环境不断修订。

（3）执行标准

由新能源汽车公司客户关系部组织人员或委托第三方人员对调查对象进行电话访问。

针对第一类调查对象，由销售管理部提供准确交车信息，客户关系部在交车后 7~15 天对个人客户进行抽样 SSI 电话调查访问，每家经销商每月有效样本应不小于 10 个。

针对第二类调查对象，由服务管理部提供客户工单信息，客户关系部按照维护→自费维修→保修的调查顺序，对个人客户进行抽样电话调查访问，每家服务站每月有效样本应不小于 15 个。

（4）调查频次及发布时间

电话调查每月滚动进行，并在当季调查结束后的次月公布成绩。

6. 预约面访的执行标准

预约面访的执行标准具体如下。

（1）调查对象

第一类调查对象为新能源汽车公司已交车所有客户（包含终端客户、组织客户等）；第二类调查对象为半年内有接受过新能源汽车公司服务站服务的所有客户（包含终端客户、组织客户等）。

（2）调查内容

销售、服务流程中重点考核项目，对标 JD. Power 调查项目，新能源汽车特殊调查项目，车辆使用、质量相关项目，客户意见及建议等。具体细则以调查问卷为准，并根据市场环境不断修订。

（3）执行标准

新能源汽车公司客户关系部组织人员或委托第三方人员对调查对象进行面对面访谈。针对第一类调查对象，由销售管理部提供准确交车信息，客户关系部对客户进行抽样邀约访谈，每家经销商每季度样本不少于 3 个。针对第二类调查对象，由服务管理部提供准确工单信息，客户关系部对客户进行抽样邀约访谈，每家服务站每季度样本不少于 1 个。

（4）调查频次及发布时间

预约面访建议每季度进行一次，并在全国调查结束后的次月公布成绩。

7. 神秘调查执行标准

神秘调查的执行标准具体如下。

（1）调查对象

调查对象为已营业（通过验收并获准营业）满三个月的新能源汽车公司经销商、服务站。

（2）调查内容

新能源汽车公司经销商、服务站对销售、服务标准流程的执行程度及服务态度、服务表现等客户主观感受。具体细则以调查问卷为准，并根据市场环境不断修订。

（3）执行标准

新能源汽车公司客户关系部组织人员或委托第三方人员对经销商、服务站进行神秘调查。

针对已交车客户，调查人员以神秘客户身份对新能源汽车公司经销商进行暗访。

针对半年内接受过服务站服务的客户，调查人员邀约客户共同对新能源汽车公司服务站进行暗访。

（4）调查频次及发布时间

神秘调查建议每半年进行一次，并在全国调查结束后的次月公布成绩。

知识拓展

新能源汽车客户调查术语

1. SSI

终端客户对经销商在销售各环节提供的服务的满意程度。

2. CSI

终端客户对服务站在售后各环节提供的服务的满意程度。

3. 飞行检查

由新能源汽车营销公司或委托第三方开展的，针对经销商、服务站硬件建设、服务设施、服务环境及其他相关要求执行的公开检查。

4. 电话调查

由新能源汽车营销公司或委托第三方开展的，针对客户，通过电话外拨形式，以了解客户对车辆使用及经销商、服务站服务满意程度的调查。

5. 预约面访

由新能源汽车营销公司或委托第三方开展的，针对客户，通过面对面访谈形式，以深入了解客户对车辆及经销商、服务站服务满意程度及意见、建议的调查。

6. 神秘调查

由新能源汽车营销公司或委托第三方开展的，针对经销商、服务站，以神秘客户身份了解经销商、服务站对销售、服务流程执行程度的调查。

任务二　客户投诉处理

任务描述

你是某新能源汽车售后服务企业的客户关系协调专员，客户张先生购买本企业生产的新能源汽车后，在使用过程中频繁出现故障。他多次将车辆送至售后服务中心进行维修，但问题始终未能得到彻底解决。张先生对此非常不满，认为维修人员的专业技能不足，且使用的工具和设备可能不符合标准，导致维修质量不佳。他前往售后服务前台，向服务主管提出了正式投诉，要求企业对此给予合理解释，并提出赔偿要求。你该采取哪些措施解决客户问题，同时维护公司的形象和声誉。

任务分析

为确保本任务的顺利完成，建议遵循以下流程：耐心倾听张先生的投诉内容，不打断、不反驳，确保全面理解他的诉求和问题所在；迅速做出反应，及时向张先生回复，表明本企业对此类问题的重视程度；在处理过程中，坚持公正公平，不偏袒任何一方，力求提出一个让张先生满意的解决方案；以坦诚的态度面对问题，不回避事实，不推卸责任，积极寻求问题的解决方案，以赢得张先生的理解和尊重。

任务实施

一、客户投诉分析

如果售后服务企业忽视客户的抱怨，或者对客户的抱怨处理不当，则很容易引发客户投诉。售后服务企业首先要对投诉进行认真分析，把客户投诉的原因、方式和客户的类型等各方面分析清楚，才能进行下一步的投诉处理工作。

（一）客户投诉的分类

客户投诉按照不同的分类方式可以有很多种类型，按照投诉的重要度可以将投诉按表 5-6 所列的分类进行界定。

表 5-6　按重要度界定的投诉分类

分类	具体表现
一般投诉	呼叫中心在电话中首轮安抚仍无法解决，需联系售后服务企业处理的投诉
升级投诉	3 日内未得到解决的一般投诉； 跟进次数超过 2 次的一般投诉； 重复投诉下发为升级投诉； 地方媒体、地方投诉受理部门（如工商局、质检局等）关注的投诉； 从新媒体渠道获取有一定影响的、需要及时处理的投诉； 产品质量类投诉（如服务行动、召回等）

表5-6(续)

分类	具体表现
重要投诉	车辆气囊、火烧车、事故车类投诉； 诸如中央电视台之类主流媒体、投诉受理部门（如中国消费者协会、国家市场监督管理总局等）关注的投诉； 聚众干扰汽车企业和售后服务企业正常业务秩序的危机和其他形式的危机类投诉； 从新媒体渠道获取的有重大影响、需要紧急处理的投诉； 在区域事业部处理后仍无法与客户达成一致的投诉

（二）客户投诉的原因

客户投诉的原因是多方面的，下面将详细阐述这些原因。

1. 服务态度问题

服务人员在与客户互动时表现出的服务态度不佳或沟通不足，这往往会导致客户不满。服务态度的不专业或不友好，以及缺乏有效的沟通技巧，都可能成为客户投诉的直接原因。

2. 维修质量问题

维修技术不足导致汽车故障无法一次性或多次修复，这会引起客户的不满和投诉。技术问题可能包括维修人员的专业技能不足，或者维修过程中使用的工具和设备不符合标准，从而影响了维修的质量。

3. 客户操作不当

客户因操作不当或缺乏对汽车产品的了解，导致使用问题，进而产生投诉。这可能是因为客户没有阅读或理解使用手册，或者在使用过程中没有遵循正确的操作程序。

4. 维修价格争议

客户认为维修费用与期望值相差过大，这导致了对价格的不满和投诉。价格争议可能源于维修服务的透明度不足，或者客户对维修过程中所涉及的费用没有得到充分的解释。

5. 配件质量差异

使用进口件或副厂件未提前通知客户，这导致客户对配件质量和价格的质疑。配件的来源和质量应当是透明的，任何未告知客户的变化都可能引起客户的不信任和投诉。

6. 维修不及时

售后服务企业在维修过程中未能及时供应配件或维修不熟练以及对工作量估计不足且未与客户沟通，这导致了客户投诉。维修的及时性是客户满意度的关键因素之一，任何延误都可能对客户的日常使用造成不便。

7. 产品质量问题

设计、制造或装配不良导致的质量缺陷，以及与客户沟通不足，引发客户投诉。产品质量问题可能包括材料缺陷、工艺问题或设计上的失误，而这些问题如果没有得到及时的沟通和解决，会进一步加剧客户的不满。

（三）投诉客户的需求

投诉客户的需求主要有以下三种类型。

1. 求得尊重

在客户接受服务的过程中，他们期望能够得到应有的尊重，或者至少与其他客户享有同等的尊重。当客户感觉到自己没有得到应有的尊重时，他们可能会产生不满情绪，从而提出投诉。这种投诉通常与服务人员的态度有关，可能是由于服务人员的言行举止让客户感到不被重视或不被尊重。

2. 求得发泄

客户在面对维修不及时、维修质量不佳，或者遭受恶劣对待时，可能会感到委屈和不满。在这种情况下，他们可能需要一个发泄的出口，以表达自己的不满和失望。此外，即使不是因为服务问题，客户也可能因为其他原因感到受了委屈，而选择通过投诉来发泄自己的情绪。

3. 索求赔偿

当客户因为维修质量出现问题、配件质量存在差异，或者维修价格超出他们的心理预期时，他们可能会提出赔偿的要求。这种需求通常与经济利益直接相关，客户希望通过赔偿来弥补他们因服务问题而遭受的损失。

(四) 客户投诉的方式

处理好直接到服务前台的投诉是防止其他形式投诉发生的关键。企业应重视并优化前台投诉处理机制，以减少客户采取其他更广泛的投诉途径。客户投诉的途径主要如下。

1. 服务前台投诉

客户可以直接前往服务前台向服务主管或服务顾问提出投诉。这类投诉通常涉及维修质量、维修过程和维修价格等问题。处理好前台投诉至关重要，因为及时解决这些问题可以有效避免其他形式的投诉。

2. 向企业高层或客服部门投诉

客户可以选择向售后服务企业的高层领导或客服部门投诉，通常通过电话或直接面谈的方式进行。这种方式表明客户希望问题能够得到更高层次的关注和解决。

3. 投诉汽车企业

当客户对售后服务企业的处理结果不满意时，他们可能会选择直接向汽车企业投诉。这表明客户希望汽车企业能够介入并解决他们的问题。

4. 新闻媒体投诉

客户可能会通过电视、广播、报纸等新闻媒体进行投诉，希望通过公开曝光引起相关部门的注意。这种方式通常是在客户认为其他投诉途径无效时采取的。

5. 行业主管部门或消费者协会投诉

客户还可以向行业主管部门或中国消费者协会投诉，希望这些机构能够协助解决问题。这种方式表明客户希望借助外部权威力量来推动问题的解决。

6. 互联网投诉

在互联网时代，客户越来越多地通过微博、论坛、短视频等方式发布投诉信息。这种方式操作简单且影响力大，不容忽视。及时关注和处理互联网上的投诉信息对于企业来说至关重要。

二、处理客户投诉的原则

处理客户投诉是为了防止客户流失、减少负面影响、获得有价值的信息。客户服务部门在处理客户投诉时，应遵循以下原则。

(一) 积极倾听原则

在处理客户投诉的过程中，应当展现出最大的耐心，仔细倾听客户的投诉内容，不打断他们的话语，也不进行反驳，确保能够全面而深入地理解客户的诉求和问题所在。

(二) 及时响应原则

一旦收到客户的投诉信息，应迅速做出反应，及时地给予回复。这不仅表明了企业对此类问题的重视程度，同时也避免了让客户感到他们的声音被忽视，从而维护了客户的信任和满意度。

（三）公正公平原则

在处理客户投诉时，必须坚持公正公平的原则，对待每一位客户都应一视同仁，不偏袒任何一方，确保处理结果能够得到所有人的认可，维护企业的公正形象。

（四）诚实守信原则

面对客户的投诉，应以坦诚的态度来面对，不回避事实，不推卸责任，积极地寻求问题的解决方案，以诚实守信的行为赢得客户的理解和尊重。

知识拓展

如何应对三种特殊客户的投诉

1. 感情用事者

碰到这样的客户，务必保持冷静、镇定，让其发泄，仔细倾听，并表示理解，尽力安抚，告诉客户一定会有满意的解决方案，语气谦和但有原则。

2. 固执己见者

碰到这样的客户，先表示理解客户，然后力劝客户站在互相理解的角度看问题，并耐心劝说和解释所提供的处理方案。

3. 有备而来者

碰到这样的客户，要谨言慎行，尽量避免使用文字，要明确表示解决问题的诚意。

三、处理客户投诉的流程

客户投诉的预防、受理和处理是新能源汽车售后服务企业客户投诉管理的主要内容。处理好客户投诉，可以提高客户满意度，降低客户流失率。新能源汽车售后服务企业可通过分析投诉信息，挖掘潜在商机，让客户投诉转变为企业利润的增长点。

处理客户投诉的流程一般如下。

（一）让客户发泄

新能源汽车售后服务企业应视客户为合作伙伴，而非争辩对象。当客户带着不满情绪来投诉时，企业应热情接待，真诚对待，并允许客户充分表达不满和愤怒。心理专家指出，愤怒时最需要的是情绪宣泄，因此企业应让客户充分发泄情绪。

服务人员在倾听客户表达时，应保持专注，用眼神和点头等肢体语言表示关注，并用“是的”“我明白”“我理解”等语句来表达对问题的理解。同时，复述客户的话以澄清细节，确保准确理解客户的需求。

（二）记录投诉要点

服务人员在接到投诉时，应详细记录投诉的要点，包括投诉人信息、投诉对象、内容、时间、购买时间、使用方法、要求、解决方案偏好和联系方式等。同时，评估投诉是否成立，理由是否充分，要求是否合理。

若投诉成立，企业应感谢客户并表示愿意弥补损失。若投诉不成立，应婉转解释，消除误会。

（三）提出并实施解决方案

处理投诉的关键是迅速解决问题。首先，立即纠正错误，表明企业认真处理的态度。然后，根据情况提出解决方案，如维修或赔偿，并以建议的方式提出，说明方案的好处。若客户不满意，应询问其意见，并根据客户认可的方案迅速执行。

（四）跟踪服务

投诉处理后，企业应通过电话、微信或上门拜访等方式进行后续跟踪，了解客户对解决方案的满意度，并根据反馈进行必要的调整。跟踪服务显示了企业的诚意，有助于提升企业形象，增强客户忠诚度。

四、处理客户投诉的技巧

在处理客户投诉的过程中，掌握一定的技巧是非常重要的。这不仅有助于缓解紧张的客户关系，还能提升公司的整体形象。以下是一些具体而有效的技巧。

（一）运用身体语言

在客户服务领域，处理客户投诉时，身体语言的运用至关重要。客户服务人员可以运用的身体语言技巧包括。

1. 保持表情自然

保持表情自然和放松，避免在面对客户时显得紧张或严肃，这样可以营造出一种轻松的沟通氛围。

2. 保持眼神交流

在交谈或倾听时，保持适当的眼神交流，这不仅显示出对客户的尊重，也有助于建立信任感。

3. 认真倾听抱怨

认真倾听客户的抱怨，努力理解客户的心情和需求，不要忽视客户的感受，这有助于找到问题的根源并提出有效的解决方案。

4. 避免语调激动

控制好自己的情绪，避免语调激动或抢话，以免加剧客户的不满情绪。保持冷静和专业，有助于更有效地处理投诉。

（二）稳定客户情绪

在处理客户投诉的过程中，稳定客户情绪是至关重要的一步。以下是一些有效的稳定客户情绪的技巧。

1. 单独交谈

将情绪不稳定的客户带到一个单独的房间进行交谈，这样可以有效避免客户在公众场合情绪进一步激动，同时也能防止对其他客户产生不良影响。

2. 让客户放松

邀请客户坐下，并为他们准备一些饮品，这些小动作可以让客户感到舒适，有助于缓解紧张情绪。

3. 避免争辩

客户服务人员应当认识到，客户的不满往往反映出服务中存在的问题。在客户情绪不稳定时与其争辩，不仅无法解决问题，还可能加剧矛盾。在任何情况下，都不应将自己的观点强加于客户。

4. 暂时转移话题

例如，询问客户的工作单位性质等，通过引导客户谈论他们感兴趣的话题，可以有效转移他们的注意力，从而稳定情绪。

（三）掌握交谈技巧

在处理客户投诉时，客户服务人员应掌握以下交谈技巧。

1. 认真倾听

认真倾听客户的声音，通过肢体语言和口头回应表达出对客户的关怀，让客户感受到客户服务人员真心想要帮助他们解决问题。

2. 确认投诉的核心

确认投诉的核心内容，确保对客户的问题有准确的理解，这是解决问题的第一步。

3. 深入发掘客户需求

通过提问来深入发掘客户的不满和需求，这有助于更全面地了解问题，并找到更合适的解决方案。

4. 认同客户的情感

在必要时，认同客户的情感，对他们的投诉表示出真诚的理解和同情，这有助于缓解客户的紧张情绪，为解决问题创造良好的氛围。

（四）掌握谈判技巧

在处理客户投诉时，客户服务人员还应掌握以下谈判技巧。

1. 运用转移法

在面对难以直接回答的问题时，可以采用反问的方式，提醒客户双方都有责任，从而巧妙地转移话题，避免正面冲突。

2. 采用递延法

在需要更多时间来处理客户投诉时，可以以需要请示上级为由，为自己争取到更多的时间，以便更周全地解决问题。

任务三　客户价值共创管理

任务描述

某新能源汽车售后服务企业近期发现，客户对于新能源汽车的售后服务体验存在诸多不满，包括维修周期长、服务不透明、维修费用高等问题。为了改善客户体验，提升服务质量，该企业决定引入价值共创的理念，邀请客户参与到售后服务流程中来。该企业应该如何实施这个计划？

任务分析

为确保本任务的顺利完成，建议遵循以下流程：设计一个名为“绿色守护”的售后服务共创平台，该平台将客户、售后服务团队、技术专家等各方关联起来，共同参与到新能源汽车的售后服务中来。客户可以通过平台预约维修服务，实时查看维修进度，了解维修过程中的各项费用。同时，鼓励客户在平台上分享自己的用车经验、维修心得，以及对本售后服务企业的服务提出改进建议。

任务实施

价值共创是在21世纪初提出的理论，认为未来企业竞争将依赖于一种新的价值创造方法，该方法以个体为中心，强调消费者与企业共同创造价值。传统观念认为，价值由企业创造并通过交换传递给消费者，消费者仅是价值的使用者而非创造者。

然而，随着环境变化，消费者的角色已从消极购买者转变为积极参与者。他们参与企业的研发、设计和生产过程，并在消费领域贡献知识技能以提升消费体验。这表明价值不仅来源于生产者，而是基于消费者与企业及其他利益相关者的共同创造，最终由消费者决定。

价值共创对企业和消费者都具有重要意义。它通过让消费者参与价值创造，帮助企业提高服务质量、降低成本、提高效率、发现市场机会、创新产品、改进现有产品、提升品牌知名度和价值，从而构建竞争优势。消费者通过参与共创，获得满意的产品、成就感、荣誉感或奖励，并通过交互获得独特体验，进而提高对企业的满意度和忠诚度、增强购买意愿。

一、价值共创分类

价值共创的概念可以被细化为两个主要领域：生产领域的价值共创和消费领域的价值共创。

在生产领域，价值共创可以进一步细分为制造业和服务业两个方面。在制造业中，消费者直接参与生产过程，成为生产者的一部分，这种参与通常体现在新产品的开发阶段。通过让消费者参与设计和研发活动，企业不仅能够降低成本、提高生产效率，而且能够更好地满足消费者的需求，创造出令消费者满意的产品。

在服务业中，价值共创则体现在客户与服务提供商之间的互动和适应过程中。客户在服务过程中扮演着兼职员工的角色，通过与服务提供者的合作，双方能够实现共赢。服务业价值共创的实践包括客户参与新服务的开发、服务创新以及自助服务技术的使用等方面。

消费领域的价值共创代表了一种新兴的价值创造形式，它关注的是体验价值的共同创造，这种价值创造是由消费者主导和决定的。在这一领域，价值共创的研究主要集中在以下三个方面。

（一）消费者独立创造价值

消费者独立创造价值是指消费者在使用企业提供的产品或服务的过程中，自行创造价值，而企业并不直接参与消费者的消费过程。根据企业是否参与消费者的日常消费过程，服务逻辑可以被划分为全面服务逻辑和自我服务逻辑。全面服务逻辑下，企业通过提供信息、技术支持等方式积极参与消费者的消费过程，试图影响消费者的偏好。而自我服务逻辑下，企业仅提供价值主张，不直接参与消费过程，消费者通过使用企业提供的产品或服务来创造个人价值。尽管如此，消费者在自我服务中所获得的价值仍然建立在企业提供的产品或服务之上，因此，实质上价值是由企业和消费者共同创造的。

（二）消费者与企业互动共创价值

消费者与企业互动共创价值是共创价值理论的核心观点之一。在这种模式下，企业的目标不是直接为客户创造价值，而是激发客户从企业提供的产品或服务中自行创造价值。与消费者接触频繁的关键人员（如上门服务员、推销员和服务顾问等）通过提供满足消费者需求的产品或服务，并通过真诚的互动和建立信任关系，能够为消费者带来更优质的体验。

（三）消费者之间互动共创价值

消费者之间的互动是消费领域中重要的服务体验，这种体验会影响消费者对企业的满意度和忠诚度。在社区中，价值共创的四种方式包括社会网络的构建、印象管理、社群义工和品牌使用，这些方式直接来源于消费者的贡献，并完全发生在消费领域内。

二、价值共创模式

驾车出行已经成为现代生活的重要组成部分，各大汽车品牌不断研发性能多样、适合不同场景的车辆。然而，无论研发团队多么精干，市场调研范围多么广泛，用户驾车场景的信息收集始终难以覆盖全部场景。消费者在遇到新场景时，汽车在新环境下出现问题，以及客户在不同条件下对驾车体验的反馈，这些问题无法仅通过研发团队的智慧来解决。因此，我们设想是否可以建立一个平台，将众多汽车用户、4S 店、维修站、保险公司等关联方囊括进来，共同参与汽车价值的创造。

（一）汽车价值共创模型的构成与运作

“汽车价值共创模型”是一个多方参与的生态系统，包括主机厂、品牌商客户、竞争对手等众多相关方。购车过程中，客户会进行市场调研、咨询其他用户、到 4S 店看车试驾、咨询保险业务等，这些环节涉及多个部门和人员。传统的“企业思维方式”仅限于主机厂和客户之间的生产和消费关系，而价值共创模型则将主机厂和消费者视为汽车关系网中的两个节点。接触车辆的个体在不同时间、地点、场景下了解车辆状态，产生反馈信息，这些信息对主机厂掌握“全场景车辆信息”具有不可估量的价值。通过这个平台，可以招募客户、潜在客户、技术专家、超级体验师等，通过互动维系社群的存在，贡献有价值的意见和建议，从而从汽车设计源头提升品质和性能。

（二）汽车价值共创模型的创新价值与趋势

“汽车价值共创模型”揭示了一种全新的价值创造模式，以“客户体验”为核心，由客户和品牌共同创造价值。随着价值共创效益的逐渐显现，越来越多的客户愿意表达自己的喜好和预期，越来越多的主机品牌愿意从中获取有价值的信息，形成了全新的价值共创机制。企业和客户之间的边界不断扩展，相关群体都成为价值共创的元素，共创主体越来越庞杂，互动越来越频繁，共创价值越来越高。

（三）消费者与品牌商角色的重新定义

价值共创模型揭示了一个趋势：消费者和品牌商（企业）的角色将被重新定义，二者不再是买方和卖方的关系，而是合作共赢的伙伴。企业不再是产品价值的核心，消费者也不再是被动接受者，双方变成了合作关系。企业的责任是经营共创平台，为客户创造体验场景。众多消费者会寻找多元化的体验场景来尝试，创造出来的价值是不同体验结果的综合体。企业在培育良好的体验场景后，开始收获成果。在这个过程中，产品质量不再是首要关注点，取而代之的是共创体系的质量。高质量的共创体系需要高效的基础设施保障，善于发布主题、制造场景，让客户进行多样化体验，同时始终遵循企业创新方向、企业文化和社会责任。

三、价值共创机制

为保证共创能够顺利完成并发挥应有的作用，企业需要构建一个价值共创（IERT）机制。价值共创机制应包含四方面因素：互动（Interaction）、体验（Experience）、风险评估（Risk Assessment）和透明度（Transparency）。

（一）互动

通过互动，企业不仅能够洞悉客户的需求，还能促进用户深度参与，实现与企业及设计团队的共情、共景、共识。通过这种互动方式，设计团队能够全面掌握消费者的需求，并从消费者的角度审视问题。

在情感与心理层面达成一致后，设计师得以与客户共同深入场景分析，识别关键环节及影响因素。通过此过程，设计师能够深入理解消费者在不同情境下对产品性能的期望与依赖程度，并且能够辨识客户对产品故障或性能下降的可接受限度。在此基础上，设计师需与客户就产品的设计性能与客户的期望达成共识。保留那些能够实现目标、符合成本要求、技术水平和设计理念的元素，同时搁置那些存在争议的内容，排除那些可能损害企业形象和消费者利益的元素。在消费者期望与产品设计的可行性之间寻求平衡，尤为重要的是赢得消费者的理解与宽容，从而确保设计能够获得消费者的全面认可与充分的包容。

（二）体验

如果说互动是纸上谈兵，体验则是实际感受的过程。企业一定要让消费者得到体验的机会，同时给予必要的支持。如提供相关的专业知识、使用工具、必要的场景等。

通过资源的投入来保证充分体验的必备条件，让消费者毫无阻碍地按照自己的方式去实践，随心所欲地进入使用场景中，从而激发内心真实的感受。这个过程既可以验证消费者想法的科学性与可行性，同时也是检验设计团队的理解能力、研发能力，企业技术水平和资源保障能力的过程。若消费者的体验感受好，不仅可以获取第一手资料，还可以树立企业的形象，赢得消费者的信心。从研发阶段就可以培养“粉丝群”，通过不断体验缔造出专业水准的超级用户。

（三）风险评估

对于消费者体验后的评价和期待，企业除了收集、整理外，还有一项重要的工作就是评估风险。这里的风险主要是指产品一旦投入使用，对消费者造成的伤害和给企业带来的不利影响。在与消费者沟通的过程中，设计团队很可能因为创意和灵感而兴奋，容易忽略潜在的风险。对于风险管控的最佳办法就是“披露”，毫无掩盖地公之于众。在消费者为产品性能欢呼的时候，设计者们需要保持冷静的头脑，充分评估产品可能带来的风险。在充分评估风险的同时，将具体内容以及潜在危害进行披露，不仅保证了消费者的知情权，同时还大大降低了“危机公关”的概率和处置成本。

（四）透明度

一直以来损害消费者利益的最大因素是信息的不对称。但是随着网络信息的不断发展和普及，消费者的专业水平不断地提升，生产环节的“黑箱”和“信息孤岛”正在逐渐消失。随着商品、技术和信息获取的成本越来越低，企业很难有所隐瞒。与其让消费者挖出来，不如生产厂家率先做到信息透明，如成本、周期、利润率、产品知识等相关信息都可以列入透明范畴。让消费者充分了解产品信息的另一个好处是可以提升消费者对于价值共创机制的信任程度，充分的信任不仅有助于价值共创的实施效果，同时还有助于维护价值共创机制的长远发展。

项目小结

本项目深入探讨了新能源汽车领域的客户关系管理。首先介绍了如何维护客户关系，以提高客户满意度；其次介绍了处理客户投诉的策略与技巧；最后介绍了客户价值共创管理的三大核心议题。通过参与本项目的学习，学习者将掌握如何通过高效的客户关系管理提高客户满意度，习得处理客户投诉的策略与技巧，并了解如何与客户携手共创价值。进而实现对客户关系的有效管理，提升客户服务质量，增强企业的市场竞争力。

项目工单

学习完本项目的内容后，请完成如下的项目实训，见表 5-7。

表 5-7 实训表

<table>
<tr><td>任务名称</td><td colspan="6">售后服务满意度提升实训</td></tr>
<tr><td>姓名</td><td colspan="2"></td><td>班级</td><td></td><td>学号</td><td></td></tr>
<tr><td colspan="2">学时</td><td colspan="2"></td><td>日期</td><td colspan="2"></td></tr>
<tr><td>所需设备</td><td colspan="6">计算机或平板电脑用于数据收集和分析、电话系统或在线调查工具用于执行电话调查、录音设备用于记录面访和神秘调查、调查问卷打印材料、数据分析软件（如 Excel、SPSS 等）</td></tr>
<tr><td>任务目的</td><td colspan="6">通过实训，了解并掌握售后服务满意度的评估方法，学会如何设计和执行客户满意度调查，以及如何根据调查结果提出改善措施</td></tr>
</table>

一、任务描述

设计并实施一次针对汽车售后服务的客户满意度调查。分析调查结果，并提出基于结果的改进措施。制定并实施一个激励方案，以提高服务人员的工作积极性和客户满意度。

二、分组讨论

全班学生以3~6人为一组，选出各自的组长，组长对组员进行任务分工并将分工情况记录在任务分工表（表5-8）中。

表5-8　任务分工表

小组成员	姓名	学号	任务分工
组长			
组员			

问题1：如何设计一个有效的客户满意度调查问卷？

问题2：在收集数据时，如何确保调查结果的准确性和可靠性？

问题3：根据调查结果，我们应该如何制定激励措施来提高服务人员的工作表现？

三、实施过程

在实际操作过程中，将操作内容及实施过程中遇到的问题和解决办法记录在表5-9中。

表5-9　遇到的问题和解决办法记录表

序号	操作内容	遇到的问题	解决办法
1			
2			
3			
4			
5			
6			

四、实训评价

请各组选出一名代表展示实施的成果，并配合指导老师完成表5-10的实训评价。

表5-10　实训评价

项目名称	评价内容	分值	评价分数		
			自评	互评	师评
职业素养考核项目（50%）	在小组讨论和任务执行中展现出的协作精神和团队合作能力	15分			
	在与调查对象沟通时展现出的清晰表达和有效倾听能力	15分			
	对实训任务的认真态度和对结果负责的态度	20分			

表5-10（续）

项目名称	评价内容	分值	评价分数		
			自评	互评	师评
专业能力考核项目（50%）	能够设计出科学、合理的客户满意度调查问卷	15 分			
	能够准确分析调查数据，并从中提炼出有价值的信息	15 分			
	能够根据调查结果提出切实可行的改进措施	20 分			
合计：综合分数	自评（20%）+互评（20%）+师评（60%）	100 分			
综合评估		教师（签名）：			

课后练习

一、填空题

1. 客户关系管理是指企业利用________和________，以提高核心竞争力为目的，协调与客户在销售、营销和服务方面的互动。

2. 客户关系管理的核心思想是将客户作为企业的重要资源，通过收集并分析销售、市场和全面、个性化的客户资料，给客户提供快捷和周到的优质服务，从而提高______________，吸引和保留更多的客户，提高利润。

3. 价值共创机制（IERT 机制）包含四方面因素：________（Interaction）、________（Experience）、风险评估（Risk Assessment）和透明度（Transparency）。

二、简答题

1. 客户关系管理的分类有哪些？
2. 客户投诉的原因有哪些？
3. 处理客户投诉的流程有哪些？

项目六 新能源汽车质量担保、安全与环境管理

项目导读

作为未来交通领域关键组成部分的新能源汽车，其质量担保、安全与环境管理对于行业的可持续发展至关重要。新能源汽车的质量担保管理构成了消费者信心的根基。同时，新能源汽车售后服务企业的安全管理是确保企业稳定运营的不可或缺的条件。新能源汽车售后服务企业通过内部事故的应急处理以及对外的安全管理措施，能够有效地预防安全事故的发生，从而保障员工及财产的安全。

环境保护管理是新能源汽车行业所肩负的重要责任。新能源汽车废液的收集、固体废弃物的处理，以及汽车维修过程中排放物的处理，均是环境保护的关键环节。通过实施有效的环境管理措施，可以最大程度地减少新能源汽车生产和维护过程中对环境的负面影响。

学习目标

知识目标

1. 掌握新能源汽车质量担保的相关规定。
2. 了解新能源汽车企业安全管理的各个方面。
3. 熟悉新能源汽车环境保护管理的基本知识和技术。

技能目标

1. 能够遵循新能源汽车质量担保规定，进行质量担保与索赔操作，解决质量争议。
2. 具备新能源汽车企业所需的安全管理的能力，能够识别安全隐患，执行安全规程，进行应急处理。
3. 能够运用环境保护知识，实施新能源汽车废液、固体废弃物和排放物的有效处理，减少环境污染。

素质目标

1. 培养良好的职业道德和较强的责任心，确保在新能源汽车质量担保管理中，维护企业和消费者的合法权益。

2. 具备安全意识，始终将安全放在首位，遵守安全规定，保障自身和他人安全。

3. 树立环保意识，积极参与新能源汽车环境保护，促进可持续发展。

思政目标

1. 培养学生的创新精神，鼓励在新能源汽车质量担保管理和环境保护管理中探索新方法、新技术。

2. 强化学生的社会责任感，使其了解新能源汽车在推动绿色发展中的重要作用，积极参与环保行动。

3. 培养学生的国家意识，使其理解国家战略对新能源汽车产业的支持，增强其对新能源汽车产业发展的信心和使命感。

任务一　新能源汽车质量担保管理

任务描述

你作为某新能源汽车售后服务企业的维修技术人员，在维修一辆动力蓄电池故障的新能源汽车时，发现本车的动力蓄电池已无法修复，你计划如何完成该动力蓄电池的回收处理工作？

任务分析

为确保本任务的顺利完成，建议遵循以下流程：将动力蓄电池从车辆上安全拆卸，并将维修回收等相关信息上传至企业系统；将动力蓄电池暂时存储在符合安全标准的室内区域，并确保其正负极隔离，以防止短路；在存储期间，每4小时对动力蓄电池进行温度与外观情况的监测，并记录任何异常情况；与专业的运输商联系，安排动力蓄电池的交接工作；在交接前，对动力蓄电池进行分类评估，并根据其状态选择合适的包装；严格禁止烟火，并确保运输车辆悬挂符合要求的警示标志；根据当地政府和相关行政部门的要求及法规，将动力蓄电池送至指定的回收处理中心，并确保所有文件的准确性和完整性；在整个过程中，密切关注任何潜在的安全风险，并采取相应的应急措施，以确保人员和环境的安全。

任务实施

一、新能源汽车质量担保的规定

随着新能源汽车的保有量逐年增加，相关产品及售后服务的投诉数量也在不断上升。尽管新能源汽车行业及其相关产业正在迅猛发展，并且外部环境逐渐成熟，但消费者对政府出台有关新能源汽车产品质量担保政策的要求越来越高。

（一）《家用汽车产品修理更换退货责任规定》

国家市场监督管理总局发布了修订后的《家用汽车产品修理更换退货责任规定》，通常称为“三包”，该规定自 2022 年 1 月 1 日起正式生效。相较于 2013 年版本的《家用汽车产品修理、更换、退货责任规定》，新规定做出了显著的调整和更新。以下是其主要修改内容。

1. 主要修改内容

《家用汽车产品修理更换退货责任规定》相较于 2013 年版本的主要修改内容如下。

（1）加强消费者权益保护与经营者三包责任要求

加大对消费者合法权益的保护力度，对经营者提出更加严格的三包责任要求，例如，规定家用汽车自三包有效期起算之日起 7 日内，出现因质量问题需要更换发动机、变速器、动力蓄电池、行驶驱动电机或者其主要零部件等情形的，销售者应当按照消费者的选择予以免费换车或者退车；要求生产者在三包凭证上明示家用纯电动、插电式混合动力电动汽车的动力蓄电池容量衰减限值，供消费者在选购车辆时参考；将三包有效期内同一质量问题累计修理超过 5 次或者整车累计修理时间超过 35 日予以换车的限定条件，缩减为 4 次、30 日；消费者遗失三包凭证的，销售者应当为消费者及时免费补办等

（2）扩大家用汽车三包调整范围

增加了新能源汽车的三包规定，将动力蓄电池、行驶驱动电机等专用部件质量问题纳入三包退换车条款；对家用皮卡车实施三包，保护皮卡车消费者权益，促进皮卡车行业快速发展；将家用汽车污染控制装置的主要零部件纳入重大质量问题退换车条款，加大对机动车排放污染的防治力度。

（3）进一步完善家用汽车相关监管制度

强化生产者的质量责任，要求生产者不得故意拖延或无正当理由拒绝销售者、修理者提出的协助、追偿等事项；加大违法行为处罚力度，对故意拖延或无正当理由拒绝承担三包责任的经营者，明确依照《中华人民共和国消费者权益保护法》第五十六条的有关规定实施处罚；借鉴国际通行做法，鼓励有关组织建立家用汽车三包责任争议处理机制，便于利用第三方专业资源免费为消费者提供公正、专业、便捷、高效的三包争议处理服务，同时降低行政和司法成本等。

2. 标准及规范

《家用汽车产品修理更换退货责任规定》的标准及规范具体如下。

（1）生产者

生产者应当向国家质检总局备案生产者的基本信息、车型信息、约定的销售和修理网点资料、产品使用说明书、三包凭证、维修保养手册、维修保养手册、三包责任争议处理和退换车信息等家用汽车产品三包有关信息，并在信息发生变化时及时更新备案。

家用汽车产品应当具有中文的产品合格证或相关证明以及产品使用说明书、三包凭证、维修保养手册等随车文件。产品使用说明书应当符合消费品使用说明等国家标准规定的要求。家用汽车产品所具有的使用性能、安全性能在相关标准中没有规定的，其性能指标、工作条件、工作环境等要求应当在产品使用说明书中明示。三包凭证应当包括产品品牌、型号、车辆类型规格、车辆识别代号、生产日期；生产者名称、地址、邮政编码、客服电话；销售者名称、地址、邮政编码、电话等销售网点资料、销售日期；修理者名称、地址、邮政编码、电话等修理网点资料或者相关查询方式；家用汽车产品三包条款、保修期和三包有效期以及按照规定要求应当明示的其他内容。

维修保养手册应当格式规范、内容实用。随车提供工具、备件等物品的，应附有随车物品清单。

（2）销售者

销售者应当建立并执行进货检查验收制度，验明家用汽车产品合格证等相关证明和其他标识。

销售者销售家用汽车产品，应当符合下列要求：

① 向消费者交付合格的家用汽车产品以及发票。

② 按照随车物品清单等随车文件向消费者交付随车工具、备件等物品。

③ 当面查验家用汽车产品的外观、内饰等现场可查验的质量状况。

④ 明示并交付产品使用说明书、三包凭证、维修保养手册等随车文件。明示家用汽车产品三包条

款、保修期和三包有效期。

⑤ 明示由生产者约定的修理者名称、地址和联系电话等修理网点资料，但不得限制消费者在上述修理网点中自主选择修理者。

⑥ 在三包凭证上填写有关销售信息。

⑦ 提醒消费者阅读安全注意事项、按产品使用说明书的要求进行使用和维护。

⑧ 对于进口家用汽车产品，销售者还应当明示并交付海关出具的货物进口证明和出入境检验检疫机构出具的进口机动车辆检验证明等资料。

（3）修理者

修理者应当建立并执行修理记录存档制度。书面修理记录应当一式两份，一份存档，一份提供给消费者。

修理记录内容应当包括送修时间、行驶里程、送修问题、检查结果、修理项目、更换的零部件名称和编号、材料费、工时和工时费、拖运费、提供备用车的信息或者交通费用补偿金额、交车时间、修理者和消费者签名或盖章等。

修理者应当保持修理所需要的零部件的合理储备，确保修理工作的正常进行，避免因缺少零部件而延误修理时间。用于家用汽车产品修理的零部件应当是生产者提供或者认可的合格零部件，且其质量不低于家用汽车产品生产装配线上的产品。

在家用汽车产品保修期和三包有效期内，家用汽车产品出现产品质量问题或严重安全性能故障而不能安全行驶或者无法行驶的，应当提供电话咨询修理服务；电话咨询服务无法解决的，应当开展现场修理服务，并承担合理的车辆拖运费。

3. 总则

《家用汽车产品修理更换退货责任规定》的总则内容具体如下。

第一条　为了明确家用汽车产品修理、更换、退货（以下统称三包）责任，保护消费者合法权益，根据《中华人民共和国产品质量法》《中华人民共和国消费者权益保护法》等法律，制定本规定。

第二条　在中华人民共和国境内销售的家用汽车产品的三包，适用本规定。

第三条　三包责任由销售者依法承担。销售者依照本规定承担三包责任后，属于生产者责任或者其他经营者责任的，销售者有权向生产者、其他经营者追偿。从中华人民共和国境外进口家用汽车产品到境内销售的企业，视为生产者。

第四条　家用汽车产品经营者之间可以订立合同约定三包责任的承担，但不得侵害消费者合法权益，不得免除或者减轻本规定所规定的质量义务和三包责任。鼓励经营者作出严于本规定、更有利于保护消费者合法权益的三包承诺。承诺一经作出，应当依法执行。

第五条　家用汽车产品消费者、经营者行使权利、履行义务或者承担责任，应当遵循诚实信用原则。家用汽车产品经营者不得故意拖延或者无正当理由拒绝消费者提出的符合本规定的三包要求。

第六条　国家市场监督管理总局（以下简称市场监管总局）负责指导协调、监督管理全国家用汽车产品三包工作，建立家用汽车产品三包信息公开制度，委托相关技术机构承担具体技术工作。县级以上地方市场监督管理部门负责指导协调、监督管理本行政区域内家用汽车产品三包工作。

4. 经营者义务

《家用汽车产品修理更换退货责任规定》中关于经营者义务的内容具体如下。

第七条　生产者生产的家用汽车产品应当符合法律法规规定以及当事人约定的质量要求。未经检验合格，不得出厂销售。

第八条　生产者应当为家用汽车产品配备中文产品合格证或者相关证明、产品一致性证书、产品使用说明书、三包凭证、维修保养手册等随车文件。随车提供工具、附件等物品的，还应当附随车物品清单。

第九条　三包凭证应当包括下列内容：

（1）产品品牌、型号、车辆类型、车辆识别代号（VIN）、生产日期；

（2）生产者的名称、地址、邮政编码、客服电话；

（3）销售者的名称、地址、邮政编码、客服电话、开具购车发票的日期、交付车辆的日期；

（4）生产者或者销售者约定的修理者（以下简称修理者）网点信息的查询方式；

（5）家用汽车产品的三包条款、包修期、三包有效期、使用补偿系数；

（6）主要零部件、特殊零部件的种类范围，易损耗零部件的种类范围及其质量保证期；

（7）家用纯电动、插电式混合动力汽车产品的动力蓄电池在包修期、三包有效期内的容量衰减限值；

（8）按照规定需要明示的其他内容。

第十条　生产者应当向市场监管总局备案生产者基本信息、车型信息、约定的销售和修理网点资料、产品使用说明书、三包凭证、维修保养手册和退换车信息等，但生产者已经在缺陷汽车产品召回信息管理系统上备案的信息除外。备案信息发生变化的，生产者应当自变化之日起 20 个工作日内更新备案。

第十一条　生产者应当积极配合销售者、修理者履行其义务，不得故意拖延或者无正当理由拒绝销售者、修理者按照本规定提出的协助、追偿等事项。

第十二条　销售者应当建立进货检查验收制度，验明家用汽车产品的随车文件。

第十三条　销售者应当向消费者交付合格的家用汽车产品，并履行下列规定：

（1）与消费者共同查验家用汽车产品的外观、内饰等可以现场查验的质量状况；

（2）向消费者交付随车文件以及购车发票；

（3）按照随车物品清单向消费者交付随车工具、附件等物品；

（4）对照随车文件，告知消费者家用汽车产品的三包条款、包修期、三包有效期、使用补偿系数、修理者网点信息的查询方式；

（5）提醒消费者阅读安全注意事项并按照产品使用说明书的要求使用、维护、保养家用汽车产品。

第十四条　消费者遗失三包凭证的，可以向销售者申请补办。销售者应当及时免费补办。

第十五条　包修期内家用汽车产品因质量问题不能安全行驶的，修理者应当提供免费修理咨询服务；咨询服务无法解决的，应当开展现场服务，并承担必要的车辆拖运费用。

第十六条　包修期内修理者用于修理的零部件应当是生产者提供或者认可的合格零部件，并且其质量不得低于原车配置的零部件质量。

第十七条　修理者应当建立修理记录存档制度。修理记录保存期限不得低于 6 年。修理记录应当包括送修时间、行驶里程、消费者质量问题陈述、检查结果、修理项目、更换的零部件名称和编号、材料费、工时及工时费、车辆拖运费用、提供备用车或者交通费用补偿的情况、交车时间、修理者和消费者签名或者盖章等信息，并提供给消费者一份。消费者因遗失修理记录或者其他原因需要查阅或者复印修理记录，修理者应当提供便利。

5. 三包责任

《家用汽车产品修理更换退货责任规定》中关于三包责任的内容具体如下。

第十八条　家用汽车产品的三包有效期不得低于 2 年或者行驶里程 50 000 km，以先到者为准；包修期不得低于 3 年或者行驶里程 60 000 km，以先到者为准。三包有效期和包修期自销售者开具购车发票之日起计算；开具购车发票日期与交付家用汽车产品日期不一致的，自交付之日起计算。

第十九条　家用汽车产品在包修期内出现质量问题或者易损耗零部件在其质量保证期内出现质量问题的，消费者可以凭三包凭证选择修理者免费修理（包括免除工时费和材料费）。修理者能够通过查询相关信息系统等方式核实购买信息的，应当免除消费者提供三包凭证的义务。

第二十条　家用汽车产品自三包有效期起算之日起 60 日内或者行驶里程 3 000 公里之内（以先到者为准），因发动机、变速器、动力蓄电池、行驶驱动电机的主要零部件出现质量问题的，消费者可以凭三包凭证选择更换发动机、变速器、动力蓄电池、行驶驱动电机。修理者应当免费更换。

第二十一条　家用汽车产品在包修期内因质量问题单次修理时间超过 5 日（包括等待修理零部件时间）的，修理者应当自第 6 日起为消费者提供备用车，或者向消费者支付合理的交通费用补偿。经营者与消费者另有约定的，按照约定的方式予以补偿。

第二十二条　家用汽车产品自三包有效期起算之日起 7 日内，因质量问题需要更换发动机、变速器、动力蓄电池、行驶驱动电机或者其主要零部件的，消费者可以凭购车发票、三包凭证选择更换家用汽车产品或者退货。销售者应当免费更换或者退货。

第二十三条　家用汽车产品自三包有效期起算之日起 60 日内或者行驶里程 3 000 公里之内（以先到者为准），因质量问题出现转向系统失效、制动系统失效、车身开裂、燃油泄漏或者动力蓄电池起火的，消费者可以凭购车发票、三包凭证选择更换家用汽车产品或者退货。销售者应当免费更换或者退货。

第二十四条　家用汽车产品在三包有效期内出现下列情形之一，消费者凭购车发票、三包凭证选择更换家用汽车产品或者退货的，销售者应当更换或者退货：

（1）因严重安全性能故障累计进行 2 次修理，但仍未排除该故障或者出现新的严重安全性能故障的；

（2）发动机、变速器、动力蓄电池、行驶驱动电机因其质量问题累计更换 2 次，仍不能正常使用的；

（3）发动机、变速器、动力蓄电池、行驶驱动电机、转向系统、制动系统、悬架系统、传动系统、污染控制装置、车身的同一主要零部件因其质量问题累计更换 2 次，仍不能正常使用的；

（4）因质量问题累计修理时间超过 30 日，或者因同一质量问题累计修理超过 4 次的。

发动机、变速器、动力蓄电池、行驶驱动电机的更换次数与其主要零部件的更换次数不重复计算。

需要根据车辆识别代号（VIN）等定制的防盗系统、全车主线束等特殊零部件和动力蓄电池的运输时间，以及外出救援路途所占用的时间，不计入本条第一款第（4）项规定的修理时间。

第二十五条　家用汽车产品符合本规定的更换条件，销售者无同品牌同型号家用汽车产品的，应当向消费者更换不低于原车配置的家用汽车产品。无不低于原车配置的家用汽车产品，消费者凭购车发票、三包凭证选择退货的，销售者应当退货。

第二十六条　销售者为消费者更换家用汽车产品或者退货，应当赔偿消费者下列损失：

（1）车辆登记费用；

（2）销售者收取的扣除相应折旧后的加装、装饰费用；

（3）销售者向消费者收取的相关服务费用。

相关税费、保险费按照国家有关规定执行。

第二十七条　消费者依照本规定第二十四条第一款规定更换家用汽车产品或者退货的，应当向销售者支付家用汽车产品的使用补偿费。补偿费的计算方式为：

$$补偿费=车价款（元）\times行驶里程（公里）/1\,000（公里）\times n$$

使用补偿系数 n 由生产者确定并明示在三包凭证上。使用补偿系数 n 不得高于 0.5%。

第二十八条　三包有效期内销售者收到消费者提出的更换家用汽车产品或者退货要求的，应当自收到相关要求之日起 10 个工作日内向消费者作出答复。不符合更换或者退货条件的，应当在答复中说明理由。

符合更换或者退货条件的，销售者应当自消费者提出更换或者退货要求之日起 20 个工作日内为消费者完成更换或者退货，并出具换车证明或者退车证明；20 个工作日内不能完成家用汽车产品更换的，消费者可以要求退货，但因消费者原因造成的延迟除外。

第二十九条　按照本规定更换的家用汽车产品，其三包有效期和包修期自更换之日起重新计算。

第三十条　包修期内家用汽车产品所有权发生转移的，三包凭证应当随车转移。三包责任不因家用汽车产品所有权的转移而改变。

第三十一条　经营者合并、分立、变更、破产的，其三包责任按照有关法律、法规的规定执行。

第三十二条　包修期内家用汽车产品有下列情形之一的，可以免除经营者对下列质量问题承担的三包责任：

（1）消费者购买时已经被书面告知家用汽车产品不存在违反法律、法规或者强制性国家标准的瑕疵；

（2）消费者未按照使用说明书或者三包凭证要求，使用、维护、保养家用汽车产品而造成的损坏；

（3）使用说明书明示不得对家用汽车产品进行改装、调整、拆卸，但消费者仍然改装、调整、拆卸而造成的损坏；

（4）发生质量问题，消费者自行处置不当而造成的损坏；

（5）因不可抗力造成的损坏。

经营者不得限制消费者自主选择对家用汽车产品维护、保养的企业，并将其作为拒绝承担三包责任的理由。

第三十三条　销售者销售按照本规定更换、退货的家用汽车产品的，应当检验合格，并书面告知其属于“三包换退车”以及更换、退货的原因。

“三包换退车”的三包责任，按照当事人约定执行。

6. 争议的处理

《家用汽车产品修理更换退货责任规定》中关于争议处理的内容具体如下。

第三十四条　发生三包责任争议，可以通过下列途径解决：

（1）协商和解；

（2）请求消费者协会或者依法成立的其他调解组织调解；

（3）向市场监督管理部门等有关行政机关投诉；

（4）根据当事人达成的仲裁协议提请仲裁机构仲裁；

（5）向人民法院提起诉讼。

第三十五条　鼓励有关组织建立第三方家用汽车产品三包责任争议处理机制，为消费者免费提供公正、专业、便捷、高效的汽车三包责任争议处理服务。

第三十六条　市场监督管理部门处理三包责任争议投诉举报，按照市场监督管理部门有关投诉举报处理的规定执行。省级市场监督管理部门可以建立家用汽车产品三包责任争议处理技术咨询人员库，为处理三包责任争议提供技术支持。

7. 法律责任

《家用汽车产品修理更换退货责任规定》中关于法律责任的内容具体如下。

第三十七条　未按照本规定第二章规定履行经营者义务，法律、法规对违法行为处罚有规定的，依照法律、法规执行；法律、法规没有规定的，予以警告，责令限期改正，情节严重的，处一万元以上三万元以下罚款。

第三十八条　故意拖延或者无正当理由拒绝承担本规定第三章规定的三包责任的，依照《中华人民共和国消费者权益保护法》第五十六条执行。

第三十九条　本规定所规定的行政处罚，由县级以上地方市场监督管理部门依法实施。行政处罚信息记入国家企业信用信息公示系统，向社会公示。

8. 附则

《家用汽车产品修理更换退货责任规定》的附则内容具体如下。

第四十条　本规定下列用语的含义：

家用汽车产品，指消费者为生活消费需要而购买和使用的乘用车和皮卡车。

乘用车，指按照有关国家标准规定的除专用乘用车以外的乘用车。

质量问题，指家用汽车产品质量不符合法律、法规、强制性国家标准以及企业明示采用的标准或者明示的质量状况，或者存在影响正常使用的其他情形。

严重安全性能故障，指家用汽车产品存在的危及人身、财产安全，致使无法安全使用的质量问题，包括安全装置不能起到应有的保护作用或者存在起火等危险的情形。

单次修理时间，指自消费者与修理者确定修理之时至完成修理之时。以小时计算，每满 24 小时，为 1 日；余下时间不足 24 小时的，以 1 日计。

累计修理时间，指单次修理时间累加之和。

第四十一条 家用汽车产品的主要零部件、特殊零部件、易损耗零部件的种类范围，按照有关国家标准确定。

第四十二条 本规定自 2022 年 1 月 1 日起施行。2012 年 12 月 29 日原国家质量监督检验检疫总局令第 150 号公布的《家用汽车产品修理、更换、退货责任规定》同时废止。

（二）某品牌新能源汽车产品的质量担保政策

修订后的《家用汽车产品修理更换退货责任规定》实行后，各个汽车企业依据规定的要求制定了相应的质量担保政策。下面以某新能源汽车品牌为例，学习新能源汽车产品的质量担保政策。

1. 某新能源汽车的“三包”条款

家用新能源汽车质量担保期包括保修期、三包有效期和易损耗零部件的质量担保期。车辆质量担保期自销售者开具购车发票之日起计算（购车发票日期与交付家用汽车产品日期不一致的，自交付日起计算），家用汽车用户在三包有效期内，可凭购车发票、三包凭证、任务委托书、结算单享受包退、包换，享受服务内容如下。

（1）属营运用车（含出租车）的新购汽车的质量担保期为 12 个月或 10 万公里（以先达到者为准），只享受包修。

（2）属公务用车的新购汽车的质量担保期为 36 个月或 10 万公里（以先达到者为准），只享受包修。

（3）属家用汽车的新购汽车的三包有效期为 24 个月或 5 万公里（以先达到者为准），保修期为 36 个月或 10 万公里（以先达到者为准）。

（4）动力蓄电池、电驱动总成、电机控制器质量担保期为 96 个月或 16 万公里（以先达到者为准）。只有自本公司 4S 店处购买并由本公司 4S 店安装的原装备件方可享受质量担保。

（5）自费备件质量担保期（非易损件）为 12 个月或 10 万公里（以先达到者为准）。

汽车企业对发动机、变速器、动力蓄电池、行驶驱动电机总成的主要零件种类定义见表 6-1，对汽车系统的主要零件种类定义见表 6-2。

表 6-1 发动机、变速器、动力蓄电池、行驶驱动电机总成的主要零件种类定义

总成	主要零件	本公司对应零件名称
发动机	曲轴	曲轴
	主轴承	曲轴轴瓦
	连杆	连杆
	连杆轴承	连杆轴瓦
	活塞	活塞
	活塞环	活塞环
	活塞销	活塞销
	气缸盖	气缸盖
	凸轮轴	凸轮轴
	气门	进气门、排气门
	气缸体	气缸体

表6-1(续)

总成	主要零件	本公司对应零件名称
变速器	箱体	壳体
	全部齿轮	
	轴类	全部轴
	轴承	全部轴承
	箱内动力传动元件（含离合器、制动器）	手动变速器的同步器等：自动变速器的离合器、制动器、液力变矩器
动力蓄电池	电芯	电芯
	动力蓄电池箱体	电池包壳体
行驶驱动电机	定子组件、转子组件、轴承	定子组件、转子组件、轴承
	壳体	壳体

表 6-2　汽车系统的主要零件种类定义

汽车系统	主要零件	本公司对应零件名称
转向系统	转向机总成	转向机、电动转向机
	转向柱	转向柱
	转向万向节	转向万向节
	转向拉杆（不含球头）	转向横拉杆
	转向节	左右前车轮轴承支座
制动系统	制动主缸	制动主缸
	轮缸	后制动分泵、制动钳
	助力器	真空助力器、真空助力泵
	制动踏板及其支架	制动踏板、踏板支架
悬架系统	弹簧（螺旋弹簧、扭杆弹簧、钢板弹簧、空气弹簧、液压弹簧等）	螺旋弹簧、钢板弹簧、横向稳定杆
	控制臂	控制臂、下部横摆臂、上部横摆臂
	连杆	（后轴）纵摆臂、横拉杆
传动系统	桥壳	桥壳
	主减速器	主减速器
	差速器	差速器
	传动轴	法兰轴
	半轴	驱动轴
	减速器（连接行驶驱动电机）	减速器
污染控制装置	颗粒捕集器	颗粒物捕集器
	催化转化器	催化转化器

表6-2（续）

汽车系统	主要零件	本公司对应零件名称
车身	车身骨架	车身骨架
	副车架	副车架
	纵梁	纵梁、边梁、底板纵梁
	横梁	横梁、地板横梁
	前后车门本体	车门本体、尾门本体

（6）退换车的补偿规定：退换车的使用补偿系数为0.5%，使用补偿的计算公式为

$$使用补偿=［车价款（元）\times 行驶里程（公里）/1\ 000］\times n$$

式中，n 为退换车的使用补偿系数。

（7）因产品质量问题修理时间累计超过30日的，或者因同一产品质量问题累计修理超过4次的，由经销商负责更换。需要根据车辆识别代号等定制的防盗系统、全车主线束等特殊零部件的运输时间（种类范围需要明示在三包凭证上）及外出救援路途占用的时间，不计入维修时间之内。

2. 某新能源家用汽车用户在保修期内享受的服务内容

以下为某新能源家用汽车用户在保修期内享受的服务内容。

（1）易损耗零部件质量担保期

易损耗零部件在其质量担保期内出现产品质量问题的，消费者可以选择免费更换易损耗零部件。易损耗零部件清单在三包凭证上明示。易损耗零部件种类及质量担保期见表6-3。

表6-3　易损耗零部件种类及质量担保期

序号	易损耗零部件	质量担保期
1	空气滤清器	6个月/1万公里
2	空调滤清器	6个月/1万公里
3	机油滤清器	6个月/1万公里
4	燃油滤清器	6个月/1万公里
5	刮水片	6个月/1万公里
6	火花塞	6个月/1万公里
7	制动摩擦片	6个月/1万公里
8	离合器片	6个月/1万公里
9	轮胎	6个月/1万公里
10	灯泡	6个月/1万公里
11	遥控器电池	6个月/1万公里
12	蓄电池	12个月/2万公里
13	熔丝及普通继电器（不含集成控制单元）	12个月/2万公里

（2）备用车或交通补偿的规定

整车质量担保期内的用户因产品质量问题每次修理时间（包括等待备件时间）超过5日的，应当为消费者提供备用车，或者给予合理的交通补偿费用。一次修理用时不足24小时的，以1日计。需要根据车辆识别代号等定制的防盗系统、全车主线束等特殊零部件的运输时间（种类范围需要明示在三包凭证上）及外出救援路途占用的时间，不计入维修时间之内。

（3）三包责任免除规定

在三包有效期内，出现下列情况之一的，三包责任免除。

① 易损耗零部件超出明示的质量担保期而出现产品质量问题的。

② 用户在购买时已被明确书面告知，汽车产品不存在违反法律法规或强制性国家标准的瑕疵。

③ 使用说明书中明示不得改装、调整、拆卸，但用户自行改装、调整、拆卸而造成损坏的。

④ 汽车发生产品质量问题，用户自行处置不当而造成损坏的。

⑤ 因用户未按照使用说明书要求正确使用、维护、修理汽车而造成损坏的。

⑥ 因不可抗力造成汽车损坏的。

⑦ 在汽车产品保修期和三包有效期内，无法通过查询相关信息系统核实购买信息的，且不能提供三包凭证的。

（三）新能源汽车索赔管理

新能源汽车索赔管理涉及以下关键步骤。

1. 初步评估

在接到客户关于索赔的咨询电话时，服务接待人员应主动并热情地了解车辆的具体问题。确认客户有索赔需求后，需评估车辆是否已注册保修、是否拥有保修及保养手册、车辆的行驶里程和购买时间是否超出三包和保修期限，以及索赔项目是否涉及特殊项目或配件。

2. 索赔资格确认

若客户诉求符合索赔条件，服务人员应生成索赔工单，并将第一联连同派工单交至车间。索赔工单一旦生成，工单编号必须准确录入索赔管理系统，且不得更改。在系统故障如停电或网络中断情况下，应手写索赔工单，并在问题解决后尽快将工单信息录入系统，补充相关文件。

维修人员需向索赔员提交索赔工单和派工单，并估算维修时间，通知客户。索赔员负责开具领料单，并仔细核对索赔项目及配件的保修资格，以避免前台因对索赔政策理解不准确而产生误赔。维修过程中，维修人员应详细记录修理信息，包括送修时间、行驶里程、问题描述、检查结果、修理项目、更换零部件的名称和编号、材料费、工时及工时费、拖运费、备用车信息或交通补偿等。

3. 索赔范围不明确时的处理

若服务人员无法确定索赔范围或配件是否符合索赔条件，应咨询索赔人员的意见。索赔员根据服务人员提供的信息，参照相关索赔政策，给出处理建议。若索赔员也无法确定，需进一步判断问题属于技术范畴还是政策范畴。技术问题应由车间技术主管协助鉴定并提供结论，结合该结论给出索赔建议；政策问题则应咨询现场经理或技术支持中心以获得索赔意见。

二、新能源汽车的质量担保与索赔

汽车召回

（一）汽车召回

汽车召回是指汽车制造商依据《缺陷汽车产品召回管理条例》所规定的程序，主动消除其产品中可能造成人身伤害或财产损失的缺陷。这一过程包括制造商通过有效途径通知销售商、修理商和车主关于缺陷的详细信息以及消除缺陷的方法，并组织相关方通过修理、更换或收回等措施来彻底解决汽车产品中的缺陷问题。缺陷通常指由于设计或制造问题导致的在特定批次、型号或类别的汽车产品中普遍存在的问题，这些缺陷可能危及人身和财产安全，或不符合相关的汽车安全标准。

汽车召回是汽车制造商向消费者提供的质量保证措施之一。全球最早的汽车召回制度起源于 20 世纪 60 年代的美国。目前，包括中国、英国、德国、法国、日本、韩国、加拿大和澳大利亚在内的许多国家都已实施了汽车召回制度。

我国于2004年3月15日发布了《缺陷汽车产品召回管理规定》，2004年10月1日起正式实施。《缺陷汽车产品召回管理条例》（以下简称《汽车召回条例》）已于2013年1月1日起正式实施。2014年10月10日，国家质量监督检验检疫总局（以下简称质检总局）曾发布了《缺陷汽车产品召回管理条例实施办法（征求意见稿）》，历时一年多，2015年11月27日，质检总局发布《缺陷汽车产品召回管理条例实施办法》（以下简称《实施办法》），并于2016年1月1日起实施，此实施办法于2020年10月23日又进行了修订。

1.《实施办法》的主要内容

《实施办法》共六章四十三条，分为总则、信息管理、缺陷调查、召回实施与管理、法律责任、附则六个部分。《实施办法》的主要内容如下。

（1）第一章　总则

主要规定了立法目的、适用范围、国家市场监督管理总局（以下简称市场监管总局）的责任，明确规定汽车产品生产者是缺陷汽车产品的召回主体。

（2）第二章　信息管理

主要对缺陷汽车产品召回信息管理系统的建立与作用、生产者及相关经营者的信息报送义务及有关要求、市场监督管理总局与国务院有关部门的信息沟通与共享机制做了规定。

（3）第三章　缺陷调查

对生产者自行开展的调查分析的程序以及有关法律义务，市场监督管理部门开展缺陷调查的程序以及职责权限、缺陷认定的有关程序、组织听证及发布风险预警等有关内容做了规定。其中，明确规定与汽车产品缺陷有关的零部件生产者应当配合缺陷调查，提供调查需要的有关资料，首次将零部件生产者纳入召回管理范畴：生产者不按缺陷汽车产品召回通知书实施召回，又不在规定时间内向市场监管总局提出异议的，或经组织论证、技术检测、鉴定，确认汽车产品存在缺陷的，市场监管总局应当责令召回。

（4）第四章　召回实施与管理

对实施召回的有关程序、召回计划的主要内容、召回信息发布的有关要求、召回总结报告等有关内容作了规定。其中，明确规定车主应当积极配合生产者实施召回，消除缺陷；生产者完成召回计划后，仍有未召回的缺陷汽车产品的，应当继续实施召回。

（5）第五章　法律责任

生产者违反本办法规定，未按规定更新备案信息的，或未按规定提交调查分析结果的，或未按规定保存汽车产品召回记录的，或未按规定发布缺陷汽车产品信息和召回信息的，责令限期改正；逾期未改正的，处以1万元以上3万元以下罚款：同时，规定零部件生产者违反本办法规定不配合缺陷调查的，责令限期改正；逾期未改正的，处以1万元以上3万元以下罚款。

（6）第六章　附则

明确了汽车产品、生产者的概念，并明确了汽车产品出厂时未随车装备的轮胎的召回及其监督管理由质检总局另行规定。

2. 汽车召回的流程

汽车消费者已经普遍认识到，随着新技术、新材料和新工艺的持续应用，即便经过了科学和严格的测试，汽车等产品在实际使用过程中仍可能暴露出潜在的设计缺陷和质量问题。汽车召回制度的实施为处理有缺陷的汽车提供了明确的规则和程序，并且规定了汽车制造商与消费者之间的权利与义务。当汽车制造商发现其产品存在缺陷时，主动和负责任地进行召回，不仅体现了企业对消费者负责的精神，也是提升企业品牌形象的重要机遇。汽车召回的流程如图6-1所示。

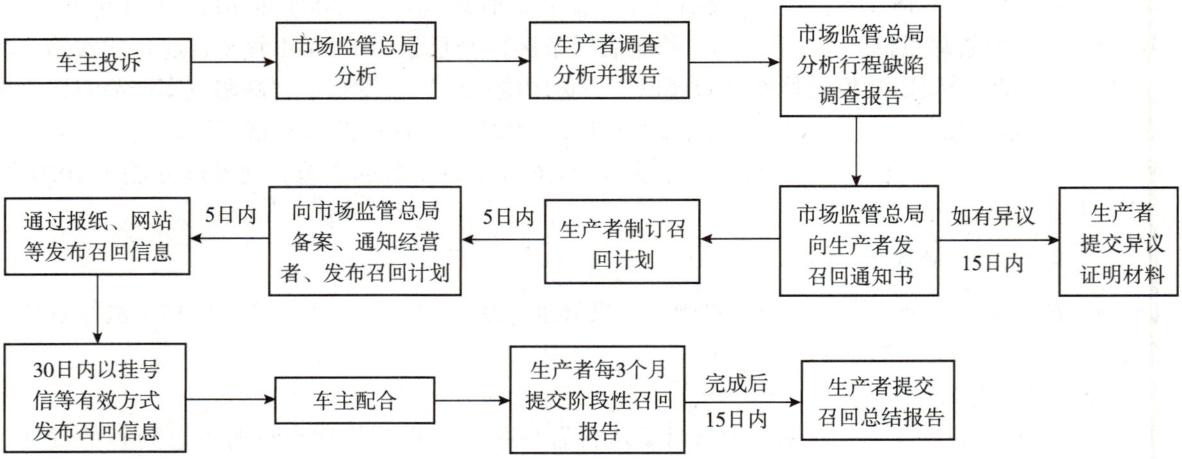

图 6-1　汽车召回流程

通过数据分析国内外已发生的召回案例，大多数召回涉及车辆的故障发生率只有千分之几甚至万分之几。不同品牌车辆召回数量与故障率统计见表 6-4。

表 6-4　不同品牌车辆召回数量与故障率统计

品牌	召回频次/次	召回数量/万辆	故障数量/辆	故障率/%
品牌 1	15	44	1 000	0. 23
品牌 2	15	117	3 000	0. 26
品牌 3	13	79	103	0. 01
品牌 4	25	172	2 000	0. 12
品牌 5	8	25	95	0. 04
品牌 6	7	8	115	0. 14

3. 我国汽车召回制度的完善

自 2004 年 3 月 15 日我国发布了《缺陷汽车产品召回管理规定》以来，随着汽车保有量的增加，召回数量也在增加，这体现了召回制度的完善。从汽车召回数据可以看出，当前我国汽车产品召回范围呈多样化趋势，不仅涉及发动机、制动系统、传动系统、安全气囊等车辆主要安全系统，还涵盖环保排放问题、反光标识、警告牌、牌照灯、防护装置、组合仪表软件、座椅螺栓、车门拉锁、点烟器、产品说明书等多项“副产品”。

根据数据分析，随着召回数量的不断攀升，我国汽车质量却在稳步提升。汽车生产过程中难免会有瑕疵，召回制度其实是形成一种机制，促使生产企业主动发现潜在风险并提高标准，促进企业提升设计、制造的水平。

在汽车行业内，我们通常以 PP100（百车故障数）数值来衡量汽车质量，数值越低，表示可靠性越高。2010 年我国上市的主流品牌车型 PP100 平均值在 300 左右，我国汽车召回发布 123 次，共召回 117. 7 万辆车；2022 年，我国上市的主流品牌车型 PPI00 平均值 219，而 2022 年，汽车召回 204 次，涉及 448. 8 万辆车。由此可见，严格的汽车召回制度有效地增强了企业对产品潜在风险的处置能力和风险防控能力，促使产品质量安全水平得到了实质性的提升。

4. 未来召回将成为常态化质量担保措施

召回制度是依据《缺陷汽车产品召回管理条例》及其实施办法所规范的一项管理措施。它不仅有助于提升汽车企业的品牌形象，还体现了企业的社会责任。随着汽车市场的成熟与发展，召回制度将逐步完善，预计将成为汽车服务中的常规措施。同时，随着消费者观念的提升和变化，这也将促进召回制度的进一步完善和细化，以更好地保护消费者权益。

（二）新能源汽车的索赔

对于汽车消费者而言，选择并购买某汽车制造商的产品，实际上也意味着他们获得了该制造商提供的售后服务。在这些服务中，索赔服务是确保产品质量的一种重要措施。汽车制造商通过其经销商或服务中心，向用户承诺在质量保证期内，若车辆因制造、装配或材料问题而出现故障或损坏，且经维修企业确认后，将为用户提供免费维修或整车退换服务。

1. 索赔服务的意义

索赔可以提升用户对汽车产品和售后服务的满意度，这两者是维护汽车品牌信誉和促进销售的关键因素。用户对售后服务的满意度尤其重要。

索赔作为售后服务部门的重要工具，能够满足用户的合理要求。汽车企业的经销商或服务中心有责任积极执行这一制度，不应将其视为负担，而应认识到执行质量担保是吸引和保留用户的关键策略。

尽管生产过程中制造商采取了严格的措施，但消费者通常理解仍可能出现质量缺陷。关键在于这些缺陷能否通过售后服务部门的技术能力和优质服务得到迅速而有效的解决。汽车企业提供的质量担保正是为了展示这种解决问题的能力，并在用户与经销商或服务中心之间建立并不断使之紧密的联系。

2. 索赔条例

在质量担保期内的车辆使用者发生变更，整车质量担保期将发生如下改变。

（1）家用汽车用户在三包有效期内若变更轿车用途，则不享受家用汽车的相关三包政策。

（2）家用汽车在三包有效期内变更用户，使用性质不变，享受原三包有效期，并按照原使用时间及里程延续。

（3）非家用汽车用户在整车质量担保期内，若用户变更轿车用途，轿车享受原质量担保期，期限和里程不作变更。

3. 索赔的原则

索赔的原则具体如下。

（1）索赔范围及责任归属

索赔涵盖根据技术要求对汽车进行的修复或更换工作。在此过程中，更换下来的零部件将归汽车企业所有。这意味着，一旦汽车在技术要求的范围内进行了必要的修复或更换部件，相关的零部件将不再属于原车主，而是成为汽车企业的财产。

（2）备件索赔与质量控制

经销商从汽车企业的备件部门订购的备件，在未装车前若出现故障，可向备件部门提出索赔。服务中心在装车前若发现备件存在质量问题，可采取退换件的方式进行处理。这确保了备件在使用前的质量控制，保障了汽车的安全性和可靠性。

（3）常规保养与责任划分

汽车企业或用户已向售后服务企业支付保养费用，后者有义务为用户车辆完成所有保养项目。若用户对保养项目提出索赔，应由售后服务企业自行解决。这明确了保养费用支付后的责任归属，确保了用户在支付了相应费用后能够得到应有的服务。

（4）索赔真实性与备件来源

禁止虚假申报索赔，若发生此类情况，责任由售后服务企业承担。这一点强调了索赔过程中的诚信原则，任何虚假的索赔行为都将由提供服务的企业负责。

禁止使用非原厂备件进行索赔，若违反此规定，责任由售后服务企业承担。这保证了索赔过程中使用的备件必须是符合原厂标准的正品，确保了汽车维修的质量和安全性。

知识拓展

索赔员岗位

索赔员的工作职责与要求具体如下。

1. 工作内容

索赔员的工作内容主要包括以下几个方面。

（1）首保业务处理：负责首次保养业务的处理工作。

（2）索赔、三包及召回业务处理：处理索赔业务、三包业务和召回业务。

（3）旧件管理：负责管理质量担保产生的旧件。

2. 岗位要求

索赔员需满足以下岗位要求。

（1）专业培训与批准：必须接受过汽车企业的技术基础培训和索赔培训，并经过汽车企业的售后服务部门批准。

（2）检查与执行：认真检查索赔车辆，严格执行质量担保条例及有关规定。

（3）原则与效率：坚持索赔原则，公正办事，注重效率，确保工作质量，保持廉洁服务。

（4）技术规范与故障分析：严格按照产品的技术规范要求对产品质量进行检查、测试和分析，准确判断故障原因，正确填报索赔申请。

（5）问题反馈：掌握在使用、维修、保养中出现的问题，对重大、疑难、特殊质量问题要在规定时间内向汽车企业反馈。

3. 汽车企业对售后服务企业索赔工作的要求

新势力汽车企业由于起步晚和数字化管理手段强大，可能不设置专职索赔员，而是由维修技师负责索赔工作，并借助在线系统求助专家团队判断索赔问题。相比之下，传统汽车企业对索赔业务的要求更为规范和具体。

（1）专职索赔员配置要求

根据日均索赔台次的不同，汽车企业规定了专职索赔员的配置要求：

日均索赔台次≤10：配置 1 名专职索赔员。

10<日均索赔台次≤20：配置 1 至 2 名专职索赔员，以此类推。

对于只有一名专职索赔员的企业，还应配备一名兼职索赔员。

（2）错误率与培训要求

对于每月申报索赔申请错误率高于 30%的企业，需对索赔员进行重新培训后，方可办理索赔业务。服务总监应优先考虑索赔员参加技术培训。

（3）索赔鉴定与惩罚措施

判定是否给用户办理索赔，只能由取得索赔员业务培训证书的索赔员或取得索赔员业务证书的服务顾问、服务经理、服务总监进行鉴定。违反上述规定的企业将面临相应的惩罚措施，如自行承担此次索赔费用、停止索赔业务 3 个月，并在全国服务网进行通报批评等。

4. 索赔的申请

用户在汽车企业规定的质量担保期内，因为产品质量问题向售后服务企业提出索赔时，售后服务企业按照汽车企业的规定必须遵循一定的流程完成用户的索赔工作。

（1）汽车零部件索赔流程

汽车零部件索赔流程具体如下。

① 接待索赔客户

服务顾问首先会查看并核对购车发票信息、行车证、保养手册、三包凭证（对于家用汽车用户）等凭证，并验车校对发动机号、底盘号及行驶里程，以判断车辆是否在质量担保期内，以及车辆是公务车辆、营运车辆、军用车辆还是家用汽车。根据用户车辆类别，服务顾问会提供对应的质量担保服务。

其次，服务顾问会详细询问车辆发生故障的经过、现象及历史维修记录等信息，并上车现场勘查，以确定车辆故障部位及原因。

再次，服务顾问会在系统中查询车辆的历史维修记录及本次故障的维修次数，并核实经销商本次维修涉及的设备、工具及备件是否能够满足，通知各相关单位提前准备。如果用户车辆类别是家用汽车，并且服务顾问经核实本次故障用户已经多次维修，系统维修记录已报警或本次故障涉及安全、主要总成、主要零部件，服务顾问应按照技术支持流程进行升级警示，提示全体给予重点关注。

最后，服务顾问会确定车辆是否符合“索赔原则”，如果符合，则开具任务委托书，保证任务委托书上的修理项目描述与索赔结算单材料信息一致，并由送修用户本人签名，用户签名确认后维修计时开始。

委托书共三联，第三联交给客户，第一联、第二联及车钥匙交给维修技师，如果不符合“索赔原则”，则做相应处理（按维修处理，开具任务委托书），服务顾问派工维修。

② 维修用户车辆

维修技师首先对车辆进行拆修检查，确定损坏的零部件。索赔员随后验证用户车辆是否在质量担保期内，并确认应享受的质量担保规定。技术经理进行故障技术判定，而索赔员则验证故障现象是否符合索赔范畴以及故障件是否为真件。如果不符合索赔管理规定，服务顾问将按正常维修处理。

商品车索赔需遵循特定的“商品车索赔流程”。涉及“修复”类索赔时，确认后需填写“工时申报审批表”。整车类索赔问题则参考相关整车索赔内容。

索赔员在任务委托书上填写索赔故障描述及处理结果，并由索赔员和技术经理签字确认。对于不同品牌的车型，索赔金额的处理方式也有所不同。例如，有的品牌车型索赔金额低于 1 500 元（含 1 500 元）的业务由经销商判定；而高于 1 500 元、低于 5 000 元（含 5 000 元）的业务，经销商需与汽车企业服务经理沟通确认，并填写“沟通情况记录表”。服务经理在当天内对“车辆故障信息报告”进行审核，若信息不符，可行使否决权。索赔金额高于 5 000 元的业务，经销商需与服务经理和技术经理沟通确认，并在系统中录入相关报告，服务经理和技术经理分别进行审核。

修理工将旧件及任务委托书交给索赔员，索赔员填写“索赔件挂签卡”。备件管理员依照任务委托书打印领料单，家用汽车类别车辆以三包紧急订货方式订货，并将订单号记录在委托书的处理结果中，向维修技师发料。维修技师领料、装车、试车后，确认修复并交给服务顾问。对于以三包紧急订货方式订货的家用汽车，服务顾问需将订单号记录在“质检/内部交车单”中的“三包订单号”中。

③ 用户结算

在完成质检后，服务顾问会通过录音电话或短信的形式通知用户取车，并告知维修计时的截止时间，以保留通知证据。接着，服务顾问会打印出三联索赔结算单，并要求用户本人签字。第一联结算单交给索赔员进行存档，第二联交由财务部门存档，而第三联则交给用户本人。

随后，索赔员负责将索赔信息从经销商服务站管理系统上传至索赔系统，并将索赔件存入索赔件库。最后，索赔员还需将任务委托书、索赔结算单、故障码打印件以及结算单复印件等文件进行存档。

（2）整车索赔流程

三包法实施初期，三包退换车处理采用指定授权二手车经销商集中处理方式进行处理，处理流程如下。

① 退车管理程序

经销商在受理用户提出的退换车需求后，首先在 1 个工作日内核实车辆信息并判断是否符合退换车标准，同时向相关部门报备。如果车辆符合退换车标准，经销商将在接下来的 1 个工作日内准备相关材料，如购车发票、维修记录和三包凭证等。若车辆不符合退换车标准且用户不接受，则按照“三包争议处理流程”进行处理。

接下来，经销商在 1 个工作日内填写“三包退换车申请报告”“退换车历史索赔信息表”和“技术问题反馈报告”等相关报告，并上报给事业部、技术服务部和质量担保与用户保护部。区域事业部将在 12 个工作日内通知经销商制订退换车处理方案，并指导经销商进行下一步工作，包括解释、安抚和三包争议处理。

对于不符合三包退换车标准的情况，经销商将在 2 个工作日内通知用户。如果用户有疑义，事业部及经销商将按照“三包争议处理流程”进行处理。经销商还需在 3 个工作日内，在现场技术经理的指导下制订维修方案，并将“三包退换车维修报价单”反馈给质量担保与用户保护部。

最后，经销商在得到事业部给出的退车指令后，将在 2 个工作日内与用户签署“退换车协议”，相关款项由经销商先行垫付。经销商还需协助用户办理其他应返还用户的款项，如购置附加税等。

② 换车管理程序

经销商受理用户提出的退换车需求后，将在 1 个工作日内（第 1 天）核实车辆信息并判断是否符合退换车标准。同时，经销商会向区域服务经理、现场技术经理和产品责任员报备。如果车辆不符合退换车标准，经销商将通知用户，并按照“三包争议处理流程”进行处理。

若车辆符合换车标准，经销商将在 1 个工作日内（第 1 天）通知用户，并要求用户准备相关车辆材料，如购车发票、维修记录和三包凭证等。接下来，经销商将在 8 个工作日内（第 2~9 天）组织资源办理换车事宜。如果经销商暂时无货源，将根据到货计划与用户协商交货日期。若短期内无计划，经销商会立即向事业部提出申请，事业部将根据需求内部协调资源。如果确实无资源，经销商将在区域事业部的指导下与用户协商处理方案。

经销商在 1 个工作日内（第 2 天）填写“三包退换车审批及处理申请表”“技术问题反馈报告”以及车辆保养记录和索赔记录，并上报给事业部、技术服务部和质量担保与用户保护部。在 3 个工作日内（第 3~5 天），经销商将在现场技术经理的指导下制订维修方案，并将“三包退换车维修报价单”反馈给质量担保与用户保护部。

最终，经销商在得到事业部给出的车辆处理方案后，将在 3 个工作日内（第 8~10 天）与用户签署“退换车协议”，相关款项由经销商先行垫付。用户需按协议要求返还全部车辆文件及附件。经销商与用户将共同检查新旧车辆并进行交接。经销商按协议约定的数额收取折旧费（按三包规定的系数收取用户折旧费），并先行垫付新车购置附加税和旧车剩余交强险等费用。

（3）索赔申请单填写

为了使各个经销商的索赔申请及时被认可，及时准确地将索赔件的质量信息反馈给汽车企业的质保和产品等相关部门进行质量分析，指导零部件生产企业改进设计或生产工艺，提高产品质量，经销商必须按要求准确填写索赔申请单（各个汽车企业会有不同，但作用和内容大致相同）中的每一个数据，切勿遗漏。

下面我们以一汽-大众汽车有限公司的索赔申请单为例，逐项解释需要填写的内容，一汽-大众索赔申请单模板如图 6-2 所示。

委托书编号	1-20190301122							申请单号	J11156
底盘号	LFV2B20S6G501XXXX	发动机号	CSRP42XXX	行驶里程	20245 km			车辆信息反馈单号	
售出日期（购车日期）	2016.12.15	维修完成日期（结算日期）	2019.03.01	接车日期（送修日期）	2019.03.01			车辆故障信息报告号	
车型代码	0K12B3	引导数据	1111	索赔类别	A	R/A标识	2	车型类别	P
购买备件时里程	km	购买备件时维修完成日期		购买备件时经销商代码				购买备件时委托书编号	
损坏编号	37050104WP	故障代码	3705	故障类别	010	厂家代码	4WP	故障位置	NUL
客户名称		联系人		联系人移动电话				联系人固定电话	
故障描述	仪表显示变速器故障，换挡机构内部机械故障导致，更换换挡机构。								
索赔工位	34101905	材料编号	L5QD 713 025 R	数量	1			损坏件编号	5QD 713 025 G

图 6-2　一汽-大众索赔申请单

① 委托书编号

委托书编号由 13 位字符组成，前 2 位代表修理类别，后 11 位分别代表年、月、流水号。

② 申请单编号

申请单编号由 6 位字母或数字组成，每年更新一次。

③ 引导数据

引导数据由 4 位数字组成，代表各类质量担保形式的可能性。每一位数字都有一定的代表作用，引导数据的含义见表 6-5。

表 6-5　引导数据含义

第一位	第二位	第三位	第四位
代表保用车型： 1—大众轿车 2—大众载重车 4—奥迪轿车	代表记账形式： 1—贷方凭证 2—额外支付款额 3—用户全付款额	代表保用内容： 1—整车 2—新部件 3—修复件 4—工业用发动机 5—油漆 6—锈蚀 7—返修 8—库存部件	代表合同方式： 1—保用 2—保用期外优惠待遇（根据保用期外优惠待遇有关规定） 3—保用期外优惠待遇（征得有关人员同意） 4—保用期外优惠待遇询问书

一汽-大众汽车有限公司大众品牌现有车型最常用的引导数据的含义见表 6-6。

表 6-6　引导数据的含义

类型	引导数据
整车索赔	1111
备件索赔	1121
召回/服务行动	11×1/11×G

表6-6(续)

类型	引导数据
优惠索赔	11G2
善意补偿	11Z1
商品车索赔	111C
特殊索赔	1112
DSG 延保	1142
二手车索赔	1211
速腾后轴延保	11A2

注：DSG 是大众汽车双离合变速器

④ 索赔类别

索赔类别用一个大写字母表示（由索赔件的来源决定），A 代表国产厂家、C 代表进口厂家、S 代表一汽-大众的自制件；对超出一年发生的进口件索赔，索赔类别为 S，厂家代码为 CAP。

⑤ R/A 标识

R/A 标识用一位数字表示，表明是否需要返回的索赔件，无件返回的，R/A 标识为 1；有件返回的，R/A 标识为 2。

⑥ 车型类别

车型类别用一个字母表示，代码符号代表的含义是：T 为出租车；W 为商品车；B 为公务用车；P 为私人用车。

⑦ 故障描述

故障描述包括故障现象、检查结果和处理方法，

⑧ 损坏编号、故障位置

损坏编号、故障位置可以通过参考表查询。

⑨ 材料编号

材料编号是更换新件的零件号，包含辅件。

⑩ 损坏件编号

损坏件编号是更换旧件的零件号，包含辅件。

⑪ 索赔单、索赔件的状态标记

索赔单、索赔件的状态标记见表 6-7。

表 6-7　索赔单、索赔件的状态标记

标记	索赔单状态	索赔件状态
*0	审核未通过，由索赔组拒绝	信息申报错误，被拒绝
*1	未经索赔组审核确认	未做入库处理
*2	索赔件、索赔单正确，待结算	信息申报正确，已入中转库
*3	已由索赔组审核确认	已入中心库，并出库
*4	由索赔组永久拒绝	无须返件、BO（业务对象）中心库拒绝且出库

三、新能源汽车质量担保旧件管理

新能源汽车质量担保旧件管理是指对在新能源汽车质量担保期内因质量问题被更换下来的旧零部件

进行的一系列管理活动。

（一）质量担保旧件的管理规定

质量担保旧件的管理规定主要包括如下方面。

1. 索赔件库房管理规定

索赔件库房管理规定具体如下。

（1）索赔件库房为独立库房（独立区间），不得与其他产品混放。

（2）索赔件应分区、分类存放，国产件、进口件分开存放。

（3）索赔件库房存放的索赔件应为一个月以内的索赔件。

（4）索赔件必须粘贴或拴挂相应的条形码。

（5）索赔件库房货架上应粘贴相应的分类、分组标签。

2. 索赔件的管理

索赔件的管理具体如下。

（1）索赔件条形码规定

索赔件要粘贴或拴挂条形码，方便“见件索赔”。

（2）索赔件操作规范

索赔件的操作规范具体如下。

① 有平整表面的索赔件

对于有平整表面的索赔件，条形码可以直接粘贴在索赔件平面的空白处，但需注意以下几点，以确保条形码能够顺利扫描。首先，条形码不能粘贴在索赔件的外包装盒上。其次，条形码应避免粘贴在有油污或灰尘的表面上。再次，条形码不能折着或弯曲粘贴在索赔件上。最后，条形码不能粘贴在索赔件上有文字、数字、字母和图形的地方。

② 不能直接粘贴条形码的索赔件

对于不能直接粘贴条形码的索赔件，需要先将条形码粘贴在索赔挂签上，再将索赔挂签牢固地拴挂在索赔件上。索赔挂签的拴挂位置应选择在闭环处或柱形部位的凹处。如果索赔件上没有合适的闭环或凹处，可以用胶带、绳子或铁丝人为制成闭环来拴挂索赔挂签。

③ 多个索赔件的捆绑要求

一张“索赔申请单”对应两件或两件以上的索赔件时，索赔件必须捆绑在一起，而且要保证扫描人员能直观看到厂家代码、厂家标识、生产日期等标记。对轻、软、钝的索赔件可以使用绳或胶带捆绑，对重、硬、锐的索赔件必须用铁丝捆绑。

④ 索赔件清理要求

凡是存有机油、汽油、冷却液等液体的索赔件必须将残液倒放干净；凡是索赔件沾有油污、泥土等污物的，必须清洗干净。

（二）索赔件返件的具体规定

在处理索赔件的过程中，必须按照既定的流程将相关物品返回给相应的责任方，例如制造商或其他指定的处理方。这一过程需要严格遵守一系列的规定，以确保索赔件的处理既高效又符合标准。

1. 索赔件装箱

将贴好条形码或拴挂好条形码挂签的索赔件分类装箱（不同车型件单独装箱并贴好标签，有“原包装”的索赔件单独装箱），并附有“索赔件验收清单”，装箱单一式三份，必须由专人负责。

2. 蓄电池、玻璃件的特殊说明

非铁路运输的物品必须送达目的地。如果物品通过铁路运输，则可以不返回，但销毁处理必须得到售后服务部相关人员的同意。

3. 新能源汽车动力蓄电池回收、存储

（1）新能源汽车废旧动力蓄电池回收

在新能源汽车质量担保维修过程中，会产生废旧电池。这些废旧电池属于国家重点管控的零部件，不能随意处理。售后服务企业需要将废旧电池临时存储，并尽快联系汽车企业或回收商、运输商，以便将废旧电池运回汽车企业或回收商处。

售后服务企业在处理废旧电池的过程中，主要负责以下几项工作：

① 核实车主信息，并在信息变更时及时更新。

② 维修完成后，判断动力蓄电池的危险等级。

③ 提示并告知用户国家法律法规对动力蓄电池的回收要求，并与用户签订“回收责任任务告知书”（在正常维修情况下，如果用户带走动力蓄电池）。

④ 上传维修回收等相关信息。

⑤ 暂时存储动力蓄电池，并做好监测工作。

⑥ 与运输商完成动力蓄电池的交接工作。

（2）新能源汽车废旧动力蓄电池存储

新能源汽车废旧动力蓄电池的贮存场所要遵循便于移交、收集、贮存的原则，符合当地城市规划及消防部门、环保部门、安全部门的有关规定。相关人员在动力蓄电池收集、运输及贮存的过程中，应采取适当的安全和环保措施，不应对动力蓄电池进行打孔、倒液、拆解、碾压及其他可能使动力蓄电池产生破损的操作，并采取相应措施防止电池短路起火。

① A 类（正常）旧动力蓄电池存储的注意事项

判定为 A 类的废旧动力蓄电池在售后服务企业相关责任人在“动力蓄电池监测表”上签字确认后应放入室内存储。如果无法判断蓄电池的状况，应咨询高压电技师或高压电专家。动力蓄电池在存储时不能侧放或倒放，并且必须确保正、负极相互隔离，以防止短路引发火灾。临时存储时间不得超过 7 天（特殊情况除外），严禁长期存储。动力蓄电池堆垛数量不得超过 3 块。蓄电池应放入电池存储区，并进行温度与外观情况的监测，每 4 小时记录一次。若发现冒烟、漏液、温度异常上升等异常情况，应立即呼叫消防队。

② B 类（警告）废旧动力蓄电池存储的注意事项

判定为 B 类的废旧动力蓄电池，只能暂存在室外且进行隔离存放。如果需要维修，确保第一时间将废旧动力蓄电池取走回收，在回收前每 4 小时记录一次，如果发现冒烟、漏液、温度异常上升等异常情况，应立刻呼叫消防队。

③ 废旧动力蓄电池存放区的安全要求

废旧电池暂存区应设置在室内阴凉、干燥、通风的地方，首选配件库内，若无足够位置，则可设置在机修车间空工位处。但需注意，处于“警告”或“危险”状态的电池必须存放在室外。在售后服务企业处临时存储废旧电池时，对于风险较小的动力蓄电池，可暂时存放在室内，但必须做好监测。废旧电池室内存放区的安全要求包括尺寸，避免阳光直射、高温、潮湿、雨淋、水浸等，并需进行地面绝缘、防渗、防腐处理，设置固体废物和高压电警示标志，配备消防设备及设施，安装实时监控，以及配备警戒线。

废旧电池暂存区仅用于临时存放废旧电池，不可作为长期存放区域。暂存区域应悬挂警示标记，地面采用黄色颜色标记，并在使用状态下设置外围警示围栏。暂存区必须由专人进行管理，监测状态。

安全应急隔离区的设置要求更为严格，最小面积为 5 m×2.5 m，建议与周围建筑物、车辆等保持 5 m 的安全距离，并位于室外非人流密集区域。隔离区需设置隔离墙、警示标识、特殊颜色标记地面，并进行防渗漏处理，采取防潮、防雨措施，以及底部设置两条平行木头用于电池包底部防水和通风存放

管理。

售后服务企业应遵循《新能源汽车应急处置规范》等相关制度，并进行相关责任人培训，掌握消防知识，熟悉废旧动力蓄电池的分类、特性，并具备应急处置能力。同时，应参照《生产经营单位生产安全事故应急预案编制导则》（CB/T 29639—2020）的要求编制安全环保应急预案。

对存放在隔离区域的动力蓄电池或电动汽车需定期进行检查，并使用红外测温仪进行温度监测，连续 5 天每天监测两次，测量三个面的温度并记录最高值。当动力蓄电池温度超出临界状态时，隔离监测需延长 5 天，并进一步观察做好火灾防范。

售后服务企业在任何时期都要遵守当地政府及相关行政部门的要求及法规。动力蓄电池的规范分类与存放管理是日常工作中一项重要的环节，只有重视这个环节才能提高大家对动力蓄电池的安全使用意识。

4. 新能源汽车动力蓄电池包装流程

根据联合国的分类标准，所有锂离子电池都被视为危险品，当动力蓄电池需要运输时，必须遵守严格的运输和包装规定。包装和运输不当的电池可能导致泄漏、短路和有毒气体的释放，甚至引起火灾、爆炸，造成人身伤亡。

依照国标及相关法规规定，在运输之前必须对高压蓄电池进行分类包装，包装规定取决于运输方式、电池状态以及运输路线。为了避免潜在的危险，动力蓄电池的包装必须是安全的，并且根据运输路线的不同，使用符合规定的包装。合理的包装类型可以保护电池不受损坏，确保其安全运输和存储。

（1）评估动力蓄电池的状态

由高压电技师/高压电专家评估动力蓄电池的状态，并按国家标准分为 A、B、C 三类。

（2）包装前的预处理

在包装动力蓄电池模块和单体电池之前，必须确保它们处于适当的准备状态。应保护所有电池触点以防止意外短路。除电解液孔外，所有开口都应密封。必须清除电池表面的危险物质和电解液残留。在运输前至少五天，应对电池进行持续观察，并记录模块、电池的温度以及环境温度。若发现温度升高，表明电池可能正在发生化学反应，此时应暂停观察五天，待反应完成后继续监测，直至确认无进一步化学反应发生。

（3）动力蓄电池的包装箱准备

由于锂离子电池加注电解液并激活充电后具有危险性，联合国已将其划分为危险品第 9 类，在运输过程中需要进行严格的监管，以确保运输安全。在不同国家和地区，危险品法规有所不同。运输法规主要分为国际协议和国家法规两种。其中国际协议包括联合国认证协议、空运规则、国际海运危险货物规则、陆运和铁路规则。我国的国家法规主要包括《危险货物道路运输规则》（JT/T 617）和《车用动力电池回收利用管理规范　第 1 部分：包装运输》（GB/T 38698.1—2020）。

① 动力蓄电池包装箱

A 类动力蓄电池允许采用标准备件的木箱进行运输。在包装内部，应使用具有电解质吸收能力的矿棉作为绝缘材料，而外部则应用双层塑料薄膜形成气体屏障，以确保保护效果。至于 B 类动力蓄电池，建议使用配备泄压阀的气密钢容器进行封装。

② 动力蓄电池包装箱标签

包装上需要张贴规定的锂离子电池标签和标记，电池外壳需要标注电池容量数值。如果采用危险货物包装，外包装上的联合国 UN 包装标记、批次及危险货物标志、标记、标牌等信息应印刷清晰、粘贴牢固、拼写正确。

③ 锂电池的 UN 编号

动力蓄电池“UN 编号”主要用于危险货物识别，是联合国欧洲经济委员会危险货物运输专家小组委员会为危险货物指定的唯一数字标识符。

④ 动力蓄电池分类标志

废旧动力蓄电池包装箱上应根据分类，分别贴有 A 类、B 类和 C 类标签。

⑤ 危险品标识

第九类危险品属于杂项危险物质，在生产、存储、运输过程中，此类危险品容易导致火灾、爆炸或者中毒危险，可能引起人身伤亡。需要特别防护的物品中包括了新能源汽车的动力蓄电池。

⑥ 运输车辆标识

运输车辆应悬挂符合《道路运输危险货物车辆标志》（CB 13392—2023）要求的警示标志，矩形标志牌为橙色，标明所载危险货物的危险性识别号和联合国编号的标志牌。

（4）个人防护

相关人员在运输容器内包装动力蓄电池时，必须使用一次性保护罩防尘面罩、护目镜和防护手套，如图 6-3 所示，这是防止人员操作时包装的辅助材料释放灰尘等刺激物被人体吸入而伤害身体。

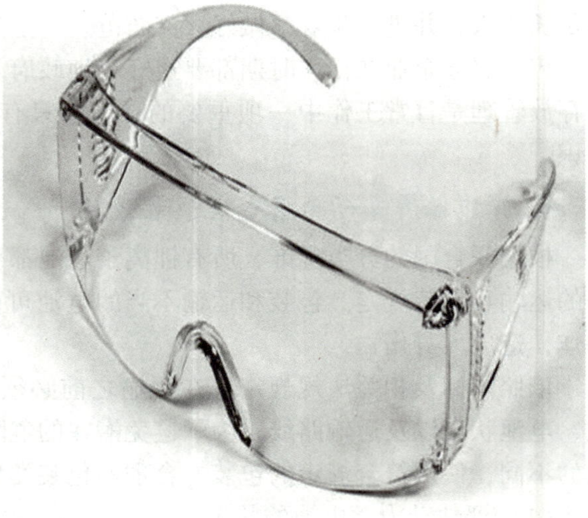

图 6-3　护目镜

（5）动力蓄电池的包装

对于动力蓄电池的包装，主要取决于各自电池（正常、警告、危险）的状态。只有正确判定电池状态后，方可采用不同类型的电池包装。

动力蓄电池包装按照动力蓄电池的类型进行分类，动力蓄电池包装分类见表 6-8。危险类型（C 类）的动力蓄电池不能运输。

表 6-8　动力蓄电池包装分类

动力蓄电池类型	包装方法及应用	包装标签（贴纸）	文件	其他
A 类（正常）动力蓄电池	经认证原厂动力蓄电池包装 根据危险品说明进行包装	危险品注意事项： UN 3480（动力蓄电池） 危险品类别 9	运输单据（发货单、运输单据、事故单）	当订购新原厂动力蓄电池时，可以将原厂包装重复用于没有危险性的旧动力蓄电池
B 类（警告）动力蓄电池	经认证专用运输包装箱 根据危险品说明进行包装 只能由经过专门培训的工作人员进行包装	危险品注意事项： UN 3480（动力蓄电池） 危险品类别 9 警告！损坏的动力蓄电池	运输单据（发货单、运输单据、事故单） 运输规范	—
C 类（危险）动力蓄电池	动力蓄电池状态：危险！不包装、不运输！立即联系消防部门			

5. 新能源汽车高压电部件动力蓄电池运输管理

在运输动力蓄电池时，应确保其充电状态维持在 40% 至 60% 的不完全充电水平。为保障安全，运输过程中必须避免剧烈的振动和冲击，防止日晒和雨淋，并且严禁将电池倒置，以防止短路现象的发生。装卸作业应使用专门设计的运输设备，并采取轻拿轻放的措施，避免摔掷、翻滚、重压或倒置等不当操作。此外，运输过程中应严格禁止烟火。动力蓄电池运输车如图 6-4 所示。

图 6-4　动力蓄电池运输车

（1）A 类（正常）动力蓄电池运输

A 类动力蓄电池包装后可以公路运输、铁路运输；在满足危险货物（第 9 类）运输条件下可以海运；在满足危险货物（第 9 类）和受限物品的条件下可以空运，若动力蓄电池组净重>35 kg，禁止空运。

（2）B 类（警告）动力蓄电池运输

运输 B 类动力蓄电池需要采用金属回收箱包装。公路运输需要随车文件（遵循当前运输损坏的动力蓄电池规范）；铁路运输或海运时，需采用经认可的正确包装类型；不允许空运。

6. 索赔件返件原包装说明

在返件索赔件时，若备件有原包装，则应按备件包装标准独立包装索赔件，并拴挂索赔件挂签，用胶带封好包装盒并粘牢。若原装备件无包装，则直接拴挂索赔件挂签即可。对于某些有塑料堵的备件，在拆下后必须将其堵到索赔件上，以防止漏油。此外，对于空气流量传感器、电子控制单元（包括发动机、自动变速器、ABS、安全气囊（ECU）、节流阀体及氧传感器，返件时需附上打印出来的故障诊断结果，并将底盘号打印（或手写）在上面。

7. 索赔件运费的结算方法

邮寄索赔件的运费采取实报实销的方法，服务站索赔员将运费发票复印件寄往汽车企业的索赔部门，要求在运费发票复印件上填写“申请单编号”，以此作为结算依据；索赔员将索赔件运费以“索赔申请单”的形式录入索赔软件管理系统。

8. 损坏件拒绝索赔的原因说明

某传统汽车企业对客户损坏件拒绝索赔的原因见表 6-9。

表 6-9　某传统汽车企业对客户损坏件拒绝索赔的原因

拒绝代码	描述
020	假件
021	索赔件不符合送返要求（未清洗）
022	索赔件不符合送返要求（包装不合格）
023	索赔单申报与索赔件实物不符
024	索赔单数量与索赔件数量不符
025	非产品质量问题（缺损、私改）
026	超期送件
027	索赔件生产日期不符
028	索赔件故障描述与索赔件不符（索赔单、索赔件、挂签）
029	电器件无故障码打印信息
030	厂家代码不符（可更改）

表6-9（续）

拒绝代码	描述
031	损伤件号不符（可更改）
032	厂家代码和损伤件号都不符（可更改）
033	备件索赔底盘号不符
034	备件索赔售出日期与结算日期不符
035	备件索赔损坏件号不符
036	备件索赔无用户签字
037	备件索赔打印日期与结算日期不符
038	备件索赔结算单无法辨认
039	备件索赔无结算单
040	厂家代码超期未修改
041	损坏件号超期未修改
042	厂家代码和损伤件号都超期未修改
043	技术误判
044	不符合售后特定返件要求

任务二　新能源汽车安全管理

任务描述

你是某新能源汽车售后服务企业的门店负责人，某日，门店突然接到一位客户的紧急电话，称其购买的新能源汽车在充电过程中突然冒烟，随后起火。你该如何处理这起事件？

任务分析

为确保任务顺利完成，应遵循以下流程：迅速通知应急救援组前往现场；到达后，确保人员安全并按预案处理；联络组报告相关部门并联系外部支援；抢险组在确保安全的情况下进行初步救援，疏散人群，防止火势蔓延；疏散救助组组织有序疏散并初步救护伤员；设施保障组确保消防、通信、广播系统正常运转；救援中坚持“先救人后救物”，在确保人员安全的同时抢救财物；配合消防部门，提供支持和协助。救援结束后，分析事故原因，总结经验，及时整改，预防类似事故。

任务实施

生产安全是企业管理的核心原则，对于保障员工生命安全、客户和企业财产至关重要。在生产活动中，持续关注安全是确保安全的关键。企业每年需接受来自交通、公安、消防和安监等多个部门的安全检查，尤其是新能源汽车服务企业，由于涉及用电和动力蓄电池，受到的监管更为严格。企业经营者和员工都有责任遵守安全生产和劳动保护的基本原则。通过严格执行《中华人民共和国安全生产法》，加强安全监管和劳动保护措施，企业能够有效预防和减少生产安全事故，或减轻事故造成的损害。

一、新能源汽车企业的消防安全

消防安全是新能源汽车企业管理的重要组成部分，良好完善的管理方案能为企业生产运营提供安全保障。新能源汽车企业消防安全管理要点如下。

（一）预防与责任制

在新能源汽车企业中，消防安全管理是至关重要的一个环节，它直接关系到企业的生产运营安全。企业必须采取积极主动的预防措施，并结合有效的消防措施，确保企业消防安全。为此，企业应当遵循预防为主、防消结合的方针，全面落实防火安全责任制。具体实施措施包括：建立义务消防队或指定义务消防员，确保在紧急情况下能够迅速有效地进行初期火灾的扑救。制订突发情况处置预案，并定期组织应急演练，以提高员工应对突发事件的能力和效率。

（二）设施与规范

新能源汽车企业的生产场地和厂房设施必须符合消防安全规范要求，并且需要取得消防部门的相关验收意见书。企业还应当实行防火安全责任制，建立健全各级责任人制度，明确各级人员的消防安全职责。制定消防安全制度、操作规程，确保所有员工都能了解并遵守消防安全规定。

（三）培训与宣传

企业应定期组织职工进行消防宣传教育和消防知识培训，通过这些活动来增强员工的安全意识和应对火灾等紧急情况的能力。

（四）消防设施与器材

企业应根据国家有关规定配置消防设施和器材、设置消防安全标志，并由有资质的部门定期进行检验、维修，确保消防设施和器材始终处于完好、有效状态。具体要求包括：

消防器材配备充足、有效，安放位置合理，确保在紧急情况下能够迅速取用；

任何人不得损坏或擅自挪用消防设施、器材，以保证其随时可用；

对各种消防设施、器材进行编号管理，定期检查并做好记录，确保设备的正常运行和维护。

（五）疏散与安全出口

企业应确保厂区范围内的疏散通道、安全出口畅通无阻，并设置符合国家规定的消防安全疏散标志。此外，作业场所内不得安排员工宿舍，不得搭建住人阁楼，以避免在紧急疏散时造成拥堵和危险。

（六）危险品管理

在作业场所内，企业必须严格禁止储存易燃、易爆化学危险物品。对于汽油、稀释剂等易燃物品，除了车辆本身燃油箱内的燃油外，不得带入板焊工作区。

（七）明火与电气安全

企业必须禁止在具有火灾、爆炸危险的场所使用明火。如遇特殊情况需要使用明火作业，应事先向安全消防部门办理审批手续，并采取相应的消防安全措施。此外，严禁乱拉、乱接电线，不得超负荷使用电气设备，以防止电气火灾的发生。

（八）仓库防火管理

仓库的消防安全通道必须保持畅通，消防设施、器材配备充足、有效。仓库物品必须分类放置，电路开关、插座下方不得堆放物品，以防止电气火灾。仓库管理员必须熟悉库存物的分类、性质和消防安全要求，掌握消防器材的使用和维护方法，做好本岗位的防火工作。

通过以上措施的实施，新能源汽车企业可以有效提升消防安全管理水平，从而保障生产运营的安全。

二、新能源汽车企业的生产安全

为了认真贯彻“安全第一”“预防为主”的方针，减少或不发生责任安全生产事故和人员伤亡事故，控制好生产现场，根据季节性的特点，重点检查电气设备、机械设备、消防设备，检查化工仓库、材料仓库，检查生产现场员工遵章守法和操作规程执行情况。

（一）生产场地区域的设置

生产区域的总体布置及作业流程应满足安全作业要求，为此需要设置生产区域、备料区域和完工区域，并按功能划分清楚，确保有明显的安全通道。同时，应制定安全生产管理制度，包括各工种安全操作规程、各层级人员安全责任以及职业卫生要求。在生产区域内设置安全线，以指引车辆有序进出。此外，电焊机、氧气瓶和乙炔瓶应进行定置管理，而动力蓄电池维修则需要专门设置作业区，并悬挂相关警示标志。

（二）安全线的设置和设置废品区

在生产班组设置安全线，做好移动设备和流动工具车等设备的定置管理，以确保员工的安全并防止设备伤人事故的发生。同时，在生产现场设置废品区，严格进行可回收、不可回收以及化工原料工业垃圾的分类。

（三）车辆出入管理

在生产区域，应设置车辆限速警示牌，规定进入厂区的限速为5~10 km/h。此外，还应划出专门的车辆停放场地，并明确标明行车路线，确保车辆通道保持畅通。

（四）场内驾驶安全

在场内停放车辆时，车身必须保持直线且方向正确，若在斜坡上停车则需使用三角木进行固定。在指示车辆行驶或移位时，切勿站在车辆的正前方或后方，并应注意周围的障碍物；若需要倒车，则应有员工在后方进行指挥。此外，还应设置制动标志或警示，以确保安全。

（五）易燃易爆物和动火管理

焊工等专业技术人员必须持证上岗，并且操作工必须经过严格培训，达到上岗要求后方可上岗。所有人员都必须严格执行操作规程。在生产现场，氧气瓶和乙炔瓶的存放总量不得超过两瓶，并且要严格控制。氧气瓶和乙炔瓶之间的距离应保持在5米，离明火的距离应为10米。生产现场必须设有危险警示和禁烟警示，以确保安全。油漆和稀释剂严禁堆放在生产场所，严禁使用汽油清洗零部件。

以下情况严禁进行焊接作业：存在未经消除危险的易燃、易爆气体、液体或粉尘的场所和仓库；未经过彻底清洗的曾用于生产或储存易燃、可燃液体及其他易燃物品的设备和容器；以及存在压力或处于密闭状态的容器和管道。

在新能源汽车操作场地，应配备完善的消防设施。动力蓄电池的存放与维修须符合安全生产监督管理部门及环保部门的相关要求。作业场所应设立有效的通风系统，并安装消防喷淋装置。除配置干粉灭火器外，还应配备水基灭火器，并放置于明显且便于取用的位置。灭火器箱不得上锁。此外，在动力蓄电池维修区域附近，建议设置专用的沉浸池，以备应急使用。

（六）用电安全与防护

新能源汽车企业应制定严格的用电管理办法，以保障企业安全生产运营。合理的用电安全管理包括以下几点。

首先，企业需要制定用电安全管理制度和电气设备安全操作规程。其次，应购买合格的电气产品，避免使用未标明生产厂名称及地址、无生产许可证、无产品质量检验合格证的电气产品。

此外，电工作业人员必须持有电工证。在电气线路的安装方面，必须符合电气安全规范。应严格按照用电器具的容量选用适当的电线和开关插座，并对规定使用搭铁的用电器具金属外壳做好搭铁保护。同时，电气设施要规范使用。

对于电气设施的检查与维修，应遵守以下规定：定期检查电源线路、开关、插座和插头，确保其安装牢固、结构完整、接触良好。发现破损、老化或接头烧蚀应立即停止使用并及时更换或维修。对电气设备检修时，必须按照电业安全工作规程的规定认真实施停电、验电、放电、装设搭铁线、挂标示牌和装设遮栏等措施。

在新能源汽车全部断电或部分断电的电气设备上工作时，必须完成以下措施：断电、挂锁、验电、放电、悬挂标示牌、装设遮栏，并确保有监护人在场。

（七）设备使用安全与防护

设备使用寿命的长短、生产效率的高低，固然取决于设备本身的设计结构特性和制造水平，但在很大程度上也受是否能够合理、正确使用设备的影响。正确使用设备，能够在节省费用的条件下减轻设备的磨损、保持其良好的性能和应有的精度，延长设备的使用寿命，充分发挥设备的功能。

合理正确地使用设备，具体来说应做好以下五项工作。

1. 做好设备的安装、调试工作

设备在正式投入使用之前，应严格按质量标准和技术说明安装、调试，安装调试后要进行试验运转，验收合格后才能正式投入使用，这是正确使用设备的前提和基础。

2. 合理安排生产任务

使用设备时，必须根据工作对象的特点和设备的结构性能来合理安排生产任务，防止和消除设备无效运转。使用时，既严禁设备超负荷工作，也要避免“大马拉小车”现象，造成设备和能源的浪费。

3. 切实做好设备操作人员的技术培训工作

操作人员在上机操作之前，须做好岗前培训，认真学习有关设备的性能、结构和维护等知识，掌握操作技能和安全技术规程等，经过考核合格后，方可上岗。严禁无证操作现象的发生。

4. 建立健全科学的管理制度

企业要针对各种设备的不同特点和要求，建立健全各项管理制度、规章制度和责任制度等，如持证上岗制度、安全操作规程、操作人员岗位责任制度、定人定车定设备工具的制度、定期检查维护制度、交接班制度及设备档案制度等。

5. 提供良好的设备工作条件和环境

保持设备作业条件和环境的整齐、清洁，并根据设备本身的结构、性能等特点，采取必要的防护、防潮、防尘、防腐、防冻、防锈等措施。有条件的企业还应该配备必要的测量检验、控制、分析及保险用的仪器、仪表、安全保护装置。这对于精密、复杂、贵重的设备尤为重要。

三、新能源汽车服务企业的治安安全

新能源汽车服务企业为了保护公司人身及财产安全，维护正常生产秩序和公司的利益，树立良好的企业形象，除在消防、生产安全方面进行管理外，还要进行防盗等治安安全的管理，并制定相应的治安安全管理制度。

（一）职责与人员配备

人力资源部作为整个保安团队的直接主管部门，负责统筹管理。保安队长则对所有保安的训练、督导和考核进行管理。保安人员则有责任维持、监督和执行全厂的厂纪厂规、消防、安全和节约等事项。

（二）安保值班制度

安保值班制度是指安保人员按照规定的时间表轮流在岗，保持全天候工作状态的一种制度安排。其核心目的在于确保在任何时刻都有专业人员负责安全防范工作，提供安全保障。这一制度适用于所有需要安保工作的单位和企事业机构。

1. 值班保安职责

为了确保公司安全和秩序，保安人员需要严格遵守以下规定和流程：

第一，保安人员必须准时上班并坚守岗位，不得擅自离岗。他们应保持良好的形象，服装整齐、仪表端正、精神饱满，并以文明的态度站岗和礼貌待人。此外，保安人员不得在工作时间处理私事，必须服从指挥并尽职尽责。对于领导指出的缺点，保安人员应自我检讨、深刻反省并勇于改正。

第二，保安人员应对进出大门的来宾及车辆进行礼貌询问和仔细查看，并将相关信息登记在“来宾、车辆出入登记表”内。对于特殊情形，如工商局、税务局、社保局、派出所等单位的来宾，保安人员必须及时通知财务主管及总经理。

第三，保安人员应对所有人员出厂所携带的物品进行彻底检查。只有在核对无误后，凭“物品放行条”确认物品的名称、数量和相关人员的签批情况，方可放行。

第四，为了维护大门口的秩序，保安人员应确保大门时刻畅通。他们需要劝离聚集在大门两边聊天、玩耍的闲杂人员，并保持大门两边的干净、整洁。

第五，夜班保安在巡逻时应时刻保持高度的注意力，细心观察厂区的事物和动态。他们应对可疑情况和人员进行询问检查，并在遇到自己解决不了的情况时及时上报。夜班保安还需按指定时间熄灯，并检查厂区各个地方的水、电、窗户是否全部关闭，将检查状况仔细填写在“保安检查日报表”上。

2. 保安人员工作职责及注意事项

保安人员肩负着维护本厂人员及物资安全的重要职责，必须预防各种灾害和事故的发生。为此，他们需要加强对厂区各大门的管理，严格执行门禁制度，确保外来车辆进出厂时进行严格的检查和登记。同时，对出厂物资也要进行核对验证，以确保物资的安全。

此外，保安人员还需加强对厂区及宿舍水电设施的维护与管理。一旦发现水电问题，应立即排除或通知相关人员进行处理，以保障厂区的正常运行和员工的生活安全。

在值班期间，保安人员如遇突发事件，必须及时处理，并按照突发事件处理程序尽快通知相关人员，不得拖延或误报。对待所有进出厂的客户，保安人员必须礼貌接待，立即站起并为其开关门。对于重要人物，保安应熟记其形象和容貌；对于外来探访人员，则需先呈报被访者并取得同意后，办好登记手续。前台会通知被访者与客户会面，离厂时须经接待部门在“来宾登记表”上签字，并将“来宾证”和“来宾登记”交回保安室。保安人员必须严格遵守规定，严禁向不明身份人员泄露公司内情。

知识拓展

保安人员培训

对保安人员进行系统的培训，旨在提高保安人员的整体素质和专业能力，确保他们能够更好地履行职责，为客户提供安全、优质的服务。保安人员的培训主要包括以下方面。

1. 法律意识和职业道德教育

保安人员需学习国家相关法律法规，如《保安服务管理条例》，增强法律意识，并接受职业道德教育，确保在工作中遵守法律法规，维护公司形象，提供优质服务。

2. 安全防范和应对突发事件能力

培训内容包括正确使用安保设备、应对突发事件、巡逻检查等，增强保安人员的安全防范意识和处理突发事件的能力。通过模拟演练，让保安人员熟悉突发事件的应对流程，确保在关键时刻能够迅速、妥善处理。

3. 服务意识和沟通技巧

培养保安人员的良好服务意识，学习沟通技巧，提高客户满意度。这包括礼貌待人、使用文明用语、了解客户需求并尽力满足等。

4. 礼仪礼节培训

强化保安人员的职业素养，培养其良好的仪表仪态和礼貌待人的习惯。保安礼仪是保安人员文明行为的道德规范与标准，不仅代表个人形象，更代表保安队伍的整体形象。

5. 理论知识学习和实操训练

通过课堂讲解、案例分析等方式，使保安人员掌握相关知识和技能。同时，组织保安人员进行实际操作训练，提高应对突发事件的能力。

6. 体能训练

进行体能训练，提高保安人员的身体素质和耐力，确保其在工作中能够保持最佳状态。

7. 消防、保安守则与制度学习

了解消防、保安人员的职责，学习消防知识和应对火灾的技能。同时，熟悉保安守则与制度，确保在工作中遵守相关规定。

8. 秩序维护、巡逻、门卫等服务标准培训

熟悉不同岗位的服务标准和操作规程，确保在工作中能够按照标准执行，提高工作效率和服务质量。

四、企业内部事故的应急处理

（一）成立应急救援组

为应对安全事故的发生，新能源汽车服务企业应设置好应急救援组，并严格分派职责做好安全事故演练，以防安全事故的发生。应急救援组人员分配及职责如下。

1. 总指挥、副总指挥职责

总指挥、副总指挥的职责为负责抢险救灾、疏散的指挥工作。当总指挥不在时，由副总指挥负责。

2. 联络组职责

联络组的职责为在总指挥领导下发布救灾、疏散命令，向相关部门报告，联系外部消防、医疗机构支援，组织新闻发布会，组织护卫人员维护好厂区的交通和治安秩序，安抚员工情绪。

3. 抢险救援组职责

抢险救援组的职责为在专业应急消防队到来前，在保障自身安全的前提下进行灾害的救援，搜救受伤和被困人员，必要时通知公安消防队到场参加救援工作。

4. 疏散救助组职责

疏散救助组的职责为熟悉疏散路线，负责组织员工有秩序地疏散到指定的避难处，进行伤员的救护和联系社会医疗机构，组织护卫人员维护好厂区的交通和治安秩序。

5. 设施保障组职责

设施保障组的职责为保障消防系统、通信系统、广播系统、能源动力系统、疏散设施和电力正常运

转。在专业消防队未到现场前，将人员安全疏散到避难处，并清点好人数，发现非正常缺员要弄清原因并报告总指挥。在救援过程中坚持“先救人，后救物”的原则，在确保人员安全的前提下，抢救财物。

（二）新能源汽车着火事故应急处理

当驾驶人发现汽车出现高温报警、焦味、冒烟或起明火时，应立即减速停车，关闭点火开关，并启用驻车装置。停车后，应在适当位置放置警示标识，并尽量将车辆停放到人员稀少的区域，远离加油站和易燃易爆品。确保现场人员安全的前提下，如果可能，应将车辆停放到人员稀少区域，远离加油站和易燃易爆品。

观察车辆着火部位后，根据着火部位和情况采取相应措施。例如，按顺序关掉低压蓄电池电源开关、拔掉高压维修开关，并在适当位置放置警示标识，疏散人群避免围观。

根据现场火情或事故程度，拨打 110 或 119 等应急报警电话。如有人员伤亡，拨打 120 急救电话，并寻求其他援助。如果火势不大且不是动力蓄电池冒烟（着火），可以采用干粉、二氧化碳或水基灭火器灭火。如果是动力蓄电池冒烟（着火），应由专业作业人员在穿戴个人防护装备后，对动力蓄电池进行大量喷水冷却，直至无复燃可能性时停止喷水，并继续保留喷水设备待用。喷水时建议人员距离火源点 2 米以上。也可直接将冒烟（起火）车辆推入水池进行沉浸式降温。

如果车辆已经开始大量冒烟，非专业人士（如驾驶人和乘客）一定要站在上风口，并与车辆保持至少 15 米的安全距离进行相应报告及报警等处理。对于难以控制的失火，现场救援人员必须保持至少 15 米的安全距离，设置警戒区域，防止动力蓄电池意外发生爆炸。

应急消防人员到达现场后，要告知他们着火物品是什么、周边是否有易燃易爆品等现场情况。组织被困人员逃离现场时，一定要引导他们朝烟雾流向的反方向疏散，也就是迎着风往逆风方向撤离。如果驾驶人衣服被引燃，要尽快脱去。如果有水，可立即用水将着火的衣服浇灭，或跳入附近水面低的水池、河沟里；如果附近没有水源，可以迅速卧倒在地，身体滚动压灭火焰，千万不要站立不动或奔跑，以防增加身体烧伤面积。

（三）灾后恢复总结

发生灾害后，应尽快恢复运行。救援工作结束后，应急救援组织机构应当组织相关部门和人员，按照事故“四不放过”的原则，认真分析事故原因，总结、吸取事故教训，及时进行整改。根据有关制度追究事故相关责任人的责任，对抢险救灾有功人员进行奖励。

五、企业外部安全管理

新能源汽车售后服务企业外部安全主要涉及企业在售后服务过程中，对于与车辆安全、客户安全及公共安全相关的外部因素的管理和控制。

（一）客户车辆动力蓄电池起火突发事件处理

为了应对客户动力蓄电池起火、爆炸等重大事故（以下简称“事故”），新能源汽车售后服务企业需要制订相应的应急预案，以确保相关问题能够快速且有效地处理，并防止市场受到负面影响。该预案适用于动力蓄电池起火、爆炸事故的现场处置和善后处理。

在不同情况下，需要有具体的现场话术来应对。

1. 行车碰撞着火

车辆在高速行驶时，外部高强度硬物可能冲击电池。初步分析显示，本次事故产生的冲击力高达 20 牛顿，远超国家标准规定的汽车检测冲击要求。这种冲击可能会损坏电池和电器，引发短路。传统车辆燃油箱在类似冲击力下也可能发生爆炸事故。具体事故原因将由技术专家进行调查。

2. 行车过程中冒烟、着火

根据新能源整车厂监控中心的数据，车辆运行过程中高压系统工作正常，因此电池或高压系统造成事故的可能性可以排除。然而，存在外部原因或车辆低压线路老化短路造成问题的可能性，这与传统汽车电路老化短路类似。我们将对车辆和监控数据进行分析，并配合新能源整车厂安排技术专家进行调查。

3. 放置状态时，新能源汽车自燃现象

车辆在停放状态时，高压及低压系统会全部切断，所有高、低压系统电器停止工作，不可能发生电器工作发热、线路短路等问题。事故应由外部原因造成，我们将配合新能源整车厂安排技术专家对事故车辆进行检查分析，确定事故具体原因。

4. 充电过程中冒烟，然后着火现象

车辆充电过程中，车辆通过充电桩与电网相连。我们将检查车辆、充电和电网供电三个环节，分析电网供电电压、电流数据及监控中心记录的车辆充电时的车辆状态数据，确定是哪个环节存在问题。若事故可能由外部因素引起，我们将协调新能源整车厂、充电设施运营方及电网企业共同组织技术专家，开展事故原因调查，确保诊断结果的准确性与全面性。

知识拓展

电池起火爆炸事故的分级

电池起火爆炸事故分级见表 6-10。

表 6-10　电池起火爆炸事故分级

序号	事故分级	定义
1	一级事故	电池起火，人死亡
2	二级事故	电池起火，且人受伤
3	三级事故	电池起火，人未受伤

（二）市场事故应急处理程序

新能源汽车售后服务企业的市场事故应急处理主要程序如下。

1. 信息收集

新能源整车厂客服中心日常通过电话、微信、QQ 等方式收集市场车辆事故隐患信息、已发生和正在发生的事故信息，具体信息收集方式见表 6-11。

表 6-11　车辆事故信息收集方式

序号	信息源	信息收集方式
1	客户	来电
2	服务站	来电、信息快报
3	微信	微信群、朋友圈
4	QQ	QQ 群
5	车辆信息终端	监控平台预警、报警

2. 信息上报

新能源整车厂的客服中心在接收到事故报告后，首先依据《客户逃生守则》为客户提供紧急处置指导和逃生建议，并立即拨打 119 报警。随后，客服中心会通知最近的服务站以及市场服务和销售团队，迅速组建现场应急小组前往事故地点进行紧急处理（依照现场应急预案进行）。同时，客服中心将

联系救援公司派遣救援车辆前往现场。此外，客服中心将通过电话向领导小组和工作协调小组报告情况，并在半小时内以“市场重、特大事故信息快报”的形式，将事故的详细信息上报给领导小组和协调小组的各成员。

3. 应急预案启动

工作协调小组进一步了解和核实相关信息，根据市场情况及可能出现的问题，提出事故应急处理方案，填写“市场事故应急处理预案启动通知”，见表 6-12，经领导小组批准后下发各功能小组和相关部门，正式启动应急预案。

表 6-12　市场事故应急处理预案启动通知

<table>
<tr><td rowspan="2">车辆信息</td><td>车型</td><td></td><td>车架号</td><td></td><td>车辆批次</td><td></td><td>车牌号码</td><td></td></tr>
<tr><td>出厂日期</td><td></td><td>购车日期</td><td></td><td>行驶里程</td><td></td><td>上次维护日期</td><td></td></tr>
<tr><td rowspan="2">客户信息</td><td>客户类别</td><td colspan="2"></td><td colspan="2">日常使用环境（地区、路况）</td><td colspan="3"></td></tr>
<tr><td>用户姓名</td><td></td><td>用户电话</td><td></td><td>驾驶人姓名</td><td></td><td>驾驶人手机</td><td></td></tr>
<tr><td rowspan="6">事故信息</td><td>事故情况描述</td><td colspan="7"></td></tr>
<tr><td>信息来源</td><td colspan="2"></td><td colspan="2">报案人或信息提报人电话</td><td colspan="3"></td></tr>
<tr><td>车辆状态</td><td colspan="2"></td><td colspan="2">停放地点</td><td colspan="3"></td></tr>
<tr><td>人员伤亡情况</td><td colspan="2"></td><td colspan="2">治疗及处理情况</td><td></td><td>当事人联系电话</td><td></td></tr>
<tr><td>现场处置小组</td><td colspan="2"></td><td colspan="2">联系电话</td><td></td><td></td><td></td></tr>
<tr><td>救援车单位</td><td colspan="2"></td><td colspan="2">联系人</td><td></td><td>联系电话</td><td></td></tr>
<tr><td rowspan="5">处理方案</td><td>负责部门</td><td colspan="2">工作项目</td><td colspan="2">工作要求</td><td colspan="2">负责人</td><td>备注</td></tr>
<tr><td>媒体政府小组</td><td colspan="2"></td><td colspan="2"></td><td colspan="2"></td><td></td></tr>
<tr><td>善后处理小组</td><td colspan="2"></td><td colspan="2"></td><td colspan="2"></td><td></td></tr>
<tr><td>技术、质量小组</td><td colspan="2"></td><td colspan="2"></td><td colspan="2"></td><td></td></tr>
<tr><td>其他相关部门</td><td colspan="2"></td><td colspan="2"></td><td colspan="2"></td><td></td></tr>
<tr><td>会签人</td><td colspan="5"></td><td colspan="2">签发</td><td></td></tr>
</table>

（三）事故现场处置应急预案

现场处置应急小组（由现场服务人员和销售人员等组成）在接到客服中心现场应急处理通知后，应携带规定的设备在 30 分钟之内到达现场，并按以下程序处理。

1. 一级事故

在发生车辆事故时，首先应配合应急消防和120工作人员进行现场清理。如果车辆仍在燃烧，必须疏散周围群众，并使用预备的水基灭火器进行施救或配合应急消防员扑灭火灾。随后，对事故现场进行拍照，核实车辆信息和事故财产损失情况。遗体妥善安置后，使用事先预备的专用车罩覆盖事故车辆。

若现场出现媒体或相关主管部门，需明确阐述事故原因：我方车辆采用安全电池，其设计与制造均遵循严格的安全标准，相较于传统车辆，具备更高的安全性，电池自燃的可能性极低。对于事故成因，我方将指派技术人员及专家组进行深入调查。

最后，清理现场，并立刻将现场处置信息电话反馈给由新能源整车厂负责的工作小组组长。

2. 二级事故

首先，应对伤者进行施救并协助送医，同时核实伤者就医的医院名称和地点。如果车辆仍在燃烧，应疏散周围群众，并使用预备的水基灭火器进行施救或配合应急消防员扑灭火灾。接下来，对事故现场进行拍照并核实事故损失。

明火扑灭后5分钟内，应疏散围观群众并将事故车辆拖离现场，存放到指定地点。现场由路政、交通部门人员处理时，要落实相关人员及其所属单位。如果有媒体或其他相关主管部门出现，应使用事先准备的话术解释事故原因。

此外，用事先预备的专用车罩覆盖事故车辆，并核实车辆最终停放地点，根据需要派人现场值守。

最后，清理现场并立刻将现场处置信息电话反馈给由新能源整车厂负责的工作小组组长。

3. 三级事故

在车辆发生火灾时，首先应疏散周围群众，并使用预备的水基灭火器进行初步施救或配合应急消防员扑灭火灾。

随后，对事故现场进行拍照并核实事故损失。同时，安抚客户，登记客户和车辆的详细信息，并核实财产损失。若调查确认事故属产品质量问题，将承诺赔偿全部损失，并安排车辆将客户送至其指定目的地。若现场有媒体或相关主管部门出现，应以事先准备的话术解释事故原因。

此外，使用预备的专用车罩对事故车辆进行覆盖，并在明火扑灭后5分钟内将事故车辆拖离现场，存放到指定地点。最后，清理现场并立刻将现场处置信息电话反馈给由新能源整车厂负责的工作小组组长。

知识拓展

现场处置所需器材及人员要求

现场处置所需器材及人员要求见表6-13。

表6-13　现场处置所需器材及人员要求

序号	器材名称	用途	规格	数量	存放地点
1	专用车罩	事故车残骸覆盖	—	2个	服务站
2	水基灭火器	现场车辆灭火	35 kg	2个	
3	服务车	现场施救、接送客户	—	1辆	
4	照相机	事故车辆及现场拍照取证	—	1只	
5	大手电筒	现场勘查照明	—	2只	
6	大扫把	清理现场	—	2个	
7	人员	现场施救	—	3人以上	—

（四）技术、质量应急处理预案

技术与质量应急小组在接获工作小组发出的“市场事故应急处理预案启动通知”后，必须迅速启动技术与质量应急处理预案。首先，需通知相关供应商及相关部门，并研究制定事故调查方案。根据事故性质，必要时将邀请专家参与事故原因的调查。对于由车辆交通事故引发的电池起火事件，可聘请第三方专家组进行调查。

随后，事故处理小组应对事故车辆及现场进行详细勘查，收集相关证据，并调取监控数据。通过集体讨论分析，他们将确定事故原因，并撰写事故调查报告及对外发布的事故调查报告。这些报告在领导小组组织评审并定性后，将作为事故善后处理和媒体危机应急处理的依据。对外调查报告结论定性为非质量责任事故的，原则上由（外聘）第三方专家组出具，或由第三方专家参与签署。

此外，技术与质量应急小组还将提出产品质量改进意见，由质量管理部立项进行改进。在确定事故责任后，事故处理费用将向责任供应商全额索赔。最终，提出事故处理意见，报领导小组批准，并对内部责任单位和责任人进行追责。

若事故是由政府主管部门委托的第三方部门（或专家组）进行调查鉴定的，企业需完成以下工作：由质量管理部牵头、工程研究院协助，全程配合鉴定部门的相关工作。同时，采取相应的公关措施，确保事故调查结论的公正性。若调查确定事故是由车辆质量问题造成的，应立即组建由公司副总以上领导牵头的危机公关小组，采取相应的危机公关措施，努力减少负面影响。

（五）安全管理要求

一旦接到协调小组的预案启动指令，各应急功能小组及相关部门必须无条件启动应急预案并履行各自职责。若因延误时机导致重大影响和后果，将依据公司相关规定进行问责和处理。

为了确保事故处理的及时性和有效性，实行事故处理进展的日报制度。各应急功能小组需在每日下班前向协调小组报告当日的事故处理进展情况及存在的问题。协调小组负责汇总分析这些信息，并形成日报上报给领导小组。领导小组和协调小组将针对事故处理过程中出现的问题提出处理意见，并协调和指导问题的解决。

为了提高应急处理能力，协调小组每季度组织一次市场事故处理应急预案演练。通过这些演练，可以检验各小组及人员的现场处置和协调应急能力。

各相关部门还需定期参加由新能源生产企业服务管理部组织的预案和话术培训，以提升专业技能和应对能力。

此外，按照新能源整车厂的要求，必须配备相应的器材和人员作为建站的基本条件。同时，定期对器材的配备及保管情况进行检查，确保器材齐全且有效，以满足应急需求。

任务三　新能源汽车环境管理

任务描述

你是某新能源汽车售后服务企业的维修技师，近期接收了一辆因事故受损的新能源汽车。在维修过程中，你发现车辆的动力电池组受损，需要更换，同时冷却系统、制动系统以及润滑系统均需维修和更换相关液体。此外，车辆的车身也存在划痕，需要进行喷漆修复。你计划如何完成该车的维修呢？

任务分析

为确保本任务的顺利实施，建议遵循以下流程：对于废旧的动力电池组，应依照相关规定，将其运送至指定的回收中心进行专业回收处理，严禁掩埋和焚烧；冷却系统更换下来的冷却液，应妥善收集在专用容器中，并进行明确标识；将废旧冷却液运送至专门的回收中心，采用物理蒸馏法或直接再生法进行处理，确保处理后的冷却液符合国家标准；对于更换下来的润滑油、液压油以及制动液，应收集在专用存储罐中，贴上标签，做好防火措施；针对车身喷漆修复过程中产生的废气、废液和粉尘，应采用专业的废气处理设备对废气进行处理。

任务实施

新能源汽车环境保护管理是指通过废液的收集、固体废弃物的处理以及汽车维修过程中排放物的处理等措施，减少空气污染和温室气体排放，达到保护环境的目的。新能源汽车环境保护管理对于环境保护具有重要意义，是实现绿色低碳交通系统、构建可持续能源供应体系的重要途径。

一、新能源汽车废液的收集

废液是指在生产、生活和其他活动中产生的丧失原有价值或虽未丧失利用价值但被抛弃或放弃的液态物品、物质，以及法律、行政法规纳入废液管理的物质。新能源汽车服务企业产生的废液主要包括废旧电池的电解液、酸性溶液、冷却系统的冷却液和防冻液、润滑油、液压油、制动液、空调制冷剂以及零件或设备清洁剂等。

废液的成分通常非常复杂，其可生化性往往较差，同时，它们还可能具有一定的危害性。为了确保环境的安全与清洁，以下关于收集和处理废液的措施必须严格遵守，以避免对环境造成不可逆转的损害。

（一）指定容器收集

所有废液必须倒入专门指定的容器中进行收集，并且这些容器上必须设置明显的危险废物识别标志。绝对禁止随意倾倒废液或将废液倒入排水沟内，这样做是为了防止废油和其他有害物质污染我们的水源。

（二）废液回收点设置

建议在适当的位置设置专门的废液回收点，以便于对不同种类的废液进行严格区分和分类收集，从而提高废液处理的效率和安全性。

（三）防渗措施

在搜集、贮存、处置废液的过程中，必须使用采取了防渗措施的场所。这是因为废液可能会渗透到土壤中，对地下水造成污染，因此防渗措施是保护土壤和水资源的重要环节。

（四）减少环境污染

在维修和拆解汽车等操作过程中，应采取必要的预防措施，以防止废液泄漏或溢出，从而减少废液对环境的污染。这包括使用适当的收集设备和采取正确的操作程序。

（五）消除污染处理

在废液的收集、贮存设施、设备和容器需要转作其他用途之前，必须经过彻底的消除污染处理，以确保这些设施不会在转作他用时造成新的污染，保障公共健康和环境安全。

（六）环境保护标准

在修理和处理废液的各个环节中，应始终将环境保护放在首位。废液的处理和处置必须符合国家环境保护标准以及相关的政策法规要求，以最大限度地减少废液对人类生存环境的负面影响。

（七）防止污染环境

在收集和贮存废液的过程中，必须采取有效的防流失、防渗漏或其他防止污染环境的措施。绝对不允许擅自倾倒、丢弃废液废物，以确保我们共同的生存环境得到妥善保护。

二、新能源汽车固体废弃物的处理

随着新能源汽车产业规模的不断扩大，新能源汽车上的固体废弃物，如钢、铁、铝、汞、镉、铅、橡胶、塑料、玻璃等，特别是动力蓄电池成为关注的重点，若处理不当，会对土地、水源和大气环境造成严重的污染。实际上，这些废弃物经过合理的回收、拆解、化学成分提取等流程，可以得到有效的回收利用。

新能源汽车固体废弃物的传统处理方式包括：对拆解出来的金属材料回炉重炼，对其他物料简单焚烧填埋等。随着技术的发展，新的材料回收工艺被发现，零部件再制造、塑料重熔等处理方式使报废回收的内涵越来越丰富，节能减排效果也更加突出。

（一）常规废弃物的回收利用

新能源汽车企业需建立专门的回收利用中心，并对报废的、废弃的部件进行拆解、分类检测等。拆解出来的零件分为四类：可再利用零件、可再制造零件、可再循环零件及废弃处置材料。拆解后，可再利用零件经检测合格后被送往维修点、零配件销售网点等，返回市场进行销售；可再制造零件送往再制造中心，借助高速电弧喷涂等表面工程技术进行性能恢复或升级，然后返回销售市场；可再循环零件修复性能不佳，被送往再循环中心回炉重炼。

（二）动力蓄电池的回收处理

废旧动力蓄电池包含的重金属和电解质溶液对环境和人体健康构成威胁。同时，这些电池中含有的锂、镍、钴和铝等金属具有高回收价值，因此从环境保护和资源节约的角度来看，新能源汽车企业必须重视废旧动力蓄电池的回收和再利用。为了最大化利用这些电池的性能，需要对它们进行分级利用：首先，从汽车上淘汰的废旧电池可以转用于储能系统；随后，从储能系统中淘汰的电池再进行回收、拆解和循环再生处理。

目前，废旧锂离子动力蓄电池的回收技术主要分为火法冶金和湿法冶金两大类。火法冶金涉及高温处理以去除电池的塑料和金属外壳，然后通过浮选和沉淀等步骤提取金属化合物。尽管该方法的工艺流程相对简单，但它消耗大量能源并可能产生二次污染。相比之下，湿法冶金使用机械手段去除电池外壳，然后通过萃取、沉淀、吸附、离子交换和电化学等方法提取有价值的金属化合物，或直接合成电极材料。由于湿法冶金具有低能耗和低污染的特点，它已成为行业内回收废旧锂离子电池的首选方法。湿法冶金的具体工艺流程如下。

1. 预处理

在收到废旧锂离子电池后首先要对其进行放电，避免后续的拆解和破碎过程中出现短路放电，瞬间释放大量的热引发爆炸。目前通常采用导电盐溶液浸泡短路法、低温放电法以及导体（金属粉末）和半导体（石墨）短路法对废旧锂离子电池进行放电。经过放电处理后的电池可进行拆解、破碎及筛选。

2. 电极材料的溶解浸出

对预处理后的电极材料进行溶解浸出，使有价组分溶于溶液中，以便进行后续提纯。目前主要采用的溶解浸出方法包括传统的化学酸碱浸出法以及随生物冶金技术发展而来的生物浸出法。

化学酸碱浸出法又可分为一步法和两步法。一步法通常是直接采用盐酸、硝酸、硫酸等无机酸浸出电极材料。两步法相较于一步法的不同之处在于，在酸浸出前先采用氢氧化钠溶液浸出铝、钴、锂、镍等有价金属，从而提高分离效率。近年来，有机酸溶解浸出法发展迅速，通常采用柠檬酸、苹果酸、草酸等有机酸浸出电极材料。相比无机酸，其优势是不仅不会产生氯气、三氧化硫和氮氧化合物等有毒有害气体，而且回收容易，废液处理简单。

生物浸出法具备低成本、环境友好和较低的工业要求等优点，该法利用某些特殊微生物新陈代谢产生的无机酸来浸出废旧电极材料。目前行业内研究了采用嗜酸氧化亚铁硫杆菌对电极材料中的钴和锂进行浸出，并通过加入离子催化剂来提高微生物浸出的效率。

3. 浸出液中金属离子的提纯

电极材料经溶解漫出后，漫出液中含有多种金属元素，其中钴、锂、镍、铝四种元素含量较高，也是回收的重点。目前普遍采用的提纯方法包括化学沉淀法、溶液萃取法、盐析法、电化学法、离子交换法、电沉积法、直接合成电极材料法等。

目前，新能源汽车服务企业动力蓄电池的回收工作主要是整个总成或模组回收后的安全存放。

三、汽车维修过程中排放物的处理

新能源汽车在维修过程中会产生一些排放物，而这些排放物通常具有腐蚀性、毒性、可燃性、放射性等危险特性。如果直接排放，将严重危害自然环境和人们的生命安全，所以汽车修复过程中的排放物必须正确处理。新能源汽车危险排放物包括废旧电池的电解液、酸性溶液，冷却系统的冷却液、防冻液，润滑油，液压油，制动液，空调制冷剂，零件或设备清洁剂等废液外，还包括喷漆作业产生的废气、废液和粉尘等。

（一）废旧电池的电解液、酸性溶液

新能源汽车广泛采用镍氢电池、磷酸铁锂电池、锰酸锂电池、三元锂电池以及铅蓄电池等。这些电池含有重金属和电解质溶液，可能对环境和人体健康产生负面影响。废旧电池中还含有大量具有高回收价值的金属，例如锂、镍、钴、锰和铝。锂离子电池虽然能量密度高，但材料稳定性较差，若在不适宜的环境下运输或储存，容易发生短路或爆炸，存在安全隐患。因此，在新能源汽车的动力蓄电池完全失去功率和能量使用价值后，必须进行专业回收处理，严禁掩埋和焚烧。应将电池送至指定的回收中心进行集中处理。

所有新能源汽车零售商应在其销售的电池上贴上统一的回收标识，并明确说明废旧电池回收的具体要求。回收点收集的废旧电池若不能立即转移，应存放在专用的储存场所，并设置危险废弃物标识，确保良好的通风条件，避免堆叠。废旧电池应单独存放，严禁与其他物品混合，也不得露天堆放。

（二）冷却系统的冷却液、防冻液

防冻冷却液，亦称作冷却液，是一种具备防冻特性的液体，旨在防止低温环境下冷却系统的冻结，并用于降低驱动电机和动力蓄电池等部件的温度。此外，它还具备防垢、防锈和高沸点等性能。防冻冷却液主要由水、防冻剂和添加剂构成。根据防冻剂的不同成分，冷却液可分为酒精型、甘油型和乙二醇型等。

酒精型冷却液以乙醇作为防冻剂，但其沸点较低、易挥发和易燃，因此逐渐被市场淘汰。甘油型冷却液虽然具有高沸点、低挥发性、不易燃、无毒和腐蚀性小等优点，但成本较高。乙二醇型冷却液因其良好的水溶性，可调配成不同冰点的冷却液，最低冰点可达约-68℃。它具有高沸点、低泡沫倾向、良好的黏温性能以及防腐和防垢特性。目前，国内外广泛使用的冷却液主要是乙二醇型。

在使用过程中，冷却液会溶解部分金属和破坏的防腐剂，因此具有一定的危险性。直接排放大量废

旧冷却液会对环境造成严重污染。因此，在新能源汽车维修过程中，必须妥善收集废旧冷却液并进行回收处理。

在处理废旧冷却液时，应避免直接排入水沟或地面，而应储存在专用容器中，并进行明确标识。废旧冷却液不应与其他废弃物混合，而应由专门的回收中心集中处理。处理方法可以采用物理蒸馏法或直接再生法，具体取决于企业的实际情况。物理蒸馏法通过利用水和乙二醇沸点的差异来分离它们，并最终添加防腐剂以达到国家标准。直接再生法则通过沉淀、过滤和添加缓蚀剂等步骤，使冷却液重新符合国家标准。

（三）润滑油和液压油

润滑油是用在汽车设备上以减少摩擦、保护机械的液体或半固体润滑剂，主要起润滑、辅助冷却、防锈、清洁、密封和缓冲等作用，如图 6-5 所示。液压油是液压系统液体压力能的传递介质，在液压系统中起着能量传递、抗磨、系统润滑、防腐、防锈、冷却等作用。润滑油和液压油在使用中，混入灰尘、金属碎屑、水和化学物质等杂质后，具有危险性，如果不被合理回收就会污染环境。所以，新能源汽车修理过程中，须将更换下来的润滑油和液压油收集起来，进行统一回收处理，处理时注意：废旧润滑油和液压油应当用专业存储罐存放，贴上标签并按照当地防火法规做好防火措施，杜绝直接排放；经常检查存储罐，防止腐蚀和溅出；收集的废油品配合环保部门指定的相关公司进行统一处理。

（四）制动液

制动液是液压制动系统中传递制动压力的液态介质，通常运用在采用液压制动系统的车辆中，如图 6-6 所示。制动液有三类：蓖麻油-醇型，由 45%~55%精制的麻油和 55%~45%的低碳（乙醇或丁醇）调配而成；合成型，用醚、醇、酯等掺入润滑、抗氧化、抗橡胶溶胀等添加剂制成；矿油型，用精制的轻柴油馏分加入稠化剂和其他添加剂制成。制动液对油有腐蚀作用，在车身修复过程中应避免制动液接触车身油漆。此外，制动液为有毒物质，对环境有污染，故必须严格按环境保护法规收集和处理废制动液。制动液有较强的吸湿性，能吸收周围空气中的水分，因此，应存放在密封容器里。

图 6-5　润滑油

图 6-6　制动液

（五）空调制冷剂

制冷剂是制冷循环的工作介质，利用制冷剂的相变来传递热量，即在蒸发器中汽化时吸热，在冷凝器中凝结时放热。当前能用作制冷剂的物质有 80 多种。制冷剂的直接排放会产生温室效应，造成环境污染。因此，在汽车维修过程中，维修企业应配备专业的制冷剂回收处理设备，对制冷剂进行回收、处理及再利用。

制冷剂回收应注意：汽车空调制冷剂的回收、净化和加注作业应由经过相关专业培训，并持有上岗证书的维修人员进行操作；汽车空调制冷剂的回收、净化和加注作业场地应通风良好、禁止明火；作业时，维修人员应配备必要的安全防护用品，如防护手套和防护眼镜等，避免接触或吸入制冷剂和冷冻机油的蒸气及气雾；禁止将新、旧制冷剂混合在一起，旧制冷剂中可能沉淀有铝或混有其他异物，重新加注空调系统时，务必使用新的制冷剂；正确报废使用过的制冷剂。

（六）零件或设备清洁剂

含有氯代烃类溶剂的液体和制动器清洁液均属于危险化学品。摄取和身体接触制动器清洁液，均会对健康造成危害。在接触氯化烃溶剂或替代品时，会导致头晕、恶心、犯困、身体不协调或昏迷等不良症状。因此，在车辆维修作业过程中，维修人员需要配备适当的保护措施，以安全的步骤处理这些化学物质。同时，新能源汽车生产商可以开发生产不含有氯化物、不破坏臭氧层、不致癌且能被生物分解的“绿色”溶剂。

废旧或失效的溶剂可能含有二甲苯、甲烷、乙醚和甲基异丁基酮等。这些物质必须储存在专用安全容器中，并封紧容器盖。此外，容器必须置于有防止溶剂溢流的保护装置内。

（七）喷漆作业产生的废气、废液和粉尘

目前，汽车修理喷漆作业仍使用溶剂型涂料及相应的工艺。车身车间在修理过程中，漆前处理会产生大量废气、废水、粉尘；干燥过程中也会挥发大量的有机溶剂蒸气。有机溶剂具有较强的挥发性，对皮肤、呼吸道黏膜、眼结膜等都会造成危害。这些废弃物如果直接排放会对环境造成严重危害，同时企业可能面临罚款的风险。因此喷漆作业产生的废气、废液和粉尘等废弃物应收集、净化处理，达到排放标准方可排放。

1. 漆前废水的处理

漆前处理产生的废水有较多的油类和酸性物质，企业应采用综合污水处理设备除去这些物质。该设备通常由污水池、浮油吸收、水泵、溶气塔和射流破乳自动液体调节器组成。首先将污水在大型蓄水池中静态分离，再用酸碱中和调节 pH 值。然后用浮油吸收器将初步分离的油吸出，污水则被水泵吸入气体溶解塔。在这个过程中，喷射装置自动将调节剂混入水中，去除水中的有机物和各种金属离子。污水经处理后，达到环保规定的排放标准方可排放。如果处理效果好，还可以循环使用，节约水资源。水腻子产生的废水也可以放入蓄水池进行处理。

2. 漆前废气的处理

漆前处理在除锈过程中会有含酸性的气体排出。湿式脱酸通常要消耗较多的水，而且有二次污染问题。企业可采用干式脱酸技术来进行作业，干式脱酸不用水，又无二次污染，是目前效果较好的方法，特别适合北方地区使用，冬季不会出现冻结问题。干式脱酸的工作原理为：用排风机将含酸的气体排入含有化学药品颗粒物质吸附层的脱酸塔中，吸附层将气体中的酸性气体吸附成稳定的化合物，把净化后的空气还给大气。

3. 涂装废气的处理

在车身喷漆维修过程中，油漆微粒会悬浮在空气中，并与挥发的三苯等有机溶剂混合形成有害废气。因此，喷漆作业车间的废气必须经过处理，不能直接排放。喷漆作业车间的废气处理方式见表 6-14。

表 6-14　喷漆作业车间的废气处理方式

处理方式	具体内容
喷雾法	通常用于过滤油漆雾，但不用于三苯和其他挥发性有机化合物
废气吸附法	油漆气的吸附有化学吸附和物理吸附，但三苯废气的化学活性较低，因此一般不使用化学吸附
催化燃烧法	将喷雾废气加热至 500~600℃，以实现催化燃烧净化
活性炭吸附法	通过活性炭直接吸附有机挥发性气体
光催化氧化法	将有机挥发性气体的化学键打开，反应生成稳定、无害的小分子，如二氧化碳和水

4. 车身修复的喷漆车间废气处理工艺流程

车间有机废气经风机泵送后进入聚丙烯喷淋塔，废气先经聚丙烯喷淋塔喷淋清洗，去除灰尘和大的油漆颗粒，以及物理溶解和掩蔽，然后通过脱水机的脱水功能去除废气中的水分，经喷淋洗涤器处理后，可以选择以下设备进行处理：活性炭吸附装置、催化燃烧装置、光催化氧化设备等。具体方法企业可视自身情况而定。

项目小结

本项目深入探讨了新能源汽车行业的关键管理领域。首先介绍了新能源汽车质量担保管理的相关规定，其次介绍了新能源汽车企业安全管理的相关措施，最后介绍了新能源汽车环境保护管理的相关措施。通过本项目的学习，学习者将全面掌握新能源汽车在质量担保、安全及环境管理方面的知识与技能，能够为企业制定和执行有效的管理策略，提升新能源汽车行业的整体水平。

项目工单

学习完本项目的内容后，请完成如下的项目实训，见表 6-15。

表 6-15　实训表

任务名称	汽车零部件索赔流程实训				
姓名		班级		学号	
学时			日期		
所需设备	汽车维修工具和设备、计算机及维修管理软件、汽车零部件及索赔相关文档资料、实训车辆（可模拟故障车辆）				
任务目的	理解汽车零部件索赔流程的各个步骤，掌握如何处理索赔申请和索赔件，增强售后服务团队协作和沟通能力，提升解决实际索赔问题的能力				

一、任务描述

学生模拟售后服务企业接待索赔客户，核对相关凭证，并进行故障诊断。按照汽车零部件索赔流程，学生需完成维修用户车辆的模拟操作。模拟用户结算过程，包括索赔结算单的填写和上传索赔信息至系统。填写索赔申请单，并确保数据的准确性和完整性。

二、分组讨论

全班学生以 3~6 人为一组，选出各自的组长，组长对组员进行任务分工并将分工情况记录在表 6-16 中。

表 6-16　实训表

小组成员	姓名	学号	任务分工
组长			
组员			

问题 1：如何确保索赔流程中客户信息的准确性和保密性？

问题 2：在索赔流程中，如何处理不符合“索赔原则”的情况？

问题 3：在索赔流程中，如何提高索赔件的处理效率和准确性？

三、实施过程

在实际操作过程中，将操作内容及实施过程中遇到的问题和解决办法记录在表（表 6-17）中。

表 6-17　遇到的问题和解决办法记录表

序号	操作内容	遇到的问题	解决办法
1			
2			
3			
4			
5			
6			

四、实训评价

请各组选出一名代表展示实施的成果，并配合指导老师完成表 6-18 的实训评价。

表 6-18　实训评价

项目名称	评价内容	分值	评价分数		
			自评	互评	师评
职业素养考核项目（50%）	准确理解并执行索赔流程，展现出专业的工作态度	15 分			
	与客户和其他部门有效沟通，确保信息准确无误	15 分			
	对客户负责，确保索赔流程的每个环节都符合规定	20 分			
专业能力考核项目（50%）	能够熟练地按照索赔流程操作，无重大遗漏或错误	15 分			
	在模拟索赔过程中，能够合理解决遇到的问题	15 分			
	正确填写和管理索赔申请单及相关文档资料	20 分			
合计：综合分数	自评（20%）+互评（20%）+师评（60%）	100 分			
综合评估		教师（签名）：			

课 后 练 习

一、填空题

1. 汽车召回是指汽车制造商依据《缺陷汽车产品召回管理条例》所规定的程序，主动消除其产品中可能造成人身伤害或财产损失的________。

2. ________是指在生产、生活和其他活动中产生的丧失原有价值或虽未丧失利用价值但被抛弃或放弃的液态物品、物质，以及法律、行政法规纳入废液管理的物质。

3. 新能源汽车企业需建立专门的____________，并对报废的、废弃的部件进行拆解、分类检测等。拆解出来的零件分为四类：可再利用零件、可再制造零件、可再循环零件及废弃处置材料。

二、简答题

1. 新能源汽车索赔服务的意义有哪些？
2. 汽车零部件索赔流程有哪些？
3. 新能源汽车售后服务企业内部事故的应急处理有哪些步骤？

参 考 文 献

[1] 初宏伟,徐广琳．新能源汽车售后服务管理[M]．北京:机械工业出版社,2024.

[2] 徐东．汽车售后服务与经营管理[M]．南京:南京大学出版社,2024.

[3] 刘美君,廖辉湘,邓鹏飞．新能源汽车销售实务:活页式[M]．成都:西南交通大学出版社,2023.

[4] 刘付金文,陈晓清．新能源汽车售后服务管理[M]．北京:北京理工大学,2021.

[5] 吴敬静．汽车售后服务与管理[M]．北京:机械工业出版社,2015.

[6] 黄敏雄．汽车售后服务企业管理[M]．长沙:中南大学出版社,2021.

[7] 许兆棠．汽车服务企业管理[M].2 版．北京:机械工业出版社,2022.

[8] 江文渊,王瑞君．汽车售后服务:含工作页[M]．北京:科学出版社,2021.

[9] 王东．汽车售后盈利实战攻略[M]．北京:机械工业出版社,2021.

[10] 虞忠潮,朱兴旺,李强,等．新能源汽车“双碳”战略下的汽车工业革命[M]．北京:中国经济出版社,2022.

[11] 刘强,李伟,刘波．画解新能源汽车技术[M]．北京:电子工业出版社,2022.

[12] 黄超群,刘丽．汽车售后服务实务[M]．重庆:重庆大学出版社,2020.

[13] 赵晓宛,初宏伟．汽车售后服务管理[M].4 版．北京:北京理工大学出版社,2021.